"十一五"上海重点图书
现代人力资源开发与管理系列教程
丛书主编 ◎ 张培德 胡志民

主　编 ◎ 相正求
副主编 ◎ 荣鹏飞

Compensation Planning and Implementation

薪酬设计与实施

●本书基于崭新的理解角度，深入探讨了薪酬的各种分类，并把薪酬管理提升到了战略性薪酬管理的高度，从薪酬管理最主要的原则出发，即公平公正性原则、坚持激励性原则和竞争性原则，主要探讨了进行薪酬调查、研究薪酬水平确定的影响因素等，以及如何确定具有竞争性的薪酬水平，留住优秀员工。

●福利虽然是补充性报酬，对于员工的激励作用却越来越明显，如何做好福利管理也应引起企业领导的高度重视。人力资源工作者必须了解薪酬和福利作为成本的核算方法和基本流程。

●随着全球经济的一体化，薪酬的国际化趋势越来越明显，中国要继续改革开放，要引进来和走出去，就必须懂得国际

彼、百战不殆。

●这就是本书的主要内容，如果你带着学习探求的心态来学习本书，你必将能学到一些真正想学的理论和操作的知识。

U0965830

第二版

華東理工大學出版社
EAST CHINA UNIVERSITY OF SCIENCE AND TECHNOLOGY PRESS

图书在版编目(CIP)数据

薪酬设计与实施 / 相正求主编；荣鹏飞副主编. —2 版. —上海：华东理工大学出版社，2023. 10

ISBN 978 - 7 - 5628 - 7275 - 7

Ⅰ. ①薪… Ⅱ. ①相…②荣… Ⅲ. ①企业管理—工资管理-研究 Ⅳ. ①F272. 923

中国国家版本馆 CIP 数据核字(2023)第 156601 号

项目统筹 / 左金萍
责任编辑 / 左金萍
责任校对 / 金美玉
装帧设计 / 徐　蓉
出版发行 / 华东理工大学出版社有限公司
地址：上海市梅陇路 130 号，200237
电话：021 - 64250306
网址：www. ecustpress. cn
邮箱：zongbianban@ecustpress. cn
印　　刷 / 上海展强印刷有限公司
开　　本 / 787mm×960mm　1/16
印　　张 / 17. 25
字　　数 / 364 千字
版　　次 / 2008 年 10 月第 1 版
2023 年 10 月第 2 版
印　　次 / 2023 年 10 月第 1 次
定　　价 / 59. 00 元

内容提要

本书以崭新的视角，通过对薪酬与薪酬管理的研究，深入探讨了薪酬的各种分类，并从薪酬管理的主要原则出发，把薪酬管理提升到了战略性的高度。

首先是公平公正性原则。以基于工作本身的薪酬制度、基于任职者技能和能力的薪酬制度为导入点加以展开，详细说明了坚持公正公平的重要性以及如何才能做到真正的公平公正。其次是激励性原则。薪酬设计应该努力做到有激励性，基于任职者绩效的薪酬制度就是为更好地实现这一原则的。最后是竞争性原则。通过薪酬调查，研究薪酬水平的影响因素才能确定具有竞争性的薪酬水平，从而更好地留住优秀员工。对于一家企业而言，必须在这三大原则的基础上，根据企业自身的实际情况进行全面而正确的薪酬设计和调整。

福利虽然作为补充性报酬，对于员工的激励作用却越来越明显，如何做好福利管理也应引起企业领导的高度重视。同时，随着全球经济的一体化，薪酬的国际化趋势越来越明显，只有掌握国际化的薪酬福利管理技术，才能真正做到知己知彼、百战不殆。

对于本书，如果带着学习探求的心态来对待，必将能学习到一些真正需要和切实的理论知识和实践知识。本书可作为人力资源管理和相关专业的本科生、人力资源自学考试学生的专业用书，或管理人员、企业培训人员等的参考用书。

丛书再版总序

白驹过隙，转眼已是龙年暑期。回顾2005年丛书策划伊始至2010年“现代人力资源开发与管理系列教程”12种一套图书全部出版问世，其间我们经历了几多风雨和酸甜苦辣，作者们度过了太多的不眠之夜，大家不辞辛劳实地考察、力主创新，终于完成了第一部含有浓厚“乡土气息”的，具有权威、快速、简便、系统、创新特色的系列教程。本系列教程适用于人力资源管理专业、工商管理专业、行政管理专业、旅游管理专业本科，而且还可供进修班、实战应用班、自学考试班等使用。

本系列教程无论是第一版还是第二版，均含有“一张名片效应”“250效应”和“三大走路连锁效应”的创新特色。首先，运用“一张名片效应”，各书统一运用最精练语言、最清晰思路、最具代表性的案例导入，统一编写原则和叙述方式，将各书所有内容浓缩在250～300页的篇幅内，将相关功能模块讲述清楚。其次，运用“250效应”，让读者通过每书仅十章的内容，就能系统了解国内外人力资源专业的典型理论、法则、方法；同时通过每章的案例引导、讨论题、思考题以及章后的归纳小结，引发读者新的思考和创新的理念、原则、效应，以期达到举一反三的效果。

曾有位记者问米卢：“为什么你在中国能取得成功？”

米卢回答：“因为我听不懂中国话！”

这不就是“走自己的路，让别人去说吧”的翻版吗？

在商场中，还有一句话：“走别人的路，让别人无路可走！”“商场如战场！你死我活在战场！”

只是，我们该如何“走别人的路”呢？

为此，我们在现代理才领域内，创新了“三大走路连锁效应”及其方法，以期达到和谐共赢之目的：

第一种就是“鲶鱼效应”，即“走别人的路，让别人跟着我走”。

第二种就是“鲫鱼效应”，即“走别人的路，我跟着别人走”。

第三种就是“航母效应”，即“走别人的路，让我们一起走”。

本系列教程第二版更多地体现了“现代人力资源开发与管理”在国内外经典理念和方法基础上引入的新概念、新原理、新法则、新效应等原创精神和原创实力。

真诚感谢出版社对我们的支持，衷心感谢广大读者的厚爱，使本系列教程获得了“十一五上海重点图书”的荣耀，有的书种还获得了中国大学出版社优秀教材的褒奖。由于本丛书第一版书种较多，集中出版时间较紧，加之形势在不断变化，目前来看，各书种中的确还存在一些需要更新和修正完善的内容。特别是这几年，经过大量的实践、调查、论证之积累，我们感到很有必要着手本系列教程第二版的修订工作，以使图书的编撰更加精益求精。

多少年来，无论是党政干部、政府部门，还是企业单位，大家都在关心一个共同的问题：如何提高员工的工作积极性？如何提高公众的满意度？如何进行绩效管理和有效激励？实际上到目前为止，无论是西方管理学家提出的经济人假设、社会人假设、自动人假设，还是复杂人假设；或者我们多少年都在探讨的"金钱激励""金色降落伞激励""金色手铐—股权激励"等，这些都无法真正解决长效激励之问题，或者说都无法达到长效激励之目的。而本系列教程主编及各书作者们经过多年的潜心研究以及授课互动，通过发表大量的文章，出版各类书籍，从事各类课题研究和咨询项目的实践，积累了大量国内外前辈和大师们经典的理论及案例，并通过实战创新了许多新理念、新方法，这些都将成为本系列教程第二版各书种增加的重要内容。

在近年来的实践中出现了许多值得研究的问题。例如，"名扬天下"的"帕累托 2∶8 定律"引出的"取优而立效应"；选拔领导干部引出的"借力而行—贤者居上法则"；围绕习近平总书记"如何考察干部的德"设问引出的"组织人识别培训原则"；针对西方通过 BSC 跨越工业化时代解决绩效考核根源问题，引出的东方智慧"五行管理方略"；针对 2008 年金融风暴、大学生自主创业失败多多的根源，以及老年人问题，引出的"金矿人才概念""中高年人才理念"和"惠力资本提升方法"；尤其是针对企业、政府以及第三部门的招聘、选拔、甄选、测试、培训、绩效考核中存在的"烧香拜佛""人人都是人才""一个萝卜一个坑""能力越强破坏力越大""只用德才兼备的'优品'""能岗匹配""岗人匹配""凭感觉招聘人""谁都可进 HR 部门工作"等许多人力资源管理方面的认识误区，以及社会上出现的"富士康职工 N 跳问题""达人秀评比问题""孙悟空是个好员工问题""跨部门沟通与团队协作问题"等。本系列教程从人力资源规划、组织文化、工作分析、人员识别、现代理才方略、绩效考核与管理、人才市场管理、政策法规与 HR 相关法律等方面，结合西方"麦克利兰"提出的"岗位胜任素质模型"，创新性地提出了"C－P－I－W 模式"等。这些问题和观点的阐述，都将成为本系列教程第二版的重要内容。

值得一提的是，两位丛书主编和一些作者是中国第一套人才中介师、中介员的教材编写者和资格考试的辅导教师，有的还获得了中国人才测评师资格。特别是2008年《中华人民共和国劳动合同法》实施后，两位主编亲莅上海社科院、上海成人教育协会、上海人才行业协会等，从法律的刚性角度和人力资源柔性管理的角度讲授了“在新劳动法实施背景下的HR与相关法律”和“现代理才方略与HR”两大课程，零距离咨询“现代人力资源开发与管理”问题。同时，张培德教授还在复旦大学、交通大学、同济大学、澳大利亚EMBA、美国EMBA、夏威夷国家大学、维多利亚学院等国内外几十所高校，山东省人事厅、安徽省合肥组织部、湖南省株洲组织部、江苏省无锡人事局等诸多政府公共管理部门，大庆油田、上海东方传媒、华东电力系统、上海电力、韩国摩比斯、世界总裁协会、人力资源专业委员会等，以及云南、广东、河北、辽宁、湖南、湖北、河南、四川等多地进行报告和讲学，就人力资源管理、人才中介、人才测评技术、人才选拔与培育、工作分析与绩效考核实务，现代人力资源发展趋势与创新、中国HR现状分析与解决方案、跨部门沟通管理、职业生涯规划与设计，现代人力资源管理的新理念、新方法、新发展等广泛的话题，阐述自己独到的见解。

随着人力资源管理的新发展，特别是“富士康”员工N跳事件”出现后，本系列教程第二版将以更新更宽的视野描绘“现代人力资源管理”的新阶段，强调当今人力资源管理已经跨过“工业化时代模式”。那种仅仅以“事情、任务”为导向的“2T人事管理模式”已经成为过去；当下一直按照麦克利兰“胜任力模型”，即以“岗位、职位”为导向的“2P人力资源管理模式”也已不合时宜。“富士康职工N跳事件”给了我们启迪，习近平总书记“对干部的德如何考核”问题更引人思考。

为此，本系列教程第二版将从现代人力资源管理新高度，依据当今“E时代模式”的特点，突出“轻松工作＋快乐工作”的“以职业规划与组织文化相匹配为导向的2C模式”；同时，本系列教程第二版也将把激励提升到一个“长效激励”的更新高度，竭力从E时代角度解决员工既能“胜任工作”，又能“满意工作”的现代人力资源管理全新模式激励进行撰写；并结合许多案例，以及员工职业生涯规划与设计、岗人匹配、组织文化的建立、目标的设定、组织架构的形成、人员的选拔、流程的建立、制度的完善、市场模式的探讨、沟通交流的强化、惠力资本的提升等社会的热点问题和工作中经常碰到的问题，提出一些新的思路和新的方法。

与时俱进，不断前进。我们全体编委会和各位作者将竭尽全力做好本系列教程相关图书第二版的改版和修订工作，进一步提高质量，以不辜负广大读者的好评和肯定。

丛书主编　张培德　胡志民

2012 年 7 月

前言

美国著名管理大师彼得·德鲁克(Peter F. Drucker)认为:“所谓企业管理最终就是对人的管理。”随着全球经济一体化进程的加快,人力资源作为一种生产要素在企业乃至整个社会经济运行中的重要性越来越引起人们的注意。而在人力资源管理体系中,健全的薪酬管理系统是吸引、激励、发展与留住人才的最有力的工具。但是薪酬,历来就是一个复杂而又敏感的话题。在员工心目中,薪酬绝不简单地指工资单上金钱的数额,它还代表着一种身份和地位以及在企业中的业绩,甚至在一定程度上也反映了员工本身的能力、品行以及未来的发展前景。所以,员工薪酬既是员工劳动的物质报酬,也是对员工激励的主要体现,薪酬分配的公平对员工的工作积极性有很大的影响。一项恰当的薪酬管理制度既可以使员工高效率且积极地工作,又可以使人力成本保持在一个较合理的水平。

尽管人们对于薪酬的重要性都有切身的感受,薪酬管理也一直是人力资源管理工作中一项重要的工作,但社会各界对薪酬、薪酬管理、薪酬管理制度、福利管理制度等许多概念并没有一个统一的认识,对薪酬管理也往往停留在肤浅的认识和简单的操作上,缺乏从战略性的高度对薪酬管理进行全面的理解。本书吸收了许多前辈的学术研究和实务操作成果,力图全面系统地对薪酬及薪酬管理进行全面的论述,为人力资源管理的理论工作者和实际实施者提供一个崭新的视角和全新的框架。在内容上努力突出时代性、实用性和民族性;在表述上努力追求通俗易懂、便于理解;在整体框架上努力达到全面系统、层次分明,由点到面、由浅入深。尤其值得一提的是,本书把薪酬分成基本薪酬(现在时态)、绩效薪酬(过去时态)、激励薪酬(将来时态)、间接薪酬(过去和现在进行时态)四部分,然后在各章节中一一表述,这是一个创新性的尝试。

本书参编人员均来自上海师范大学哲学与法政学院人力资源管理系。第一章和第二章由相正求副教授编写;第三章和第四章由荣鹏飞副教授编写;第五章和第六章由汪玉弟老师编写;第七章和第八章由张清老师编写;第九章和第十章由刘晓春老师编写。全书由相正求老师策划和统编,荣鹏飞老师负责全书的审校和统稿。

本书在写作过程中,参考和引用了许多国内外学者的大量著作和文献,限于篇幅,未能一一注明,在此谨向各位著作者表示衷心的感谢。

由于作者知识与经验的局限性，本书中难免存在一些错误和纰漏，由衷地恳请各位专家、学者、人力资源工作者和广大读者给予批评和指正。

相正求

2023 年 9 月

目录

第一章 薪酬与薪酬管理

引导案例

长江电力公司的薪酬管理

长江电力公司是一家经营十分成功的模范公司。然而，过去2年内，长江电力公司的管理阶层开始担心公司不断上涨的人事成本。公司过去的成功主要是因为成本控制及精简结构，管理者希望研究人事成本高涨的问题，并研拟修正措施。

罗华是长江电力公司的薪酬管理师，他被指派负责研究长江电力公司的薪酬实务，以便制定任何必要的改善措施。罗华在人力资源信息系统中，整理出过去5年的薪酬资料，而且信息系统可以依照他的要求，将资料按部门、服务年限、性别、豁免员工或非豁免员工等条件分类。

罗华发现，某些非豁免员工享受比他们基本薪资率还高的薪酬。这些员工因为拥有某些特殊专业技能，超时工作，所以收入非常高。公司加班费的计算方式是，48小时以内1.5倍，48小时以上2倍。除了加班费之外，加班的员工还可以领取误餐费及交通津贴。这些员工的基本薪水是每年250 000元，加上加班费等，他们每年可以领得350 000～390 000元。这种情形的员工如果只有少数人，事态可能尚不严重，可是长江电力公司却有数百名这样的员工，便引起了管理阶层的重视，并重新审视公司的加班政策。

有的员工比他们的上司赚得还多。以基层主管为例，基本薪酬大约比高级作业工人高15%，换言之，主管的基本薪酬大约每年为287 500元，少数主管还可以获得绩效加薪。另外，主管不能领取加班费和误餐费等。罗华心想，还好长江电力公司的主管们并没有发现给付不公平的现象。

除了员工比上司的收入更高的问题外，长江电力公司还有其他的问题。通过研究公司内部劳动力市场发现，所有基层主管都是对外招募而来，公司内优秀的员工都不愿意升为主管，因为他们不想“升官”后收入减少。长期而言，这对公司的影响将非常严重。

罗华也从资料中发现，女性员工的平均基本薪酬是235 000元，男性员工是259 000元，并且因为加班而收入增高者当中，没有女性员工。罗华非常关心长江电力公司男性和女性员工的薪资差异，主要是因为长江电力公司非常自傲自己在公平雇用方面的美誉。男性和女性员工的工作基本上是相同的。

罗华看完所有资料及分析结果后，感到十分困惑。他知道要根据自己的调查研究写一份有关薪酬问题的报告，将是一件不容易的事；而且还要提出改善建议，就更困难了。

案例讨论题

1. 你认为长江电力公司的员工应该比主管的薪资高吗？
2. 罗华所面对的是不是薪资给付不公平的问题？
3. 罗华应该向长江电力公司提出哪些建议？

美国著名管理大师彼得·德鲁克(Peter F. Drucker)认为：“所谓企业管理最终就是对人的管理。”在长久以来的工业经济时代中，资产和资金是企业管理运作的核心，随着社会的不断发展，人力资源作为一种生产要素在企业乃至整个社会的经济运行中的重要性越来越引起人们的关注，而人力资源管理作为一门科学和一种艺术，也从无到有逐渐深入人们的工作和生活中。尤其在企业中，人力资源管理作为企业管理的一项重要职能，其地位和作用也越来越重要。

在整个人力资源管理体系中，健全的薪酬管理系统是吸引、激励、发展与留住人才的最有力的工具。薪酬管理系统作为人力资源管理系统中的一个子系统，它主要向员工传达企业的价值导向和文化理念，告诉员工什么样的行为是企业所倡导的，什么样的行为是企业所禁止的。同时，它还与企业发展战略、人力资源管理战略的发展保持充分一致性，促使企业所有员工的行为都集中到能够帮助企业提升竞争力的方向上去。薪酬是推动企业战略目标实现的一个强有力的工具。员工为企业工作，总是期望自己的努力和成果能够得到企业的回报。企业为吸引和留住有价值的员工，为最大限度地激励和影响员工的工作行为，也需要通过合理而适用的薪酬系统来实现这些目标。薪酬，历来就是一个复杂而又敏感的话题。在员工心目中，薪酬绝不简单地指工资单上金钱的数额，它还代表着一种身份和地位以及在企业中的业绩，甚至在一定程度上也反映了员工本身的能力、品行以及未来的发展前景。所以，员工薪酬是员工劳动的物质报酬，也是对员工激励的主要体现，薪酬分配的公平对员工积极性有很大影响。一项恰当的薪酬管理制度既可以使员工高效率且积极地工作，又可以使人工成本保持在一个较合理的水平。

尽管人们对于薪酬的重要性都有切身的感受，薪酬管理也一直是人力资源管理工作中一项最主要的工作，但社会各界对薪酬、薪酬管理、薪酬管理制度、福利管理制度等许多概念并没有一个统一的认识，对薪酬管理往往也停留在肤浅的认识和简单的操作上，缺乏从战略性的高度对薪酬管理进行全面的理解。

第一节　薪酬的含义及其构成

一、薪酬的含义

人们一直认为薪酬就是工资，就是奖金，就是那种看得见、摸得着的实物或货币，进而忽视了许多人文精神的内容。在当今这个主要基于脑力劳动的知识经济时代，薪酬已不再是纯粹的经济学问题，而更多的是心理学问题，如工作氛围、尊重感、成就感，特别是工作满足感，它在劳动力开发、发展和提升中起着尤为重要的作用。

什么是薪酬？薪酬是指雇员在其工作岗位上为雇主付出劳动或劳务并实现了一定的价值后所获得的各种货币收入和福利酬劳之总和。从单纯的字面意义而言，薪酬是一种补偿，是对劳动者付出劳动后的一种回报。但对于薪酬，在不同国家不同文化的熏陶下又有着不同的解释，在不同历史发展时期也有着不同的理解，在不同的角度、表现形式上又有着不一样的理解。

1. 不同国家不同文化的熏陶下的理解

在中国，薪酬的本意是指维持生命的必需品，如煮饭用的水、烧菜用的柴火等。在日本，薪酬很久以来与等级制度有着密切的联系，它经常被认为是一种上级给予下级的施舍和恩惠。由于中国与日本在文化理念上有着一定的相似性，所以两国对薪酬的解释也有一定的相似点，基本上都是从获得者的角度去分析，注重的是生活的必需。而在欧洲，因为它是国家福利模式，所以薪酬往往被理解成一种生活的态度、一种生活的品位。在美洲，薪酬则更多地被理解为一种价值——一种生命和能力的价值，能力越强价值就越高，所以薪酬也经常被看作决定一个人社会地位高低的重要因素之一。

2. 不同历史发展时期的理解

"薪酬"一词所对应的英文是"Compensation"。在历史发展过程中，"薪酬"大致经历了从"Wage"到"Salary"，再到"Compensation"的过程。

"工资"(Wage)这一概念主要是在1920年以前被社会广泛应用的。顾名思义，"工资"就是根据工作量而给付的报酬，往往是针对那些没有学历、没有文凭的简单劳动者付出劳动所得到的报酬。在那时，很多领域技术含量低，操作比较简单，用工资来支付从事体力劳动的蓝领工人应该是比较能够为大家所接受和理解的。

1920年以后，出现了"Salary"的概念，即薪水。"Salary"是指脑力劳动者的收入，从汉字的构成来理解，"薪水"一词是以木和水为基础的，暗指它的作用就是要为人们提供生活必需品。它往往是指支付给那些有一定技术职称的白领阶层的报酬，他们的报酬并不是根据每天工作小时数或者工作件数来支付报酬，而是企业在每一阶段单位时间(如一个月或一周)后，一次性支付给员工一个相对固定的报酬数额(如月薪或周薪)。

从1980年开始，"Compensation"的概念开始为大多数人所接受。从字面上理解，"Compensation"是平衡、补偿、保障的意思。它的意思比工资和薪水更完善、更全面，不仅支付了为企业付出劳动的那些员工的既定报酬，而且更为合理、更为人性化地为员工设计了一种更具有激励性的福利制度来保障他们的未来。福利制度的产生进一步地完善了薪酬体系，真正实现了薪酬所能体现的较高境界，也比较符合人力资源管理的真正理念。

3. 不同角度对薪酬的理解

从社会、企业和个人三个角度来看，其对薪酬的理解也是不一样的。

对于社会来讲，薪酬是全体成员的可支配收入，薪酬水平将决定社会整体的消费水平，合理的薪酬有利于促进整个社会的稳定，推动社会的和谐发展。

对于企业来讲，薪酬意味着成本。企业家所关心的问题是如何以最低的成本来实现企业最大的收益，而薪酬是企业家支付给员工的人工成本。这些投入在员工身上的成本是否发挥了最大的效用，是企业衡量薪酬体系设计好坏的主要指标。

对于个人来讲，薪酬是他们付出自己的劳动力后所得到的报酬，是交换的结果。在员工眼里，无论多少报酬，无论采取什么样的支付形式，无论支付的内容是什么，薪酬都是劳动者在付出劳动力后得到的补偿。

4. 不同表现形式上的理解

根据表现形式的不同，薪酬被划分为货币的和非货币的两种。货币薪酬又称为核心薪酬，是企业以货币形式支付的报酬，如基本工资、奖金、各种补贴、津贴等。非货币薪酬是企业以实物、服务或安全保障等形式支付给员工的报酬形式，大多数表现为员工福利，包括保障计划、提供家庭福利、改善健康状况，并对失业、伤残或严重疾病等灾难性原因引起的收入损失作出补偿、提供带薪休假和服务等。

随着社会的发展，全球经济一体化逐渐深入，全世界对于薪酬的理解虽然仍各有异同，但薪酬作为付出和得到的平衡点、价值和价格的集中体现已被世人所认同。因此，我们无论站在什么角度，从任何方向上看，薪酬是指雇员在其工作岗位上为雇主付出劳动或劳务并实现了一定的价值后所获得的各种货币收入和各种福利酬劳之总和，其中雇员是劳动的出卖者，雇主是劳动的购买者，而薪酬正是此劳动的价格体现。所以薪酬的本质就是一种公平的买卖或交换关系。

二、薪酬的构成

就薪酬的本质而言，它只是劳动力的一种公平的买卖或交换关系。但广义上的薪酬其实是一种相当模糊而又复杂的社会经济现象，对薪酬构成的理解也是莫衷一是。相对而言，比较一致的分法有以下几种。

（一）根据员工得到的是不是直接的货币，薪酬可分为货币性薪酬和非货币性薪酬

货币性薪酬包括工资、奖金、各种津贴和补贴、分红等。非货币性薪酬包括组织为员工所提供的各种保险福利、定期或不定期的实物发放，还有组织为员工举行的文娱活动等。

（二）根据薪酬的基本发生机制，薪酬可分为外在薪酬和内在薪酬

外在薪酬一般是指组织就员工的劳动付出而支付给员工的各种形式的报酬。它又可以分为货币性薪酬、福利性薪酬和非财务性薪酬，前两项的具体内容和上述分类中所述是基本一致的，而非财务性薪酬则包含了另一层面的内容，例如，给予比较引人注目的头衔、终生雇用的承诺、良好的工作环境和人际关系、配备专业的秘书等。内在薪酬是指由于员工努力工作而得到表扬和晋升后所产生的工作荣誉感和成就感等，主要方式有参与决策的权利、自主安排工作的时间、发挥自己能力的机会、有兴趣的工作内涵等。

（三）根据薪酬支付量的界定，薪酬可分为计时薪酬和计件薪酬

计时薪酬是指根据员工的计时薪酬标准和工作时间来计算并支付给员工的总报酬。常见的计时薪酬有三种，分别为月工资制、日工资制和小时工资制。国外常用的为小时工资制，我国基本选用月工资制。计件薪酬是指根据员工生产的合格产品的数量，按照原先规定的计件单价来计算并支付给员工的总报酬。常见的有直接无限计件工资制、直接有限计件工资制、累进计件工资制、超额计件工资制、按质分等计件工资制、间接计件工资制等。

（四）较为全面的一种薪酬构成

虽然薪酬的构成已有多种说法，但都存在一定的片面性，不能很好地涵盖薪酬的含义。现在较为全面的一种薪酬构成可以由基本薪酬（现在时态）、绩效薪酬（过去时态）、激励薪酬（将来时态）、间接薪酬（过去和现在进行时态）这四部分组成。

1. 基本薪酬

基本薪酬又称标准薪酬、基础薪酬或基本工资。它是指一个组织主要根据员工所承担或完成的工作本身或者员工所具备的完成工作的技能、能力和资历而向员工支付的稳定性报酬。在大多数情况下，企业根据员工所承担的工作本身的重要性、难度或者对组织的价值确定员工的基本薪酬，即采取所谓的职位薪资制。另外，企业还会根据员工所拥有的完成工作的技能或者能力的高低来作为确定基本薪酬的基础，即所谓的技能薪资制或者能力薪资制。基本薪酬是企业员工劳动收入的主体部分，是员工基本的生活保障和稳定的收入来源，同时也是确定其他劳动报酬和福利待遇的基础。基本薪酬（工资）是一个集合概念，它可包含基础工资、工龄（年功）工资、职位工资、技能或能力工资等，并多以小时工资、月薪、年薪等形式（计时形式）出现。基本薪酬具有常规性、稳定性、基准性和综合

性等特点。

由于基本薪酬风险小，收入稳定，一般不随个人业绩或企业经营状况而发生变化，因此对一些缺乏工作经验或技能的新员工以及具有不愿承担责任与风险的个性特点的员工来说，在一定范围内，他们更愿意接受一个较低但较为稳定的薪酬，而不愿意接受一个较高但需要更多的个人努力且不稳定的薪酬。

基本薪酬是高刚性的，其变动主要是由于员工本人所拥有的知识、经验、技能发生变化以及由此而导致的员工职务、绩效的变化。另外，总体生活费用的变化或者通货膨胀的程度，市场上同类劳动者基本薪酬的变化，企业的盈利能力，企业所处的行业、地区以及企业所在产品市场的竞争程度等因素，也都会对员工的基本薪酬水平构成影响。但基本薪酬更多地体现着薪酬的保障与补偿职能，其所起的作用基本上是一种“保健作用”，不太能起到有效的激励作用。

2. 绩效薪酬

绩效薪酬是指企业对员工过去行为和已取得成就或者达到某种既定绩效的认可。其往往是对员工在企业内工作时的行为表现进行绩效考评后，得到绩效考评结果而支付给员工的薪酬，是基本薪酬以外对员工绩效行为的一种肯定。绩效薪酬往往随着雇员绩效的变化而变化，如果把今年的绩效薪酬作为明年基本薪酬的增加，则对企业的总体劳动成本会形成相当大的压力；但如果体现在一次性奖金的发放，则对员工的激励性会有一定的影响。

3. 激励薪酬

激励薪酬是指企业根据员工是否达到或超过某种事先建立的标准、个人或团队目标、公司收入标准而浮动的报酬。它是在基本工资的基础上支付的可变的、具有激励性的报酬。激励薪酬以支付薪酬的方式影响员工的未来行为，因为激励薪酬在员工达到业绩之前已经被确认，员工对于在超额完成任务后所能得到的奖金数额非常清楚，这就很明显地体现出激励薪酬的重大激励作用。

激励薪酬在薪酬的整体构成中属于变动性较大的薪酬类型，其最主要的功能就是激励性和持续性。它一般来说是一次性的经济付出，对企业整体劳动成本没有太大的和长期的影响，当劳动者业绩没能达到预定的目标时激励薪酬就被自动取消了。

4. 间接薪酬

间接薪酬是一种补充性报酬，一般是指福利与服务。它往往不以货币形式直接支付给员工，而是以服务或实物的形式支付给员工，如带薪休假、廉价的住房、子女教育津贴等。

福利的形式有多种，主要包括全员性福利、特殊福利、困难补助。它们在形式上的不同，是源自内容的差异。其中，全员性福利针对所有的员工，如子女教育津贴。而特殊福利只针对某些群体，如只给部门经理级以上员工报销全额差旅费等。困难补助是针对有特殊困难的员工，如给身患绝症的员工发放慰问金等。

员工福利与服务之所以被称为间接薪酬，是因为福利与服务大多不是以员工向企业提供的绩效、能力和工作时间来计算的薪酬组成部分，大多数属于低差异的全员性福利。福利项目除了国家强制性的社会保险等项目外，还有各种各样企业自主提供的福利项目，如短期培训、廉价住房、单位提供的子女入托服务、免费午餐、免费交通、心理或法律咨询等。

间接薪酬通常不考虑员工的实际绩效如何，它依据的是“需要律”。对于处于同一工作层次上的所有员工来说都可以获得或仅获得其中的一部分，这取决于企业对间接薪酬的控制。但如果企业将间接薪酬的一部分用来奖励绩效，那么这部分就会成为激励薪酬，如为绩效优秀的员工提供培训或考察旅游的机会，而其余的则可以通过公平的分配和标准化员工待遇来强化组织的凝聚力，培养员工的归属意识。

第二节　薪酬结构与薪酬功能

一、薪酬结构

薪酬结构是指组织内员工薪酬的各种构成项目和它们在薪酬中各自所占的比例。不同组织内员工的薪酬构成不同，比例也不同，即使同一组织中，从事不同工作的员工薪酬各项目构成及其比例也不同，而且同一组织中不同薪酬等级的员工的薪酬项目和比例也有所不同，要视情况而定。不过总体而言，一般的薪酬结构都包含两部分：一是固定薪酬部分，如基本工资、岗位工资、技能或能力工资、工龄工资等；二是浮动薪酬部分，如效益工资、业绩工资、奖金等。由于各组织建立薪酬结构的出发点不同，可把薪酬结构类型划分为以下几种。

（一）以工作为导向的薪酬结构

以工作为导向的薪酬结构（表 1－1）是指员工的薪酬主要根据其所担任的职务的重要性、职务的高低来决定，职位越高，工资就越高。如岗位工资制、职务工资制等都属于这种薪酬结构。

表 1－1　以工作为导向的薪酬结构

工资项目	工资比例	工资项目	工资比例
技　能	5%	绩　效	5%
职　务	80%	其　他	10%

以工作为导向的薪酬结构，有利于激发员工的积极进取之心，努力晋升以获得更高的职位，对于新创组织有着很大的吸引力和凝聚力。但是在同一职位上，也会在不同能力和贡献的员工之间造成不该有的矛盾，从而阻碍了组织的发展，扼杀了员工自身的责任心。

（二）以能力为导向的薪酬结构

以能力为导向的薪酬结构(表1-2)是指员工的薪酬主要根据员工所具备的工作能力与潜力来确定,能力越强,工资就越高。如职能工资、能力资格工资和技术等级工资等都属于这一薪酬结构。

表1-2　以能力为导向的薪酬结构

工资项目	工资比例	工资项目	工资比例
技　能	80%	绩　效	5%
职　务	5%	其　他	10%

以能力为导向的薪酬结构有利于激励员工积极向上,提高自身能力,挖掘个体潜能,实现自我超越。但是其适应性较差,大多数的组织并不需要具备高复杂、高熟练的技术能力的员工,而且对于组织而言,其人力资源成本也会相应提高,最为突出的是以能力为导向的薪酬结构只注重了表面上的技能差异而忽略了工作绩效及实际能力的有效发挥,助长了组织高分低能的形式主义。

（三）以绩效为导向的薪酬结构

以绩效为导向的薪酬结构(表1-3)是指员工的薪酬主要根据其近期的劳动绩效来决定,绩效量越大,工资就越高,与其所处的职务和技能等级没有必然的联系。如计件工资、销售提成工资、效益工资等都属于这种薪酬结构。

表1-3　以绩效为导向的薪酬结构

工资项目	工资比例	工资项目	工资比例
技　能	5%	绩　效	80%
职　务	5%	其　他	10%

以绩效为导向的薪酬结构,其优点是激励性强,有利于提升员工的内在积极性,告诉员工一个简单的道理：只要肯努力,一切都是可以改变的。这种薪酬结构对于塑造把握自己、把握每一个机会的新组织员工来说是一个极好的激励机制。但其也存在一定的缺点：员工只注重眼前利益,缺少长远规划;只注重个人发展,缺少团队协作,缺乏进一步深入学习和发展的动力。

（四）组合薪酬结构

组合薪酬结构(表1-4)是指将员工的薪酬分解成几个部分,如工龄、技能、职位、绩效等，其在各个部分的付出都会得到相应的薪酬。如岗位技能工资、岗位绩效工资等都属于这种薪酬结构。

表 1－4　组合薪酬结构

工资项目	工资比例	工资项目	工资比例
技　能	30%	绩　效	30%
职　务	30%	其　他	10%

组合薪酬结构从各方面考虑了员工对组织的付出，起到扬长避短、积极整合的作用，适用于各种不同组织。但有时其也扼杀了一部分员工的积极性，甚至助长了干多干少甚至不干都一个样的“大锅饭主义”，值得引起各类组织的注意。

（五）新型薪酬结构

随着社会的发展，薪酬结构也越来越复杂，许多组织为了更好地经营发展，把短期激励和长期激励的薪酬结构有效地结合在一起。例如，在以往的薪酬结构中加进了年薪制、股票期权制、股票增值制等一些新兴的薪酬项目，并且对不同层次的员工进行不同的归类、划分，形成了新型的结构项目和结构比例，如表 1－5、表 1－6、表 1－7 所示。

表 1－5　基层管理人员新型薪酬结构

工资项目	工资比例	工资项目	工资比例
基本薪金	60%	福　利	20%
奖　金	20%		

表 1－6　销售人员新型薪酬结构

工资项目	工资比例	工资项目	工资比例
基本薪金	20%	福　利	20%
提　成	60%		

表 1－7　技术人员新型薪酬结构

工资项目	工资比例	工资项目	工资比例
基本薪金	20%	福　利	20%
知识价值	60%		
岗位工资			

二、薪酬功能

薪酬是组织对员工进行控制和影响的一种方式，它会影响组织的发展和员工生活工作的各个方面，同时也是整个劳动力市场供求关系及其流向的表现形式。因此就薪酬功能而言，可以从社会、组织、员工个人三个方面进行分析。

（一）对社会的作用

1. 有利于社会的稳定

薪酬作为劳动的价格体现，集中反映了劳动力资源的供求和趋向。如某一地区的某一职业，当市场上供大于求时，薪酬自然就会降低，促使过剩的劳动力流向其他职业，进行社会的自然调整，避免国家使用强制手段进行调整和干预。

2. 有利于社会劳动力资源的最优化配置

薪酬有时就像一把无情的利剑，能斩断一切不合理的人员安排，达到人尽其能的境界。

3. 有利于调节社会对职业的评价

薪酬的高低也往往与职业所处的社会声誉相联系。而薪酬从一定程度上来说，有助于建立合理、有效的择业系统和树立良好的就业态度。

（二）对组织的作用

1. 对外有利于树立组织形象

薪酬的高低直接反映了组织效益的好与差，组织形象不仅属于文化和精神的范畴，更关系到组织员工是否得到相应的报酬和福利，同时也意味着组织是否拥有真正的竞争力。试想一下，如果一个组织连员工的薪酬都不能保证，即使有再光辉伟大的形象最终也只能是昙花一现。

2. 对内有利于增强组织凝聚力和竞争力

薪酬是组织进行大量有效管理的重要工具，虽然有时员工也为其他奖励而工作，但一般而言，他们不太可能在没有报酬的情况下工作，所以薪酬的高低、何时发放及何种类型直接影响到员工的工作态度和工作积极性，进而影响到组织的凝聚力和竞争力。

3. 有利于组织控制成本

组织要进行经营活动，必须牵涉到成本投入，包括厂房、设备、土地等一些固定资本的投入，而薪酬作为购买劳动力的成本也是一项直接而宏观的投入，所以薪酬不仅影响到员工自身的利益，更影响到组织长期的宏观发展。显而易见，合理的薪酬设计和管理是组织控制成本的有效手段。

4. 有利于组织留住优秀的员工

古人云:“千军易得,一将难求。”挖掘人才、留住人才、使用人才已是人力资源管理中一个重要组成部分,很多组织都非常重视。其中合理的薪酬是留住人才的最关键因素。

(三) 对员工的作用

1. 补偿、维持和保障的作用

首先,员工在为组织生产劳动的过程中,必然会消耗一定的体力和脑力,为使员工能继续投入劳动,组织必须以薪酬的方式给予一定的补偿,包括物质的和精神的;其次,组织要发展,必然会在产品或技术上进行相应的变革,这就要求员工必须进行适当的知识和心理方面的调整,也就需要组织给予其继续保持良好工作状态的相应费用;最后,要让员工能全身心地投入工作中,必须解除其后顾之忧,如疾病、意外等所造成的损失,这也要求组织为员工支付一定的福利保险费用。这就是薪酬对于员工的最直接、最根本的作用。

2. 承认员工的工作价值

员工在工作岗位上劳动,很希望自己的工作能得到集体和他人的肯定,包括情感上的认同,但更重视实在的利益,以满足其生活上的必需及生活质量的提高。因而,薪酬尤其是其中的奖金更能够体现员工工作的价值,甚至能够激励其工作的热情。

3. 鼓励高业绩和高职位

现在有许多组织的薪酬设计都以业绩为杠杆,如营销公司。这些组织的薪酬设计直接刺激着员工要达到更高的业绩,以获得更高的报酬,更好地实现自身的价值,这样薪酬就成了鼓励高业绩的最重要筹码。同样,也有很多组织追求高职位和高薪酬的一致性,并且把许多新型的薪酬模式,如股票期权制、年薪制与高职位有机地结合起来,如此而言,薪酬又成了鼓励高职位的重要手段。

第三节　薪酬管理的内涵

一、薪酬管理概述

(一) 薪酬管理的含义

所谓薪酬管理,其实就是对组织支付给员工的那部分报酬进行计划、实施、调整、管理的过程,具体而言也就是对那些支付给员工的货币性报酬和非货币性报酬确定相应的支付标准,确定发放的形式、时间和对象,确定适当的结构以及如何因时因地因人做相应的调整的动态过程。薪酬管理不仅要符合国家的法律法规，而且必须与组织的整体战略相一致，更要求考虑到员工的切身利益和心理需求，因而它既是一门科学，又是一门艺术。

许多传统的薪酬管理往往只注重物质报酬的重要性，始终认为薪酬是激励员工努力工作的关键性因素，而忽视了员工的内在情感。其实随着经济的高速发展，人们的观念也得到相应的改变，那种为薪酬而努力工作的外在激励理念正逐步被淡化，继之而起的是良好的工作氛围、富有挑战性和成就感的工作、领导的称赞和认可，以及完善的职业生涯设计等内在激励因素更能够促进员工积极而努力地工作。

现代人力资源管理强调的是把人作为一种资源，是一种有望获得可观的价值回报的投资，而不是传统意义上的成本。现代薪酬管理就是要把支付给员工的薪酬看作一种投资，是组织用来激励员工做出更多的组织所期望的有利于组织发展的行为，同时减少组织所不希望看到的行为，并以此让员工为组织创造出更大的劳动价值。

（二）薪酬管理与招聘配置、培训开发、绩效管理的关系

薪酬管理是人力资源管理中极为重要的一环，它不但需要人力资源管理中其他管理职能的支撑，同时也对它们起着一定的影响作用。

1. 薪酬管理与招聘配置

招聘配置是指组织吸引应聘对象并从中选拔、录用、安排组织需要并合适的人才的过程。组织要获得优秀的人才，在应聘对象还未能更多了解组织文化及其战略等因素的情况下，组织能吸引人才的最简单、最直接的因素就是薪酬水平。一般情况下，只有最有市场竞争力的薪酬才会引起应聘者的认真考虑，才会在招聘市场上有更多的发挥余地。试想，一个薪酬水平偏低又不具有品牌效应的组织，怎么可能招募到组织最需要的人才呢?

2. 薪酬管理与培训开发

培训是指给新老员工授受完成本职工作所需的基本知识和技能的过程。开发是指对新老员工进行知识面和能力层的提高，以此着力挖掘出他们自身所蕴藏的潜在能量的过程。培训开发对员工的职业生涯发展极其重要，同时更能增加他们的收入。一般而言，经过培训开发后的员工势必会提高生产效率，为组织创造更多的利润，而组织为鼓励员工，必然会增加薪酬，这样就形成了一个对员工、对组织都有益的良性循环。如果组织能制定出对应于培训开发制度的薪酬管理体制，并作为组织长期发展的目标，那么薪酬管理对员工培训开发的意义将更加深远。

3. 薪酬管理与绩效管理

绩效管理是对组织中员工在特定时间内的工作绩效进行考核、控制和改进的过程，是薪酬管理的重要依据。很多组织把绩效与薪酬紧密地结合在一起，每一次绩效考核的结果都为下一次薪酬调整提供了客观而有效的标准。只要绩效考核是科学的、可靠的、为员工所能理解并接受的，那么薪酬与绩效的有效结合必然会为组织创造出一个积极向上的工作环境，也更有利于组织实现自己的战略目标。

二、薪酬管理的内容

薪酬管理与组织发展是一个相辅相成的有机结合体，两者互为补充。一方面，薪酬管理的最终目标是为了吸引和留住组织所需要的优秀员工，鼓励员工提高工作能力，最大限度地发挥员工的积极性，提高生产效率，为组织创造最大的价值，也为组织的发展提供强有力的核心竞争力；另一方面，组织的发展必然依靠核心竞争力的充分发挥，同时组织发展也为薪酬管理得到更有效的实施提供有力的财务支持。总之，薪酬管理的适当与否直接关系到组织未来的发展。一般来说，薪酬管理主要包括薪酬计划、薪酬管理制度、人工成本核算、薪酬总额管理和日常薪酬管理等。

（一）薪酬计划

薪酬是组织成本的重要组成部分，随着经济的发展，人工成本在组织成本中占的比重也越来越大，但是人工成本的支出不能无限制地上升，否则不但会影响组织的市场竞争力，还有可能危及组织的生存，因而制定合理的薪酬计划显得极为重要。

1. 制定薪酬计划的前提

制定薪酬计划首先必须收集大量的相关资料；其次对这些信息资料进行全面完整的分析、评定；最后结合组织现状进行合理的选择、判断，从而得到最适合组织自身发展的薪酬计划资料。一般情况下所要搜寻的资料主要包括三大类：一是国家、地区和市场方面的，如国家当前与薪酬有关的法律、法规等资料，近期本地区的物价变动资料，以及最近市场上的劳动力供求状况和相应职位的薪酬水平等；二是组织自身方面的，如组织人力资源规划资料、组织整体的薪酬资料，以及组织近年来的财务状况资料等；三是员工方面的，如员工当前的薪酬水平、薪酬级别，以及上次调薪的时间、额度等。

2. 制定薪酬计划的方法

制定薪酬计划的方法有两种：一种是自下而上法，另一种是自上而下法。

自下而上法是指根据各部门的人力资源规划和各部门每位员工在下一年度中薪酬的预算，计算出每个部门所需要的薪酬数额，汇总组织所有部门的预算总额，编制出组织整体薪酬计划的方法。自下而上法具有简单、灵活、易操作的优点，且能体现较多的人性化管理，比较容易被员工理解，能塑造积极向上的工作气氛，但是这种方法不能很好地控制组织的整体人工成本。

自上而下法是指组织的高层领导根据组织的财务状况和人力资源规划等决定组织的整体薪酬总额，再将此数额分配到各个部门，各部门按照内部的实际情况，将数额分配到每位员工的方法。自上而下法具有能控制组织总体人工成本、灵活掌握组织资金流量、适度调整资金周转等优点，但由于确定总额时主观性太强，往往不够准确，也不利于调动员工的积极性。

3. 制定薪酬计划的程序

(1) 进行薪酬市场调查,参考调查数据,比较组织各岗位与市场上相应岗位的整体薪酬水平,如基本薪酬比较、绩效薪酬比较、福利比较等。

(2) 了解组织人力资源规划,包括历年来的人员变动规律,尤其是下一年度的员工基本情况,如退休和新增的人数、员工能力状况、业绩考核结果等。

(3) 清楚组织自身的财力状况,根据组织制定的人力资源策略,确定采用何种市场薪酬水平,如75%点处、50%点处等。

(4) 根据上面三个步骤,一般可以计算得出组织在某个点处的预计薪酬总额。

(5) 根据经营计划预计的业务收入和前几个步骤预计的薪酬总额,计算薪酬总额与销售收入的比值,将计算出的比值与同行业的该比值或组织往年的该比值进行比较,如果计算出的比值小于或等于同行业水平或组织往年水平,则该薪酬计划可行;如果大于同行业水平或组织往年水平,可以根据组织董事会对薪酬计划的要求将各岗位的薪酬水平适当降低。

(6) 各部门根据组织整体的薪酬计划和组织薪酬分配制度规定,再结合实际情况,制定部门的薪酬计划,并上报人力资源部,由人力资源部对所有部门薪酬计划进行汇总。

(7) 如果汇总的各部门薪酬计划与整体薪酬计划不一致,需要再次进行调整。

(8) 将确定的薪酬计划上报组织领导、董事会批准。

(9) 经确认后实施薪酬计划。

(二) 薪酬管理制度

薪酬管理制度是指组织根据劳动的复杂、精确、繁重程度,以及劳动责任的大小、能力要求的高低和劳动条件的好坏等因素,将各类岗位划分为若干等级,再按该等级确定薪酬标准的一种制度。没有一种薪酬管理制度能够适用于所有组织,事实上,不同性质的组织,其薪酬管理制度也由不同的内容构成,侧重点也有所不同。

一般情况下,可以从以下几个角度理解薪酬管理制度。

1. 薪酬管理制度的设计

薪酬管理制度的设计,一般应考虑以下几个方面。

(1) 薪酬水平与薪酬结构设计。组织的薪酬水平一般由三个层次组成:第一层次,能够吸引并留住适当员工所必须支付的薪酬水平;第二层次,组织有能力支付的薪酬水平;第三层次,实现组织战略目标所要求的薪酬水平。

薪酬结构的类型很多,我们从性质上把它分为三类。一是高弹性类,该类薪酬结构的特点是员工的薪酬在不同时期起伏较大,绩效工资与奖金占的比重较大。以绩效为导向的薪酬结构属于这种类型。二是高稳定类,该类薪酬结构的特点是员工的薪酬与实际绩效关系不太大,而是主要取决于年功及组织整体经营状况,员工的薪酬相对稳定,给人一种安全感。采用这类薪酬结构的组织,员工薪酬中基本工资所占的比重相当大,而奖金的发放则根据公司整体经营状况，按照个人基本工资的一定比例发放，如日本的年功工资。三是折中类，既有高弹性成分，以激励员工提高绩效，又有高稳定成分，以促使员工注意长远目标。如以能力为导向的薪酬结构、以岗位为导向的薪酬结构及组合薪酬结构，采用该类型薪酬结构的组织较多。组织可以根据薪酬策略选择合适的薪酬结构。

(2) 薪酬等级设计。不同的组织有不同的岗位，因此薪酬等级也不同，但一般可以分为以下两种类型。

一是分层式薪酬等级类型，其特点是组织包括的薪酬等级比较多，呈金字塔形排列，员工薪酬水平的提高是随着个人岗位级别向上发展而提高的。

二是宽泛式薪酬等级类型，其特点是组织包括的薪酬等级少，呈平行结构，员工薪酬水平的提高既可以是因为个人岗位级别向上发展而提高的，也可以是横向工作调整而提高的。

(3) 固定薪酬的设计。划分了薪酬等级，还要确定不同等级之间的薪酬相差的幅度，即薪酬级差，主要是确定组织内最高等级与最低等级的薪酬比例关系以及其他各等级之间的薪酬比例关系。

薪酬浮动幅度是指在同一个薪酬等级中，最高等级的薪酬水平与最低等级之间的薪酬差距，也可以指中间档次的薪酬水平与最低等级或最高等级之间的薪酬差距。

(4) 浮动薪酬的设计。员工的浮动薪酬(奖金或绩效工资)不仅要与组织经济效益、部门业绩考核结果挂钩，还必须与个人业绩考核结果挂钩。浮动薪酬设计的关键，一是要确定浮动薪酬总额，二是要确定个人浮动薪酬份额。

2. 薪酬管理制度的调整

员工的薪酬并不是固定不变的，而是不断调整的。其调整主要体现在以下六个方面。

(1) 工资性调整，即对那些原来没有工资等级的员工进行工资等级的确定。

(2) 物价性调整，即为了补偿因物价上涨给员工造成的经济损失而实施的一种工资调整方法。

(3) 工龄性调整，组织的薪酬构成中包含了年功工资，那么这样的组织普遍采取的提薪方式就是工龄性调整，即把员工的资历和经验当作一种能力和效率予以奖励的工资调整方法。

(4) 奖励性调整，一般用在当一些员工做出了突出的成绩或重大的贡献后，为了使他们保持这种良好的工作状态，并激励其他员工积极努力和向他们学习而采取的薪酬调整方式。

(5) 效益性调整，即当组织效益提高时，对全体员工给予等比例奖励的薪酬调整方法，类似于不成文的利润分享制度。

(6) 考核性调整，即根据员工的绩效考核结果，每达到一定的合格次数即可提升一个薪酬档次的调整工资的方法。

3. 薪酬管理制度的完善和创新

处于市场竞争中的组织都有不同的性质和特点，各个行业千差万别，而同一组织内部又有许多形态各异的工作岗位，各组织适用的薪酬管理制度也不尽相同，所以需要不断完善、创新薪酬制度，以适应市场需求。

完善、创新组织薪酬制度的工作程序包括：

(1) 建立以岗位工资为主的基本工资制度；

(2) 采取灵活多样的工资支付形式；

(3) 实行董事会、经理层成员按职责和贡献取得报酬的办法；

(4) 对科技人员实行收入激励政策；

(5) 探索进行组织内部员工持股试点；

(6) 积极试行技术入股，探索技术要素参与收益分配办法；

(7) 可以试行劳动分红办法；

(8) 加强组织内部分配基础管理工作；

(9) 实行人工成本的合理约束；

(10) 员工民主参与决策和监督。

（三）人工成本核算

1. 人工成本的含义

人工成本是指组织在生产经营活动中，因使用劳动力而发生的所有费用。人工成本并不仅仅是组织成本费用中用于人工的部分，还包括组织税后利润中用于员工分配的部分。

人工成本＝从业人员劳动报酬总额＋社会保险费用＋福利费用＋教育费用＋劳动保护费用＋住房费用＋其他人工成本

(1) 从业人员劳动报酬总额，即核算组织支付给所有有酬从业人员的劳动报酬总额，包括在岗员工工资总额和其他从业人员的劳动报酬。

(2) 社会保险费用，主要包括组织按国家规定参加基本养老保险、基本医疗保险、失业保险、工伤保险和生育保险等强制性基本保险费用支出，以及组织依法设立的各项补充保险(包括商业保险)费用支出。

(3) 福利费用，包括在组织福利费用中列支并用于组织内从业人员医药费、医护人员工资、医护经费、员工因工负伤赴外地就医路费、员工生活困难补助、在员工集体福利设施内工作的人员的工资以及其他国家规定的福利性支出。

(4) 教育费用，即专用于从业人员学习先进技术和提高文化水平方面的支出。

(5) 劳动保护费用，主要包括组织购买或负担的劳动保护设备以及其他只能在工作现场使用的特殊用品的购置、维修等费用。

(6) 住房费用，即组织为改善本组织从业人员居住条件而支付的费用。

(7) 其他人工成本，主要包括：员工招聘解聘费用；工会经费；子弟学校和技工学校经费；外籍雇员报酬及其他外聘雇员和专家的人工费用；专、兼职董事及咨询顾问人员报酬和相关费用;离岗人员基本生活费等;其他支出。

2. 人工成本核算的意义

人工成本是组织花费在雇员身上的所有费用,人工成本的增加,意味着利润的减少,所以人工成本核算是组织关心的焦点。

通过人工成本核算,组织可以知道自己使用劳动力所付出的代价,可以了解产品成本和人工成本的主要支出方向,可以及时、有效地监督、控制生产经营过程中的费用支出,改善费用支出结构,节约成本,降低产品价格,提高市场竞争力。

通过人工成本核算,可以使组织根据自己的情况,寻找合适的人工成本的投入产出点,达到既以最小的投入换取最大的经济效益,又能调动员工积极性的目的。

第四节 薪酬管理的发展及其影响因素

一、薪酬管理的历史发展

一个多世纪以来,企业薪酬问题一直是经济学界和管理学界关注的热点问题。随着古典经济学到现代经济学的发展,经济学领域对薪酬问题的研究已相当系统,并提出很多理论。但纵观所有这些工资理论,我们可以发现,这些理论的基本前提假设是接受薪酬的主体是“理性”的经济人,由此演绎出来的各种观点都已经渗透到管理活动中,对管理行为产生极为广泛的影响。但是,从管理学角度出发,现实中的个体并非完全是“理性”的经济人,管理现实中的环境因素复杂多变,薪酬制度并不都能得到如此理性的执行,而且从心理学的角度来看,薪酬对员工行为产生影响的巨大作用已经开始逐渐萎缩,工作满足感慢慢变得更有效地影响着人们的行为。所谓工作满足感,就是指一个人对工作本身和工作环境及工作后得到的评价所产生的一种愉悦的情绪、情感体验,这种愉悦体验是任何金钱和功利所不能替代的。

企业薪酬管理理论也随着管理实践和各种相关学科的发展而不断发展,影响着企业薪酬管理基本理念和基本风格的变迁。从工业革命给早期工厂制度带来巨大的冲击开始,发展到今天网络经济对管理变革的全面渗透,指导企业薪酬管理实践的薪酬理论也在不断发展。无疑,对这些薪酬管理理论的发展脉络进行分析,领会其演变的逻辑过程,对于企业薪酬管理实践具有十分重要的意义。一般而言,传统薪酬管理经历了以下三个阶段。

(一)早期工厂制度阶段:把工资水平降低到最低限度的观点

在前工业革命时期,工人习惯于家庭或者农村生活,不喜欢接受工厂管理的约束,工作时间随意性强，工厂面临的最大困难在于培养"工业习惯"。在这种背景下，重商主义经济学派的研究认为，收入与所提供的劳动之间的关系是负相关的。因此在很长一段时间里，雇主们认为，"最饥饿的工人就是最好的工人"。他们尽可能地降低工人的工资，让工资稳定在最低水平，但当时工厂主同时也面临吸引熟练的技术工人的挑战，因此必须提高工资。于是雇主为了在这两者之间实现平衡，就采用了各种不同的物质激励方法。

在这个阶段，工厂薪酬的支付沿用了简单的计件付酬办法。在那些劳动密集型的工厂里，工资激励使用得相当广泛，其中劳动力成本在总成本中占有很大比例，劳动报酬与个人表现紧密相关。当时，也有部分企业采用团体计件计划。

为了充分发挥工资的激励作用，少数管理学者提出了利润分享计划作为固定工资的补充。例如，巴比奇提出的利润分享计划包括两个方面：① 工人的部分工资要视工厂的利润而定；② 工人如果能提出任何改进建议，那么就应获得另外的好处，即建议奖金。除了分享利润外，工人按照他们所承担的任务的性质获得固定工资。这样，按照利润分享计划，企业主将会采取行动，淘汰那些使他们分红减少的不受欢迎的工人(A. 雷恩)。应该说，在工厂制度逐步成熟的过程中，企业主已经意识到薪酬在管理中的地位和作用。

（二）科学管理阶段：围绕工作标准和成本节约展开的薪酬政策

在科学管理时代，"以高工资提高生产力，降低产品单位成本"的思想得到了发展。当时的观点认为，最好的办法就是把劳动报酬与劳动表现联系起来。利润分红能够鼓励工人以更低的成本生产更多的产品，因为他们能分享盈利。

弗雷德里克·W. 泰勒(Frederick W Taylor)并不赞同当时正在风行的利润分享计划。他认为，因为所有的人都参与分享利润，所以该计划并不能够促进个人抱负的实现。1895年，他针对工人的"偷懒"问题提出了差别计件工资制度，作为"部分解决劳动力问题的进一步措施"。该计划包括三部分内容：① 通过工时研究进行观察和分析以确定"工资率"，即工资标准；② 差别计件工资制；③ "把钱付给人而不是职位"。泰勒认为，如果采用差别计件工资制，一旦工作标准确定下来，差别计件工资制就能产生两方面的作用：使达不到标准的工人只能获得很低的工资，同时付给确实达到标准的工人以较高的报酬。

在此基础上，甘特提出了"完成任务发给奖金"的制度，来实现泰勒提出的制度所无法达到的鼓励工人相互合作的目的。根据这个制度，如果工人某一天完成工厂分配给他的全部工作，他每天将得到50美分的奖金。甘特建议，工人如果在规定时间或在少于规定时间内完成任务，他们除了可得到规定内的报酬外，还能按该时间的百分比获得另外的报酬。此外，甘特采纳了一位同事的意见：一个工人达到标准，工长就可以得到一笔奖金；如果所有的工人都达到标准，他还会得到额外的奖金。甘特认为，给工长这种额外奖金是为了"使能力差的工人达到标准，并使工长把精力用在最需要他们帮助的那些人身上"。可以说，这是最早关于管理者薪酬激励的表述。

与此同时，利润分享计划也在得到修正和改善。1938年，约瑟夫·F. 斯坎伦针对团体激励提出薪酬计划。这一计划的核心是建议以计划和生产委员会为主体寻求节省劳动成本的方法和手段。不对提出建议的个人付给报酬,整个计划的首要原则是以团体为目标。强调的是协作与合作而不是竞争,任何一个人的建议都能使大家得到好处。在整个工厂或整个公司范围内付给报酬,鼓励工会与管理当局进行协作以降低成本和分享利润。这一计划的独特之处在于:① 对提出的建议实行团体付酬;② 建立讨论和制定节约劳动成本的联合委员会;③ 工人分享的是节省的成本,而不是增加的利润。

可以看出,这个时期完成了从"低薪"到"高薪"刺激理念的根本转变。"最饥饿的工人就是最好的工人"的观点逐渐被"最廉价的劳动力是得到最好报酬的劳动力;正是由于得到最好报酬的劳动力去操纵机器,才保证了相对于资本投入的最多的产品"的观点所替代。在这个阶段,"高工资、低成本"的观点在企业中得到确立。

(三)行为科学阶段:适应员工心理需求的薪酬制度

人际关系学派认为,"工作中的人同生活中其他方面的人没有多大差别,他们并不是彻底的理性生物,他们有感情,喜欢感到自己重要并使自己的工作被人认为重要。当然,他们对自己的工资袋颇感兴趣,但这不是他们关心的主要问题。有时候,他们更关心的是他们的工资能确切地反映他们所做的不同工作的相对重要性"(勒特利斯贝格尔,1950)。因此,一些企业为满足个体心理需求而进行了不同的尝试。

詹姆斯·F. 林肯尝试了一种以经验为基础的方法。他认为,对工作的自豪、自力更生以及其他久经考验的品德正在消失,为了恰当地解决这个问题,就要恢复个人"明智的自私自利"。激励人们的主要因素不是金钱、安全,而是对他们技能的承认。林肯计划试图使职工的能力得到最大限度的发挥,然后按照他们对公司成功做出的贡献发给"奖金"。林肯电器公司的个人刺激计划因此取得了巨大的成功,使企业快速发展。

怀延·威廉斯最先提出工资权益理论。他认为,从工人的角度来看,工资是相对的,也就是说,重要的并不在于一个人所得到的绝对工资,而在于他所得到的相对工资。到20世纪60年代,埃利奥特·雅克(1961)与约翰·斯泰西·亚当斯等人(1963)的公平激励理论发展了这种观点,即工资分配的公正是社会比较的结果。他们认为,一个人对薪金的感觉至少基于两种比率:① 所得工资相对于他人工资的比率;② 其"投入"(所付出努力、受教育水平、技术水平、培训、经验)相对于"产出"(薪金)的比率。因此,他们强调了薪酬调查在薪酬决策中的地位。从整个过程来看,在传统的薪酬管理思想中,薪酬政策考虑的因素往往是多维度的,"证据表明,工资刺激的效力是如此依赖于它与其他因素的关系,以至于不能将它分离出来作为一个独立的因素来衡量效果"(勒特利斯贝格尔和迪克森,1939)。

二、薪酬管理的影响因素

随着世界经济的快速发展、国家与国家之间开放程度的提高和市场化进程的全面展开，一场世界范围内的人才竞争已在所难免。人才竞争很大程度上与薪酬问题有关，而薪酬问题又是人力资源管理的核心问题，它涉及社会、政府、市场、组织和劳动者各个方面，对宏观经济和微观经济都有着巨大的影响力，甚至对社会稳定和社会生活也会产生一定的影响，因此薪酬管理就显得尤为重要。而薪酬管理主要受到三大因素的影响：外部环境因素、组织内在因素和员工个体自身因素。

（一）外部环境因素

外部环境因素是指与工作本身的特性及意义并没有直接关系，但对薪酬确实有着很大影响力的社会、文化和经济等各方面因素。其具体表现为政府的政策、法律和法规，文化、风俗习惯，劳动力市场状况，生活水平等。

1. 政府的政策、法律和法规

很多国家和地区对薪酬设定的下限和种族、性别问题都用立法形式加以规定，如美国的《公平薪酬法案》(The Equal Pay Act)和《公民权利法案》(Civil Right Act)都要求同工同酬，只要工作的责任大小、技术能力、环境等都相同，无论员工是男是女，是亚洲人还是欧洲人，信仰何种宗教，组织都必须付之以相同的报酬。美国联邦政府还规定在任何城市和地区，劳动者每小时的最低工资不能低于 5.15 美元；斯洛伐克的法规规定，高级经理的薪酬与组织中一般雇员的平均薪酬比为 11∶1；《中华人民共和国劳动法》(以下简称《劳动法》)第四十八条设立了关于国家实行最低工资保障制度的规定，任何单位支付劳动者的工资不得低于当地最低工资标准，并为最低工资率的测算制定了严格的方法。大多数比较发达的国家和地区都用各种法律法规来规范薪酬的许多方面，在这些国家和地区，各级组织要正常运行，就必然受到这些法律法规对薪酬规定的影响。

2. 文化、风俗习惯

文化和风俗习惯对某一国家或地区而言都是一种被大家所认同的精神产品，有时甚至会进入人们的集体潜意识之中，并且会影响到他们的行为方式。在中国，很长一段时间里使用统一的薪酬结构，工人实行 8 级工资制、技术人员实行 16 级工资制、行政人员实行 26 级工资制，并且几十年不变，但人们并没有因此而感到困惑和不公平，这就是文化的影响力。14 世纪欧洲教会维持等级结构的合理工资制和日本传统的年功工资制的盛行也都是文化和风俗习惯所形成的影响。

3. 劳动力市场状况

劳动力市场上劳动力的供求失衡和与竞争对手之间的人才竞争都会影响到薪酬的设定。劳动力市场上某种人才过剩，组织之间就会缺少竞争，这部分人才的薪酬就会降低；相反，劳动力市场上某种人才紧缺，组织之间竞争压力增加，为了获得这些紧缺人才，组织就必须增加薪酬额度。

4. 生活水平

生活水平是人们收入状况、消费指数以及生活质量的具体表现。某一地区生活水平提高了，那么人们对生活的期望也就会相应提高。要提高生活质量、扩大消费指数，就必须增加收入，这样才会给该地区的组织造成薪酬压力，影响组织的薪酬设定。

（二）组织内在因素

组织内在因素是指组织本身的经营战略，如经营性质和内容，以及组织文化、岗位设计、财务能力、组织规模、组织人力资源政策等许多因素。它们均对薪酬有着很大的影响力，主要有以下几个方面。

1. 组织经营战略

组织经营战略是指组织为了自身的生存和发展，从实际出发，明确制定的组织中长期发展计划和确定的具体工作方针及行动方式。组织经营战略对薪酬制度的制定起着决定性的作用。例如，组织以创新作为主要经营战略，那么就要求该组织必须把激励工资作为薪酬的要点，以此鼓励员工在生产中大胆创新、缩短工期、减少成本，而不再过多地去评价和衡量各种技能和职位。又如，以顾客为核心的组织经营战略则强调取悦顾客，与顾客建立密切关系，尽量超过顾客的期望值，并直接以顾客的满意度给员工付酬。

2. 组织人力资源管理制度

组织人力资源管理制度是规范组织员工劳动行为以及管理者管理活动的依据和标准，是组织内部影响薪酬结构的另一因素。例如，有些组织认为提供头衔就可以吸引员工，因此很少提高薪酬，但有些组织拉开薪酬的级差，鼓励员工向更高工作标准和更新技术发展以获得更高的薪酬。

3. 组织文化

组织文化是指组织中长期形成的共同信念、作风、价值观和行为准则等。其尤以组织精神为内核，包括组织物质文化层（厂房设备、产品外观等）、组织制度文化层（领导体制、管理制度等）、组织精神文化层（行为价值观、员工素质等）三个层次，它反映了组织整体的行为倾向和偏好。例如，有些组织经常会随着形势的变化而制定一些正式或非正式的薪酬政策，以证明它在劳动力市场上的竞争性地位；而也有些组织则严守刻板，一旦制定薪酬政策就很难改变，管理者和员工也能相安无事。这就是不同组织文化对薪酬的影响。

4. 组织经营性质和内容

组织经营的性质和项目的不同，也会影响组织的薪酬策略。在高科技组织中，知识分子和技术员占主体，相对而言人数较少，又都是从事高科技含量的脑力劳动，因而人力资源成本在总成本中占的比例不大；而在劳动密集型组织中，人数庞大，又从事简单的体力劳动，人力资源成本在总成本中占有很大的比重，这样两类不同的组织，它们的薪酬策略也必然不同。

5. 组织的财务状况

组织的财务状况不仅影响到薪酬策略的确定，还直接关系到招聘、能力、劳资关系等许多人力资源管理问题。例如，经营比较成功、财务状况良好的组织会倾向于支付高于劳动力市场水平的薪酬；相反，经营失败、支付能力较差的组织就会选择支付低于劳动力市场水平的薪酬，从而慢慢地就会失去市场竞争力。

（三）员工个体自身因素

员工个体自身因素是指与员工个体自身的生理、心理素质、个体的受教育程度以及个体自身的经验等一系列有关的状况，而这些情况又恰恰会影响到薪酬的设定。

1. 受教育程度

一般而言，员工的受教育程度越高，则应得到的薪酬越高。这是因为，薪酬不仅会补偿原学习过程中所消耗的各种生理、心理能量，而且还是影响员工进一步学习、提高技能、促进产量提高的动力。加拿大统计局的一项研究报告显示，具有较高受教育程度、较高读写能力的员工通常能获得薪酬较优厚的工作，读写能力对收入的影响极大，大约等于教育回报的三分之一，甚至还发现员工每多接受一年教育，平均年薪增长 8.3%。

2. 薪酬与经验

一般来说，经验多、工作时间长的员工可获得较高的薪酬。很多组织把员工的薪酬和经验放在相同的位置，即经验与薪酬相等。例如，高级管理人才需要有 12 年以上的相关工作经验，管理人才需要 8 年以上的相关经验，而一般技术人员则需要 5 年左右的工作经验，同时他们的薪金也与此相对应，由高转低。

3. 年龄、外貌

在全世界范围内，25～35 岁的年轻人的收入高于其他各年龄层，是高薪密集区，他们大多拥有较高的学历、较先进的科学技术，又从事比较新型的行业。另外，英国科学家发现，外貌英俊的男子比缺乏吸引力的男子可以找到更好的工作和赚得更多报酬。伦敦吉尔德霍尔大学研究人员柯林斯(Killings)表示，长相一般的秘书比起漂亮的秘书，收入要少 15%；研究还发现，被认为是缺乏吸引力的男子较英俊的同事少赚 15%；姿色较差的女性较美丽的同事少赚 11%；肥胖对男性的薪酬没有影响，但女性却因肥胖受损失，所得报酬较苗条的同事少 5%。

影响薪酬的因素有很多，而且它们并不是完全孤立的，彼此之间依然有着非常紧密的联系，所以，我们在研究薪酬的时候，务必要把各种因素有机地结合起来，扬长避短，这样才能制定出适合不同性质的各类组织的合理的薪酬方案。

本章小结

薪酬是指雇员在其工作岗位上为雇主付出劳动或劳务并实现了一定的价值后所获得的各种货币收入和各种福利酬劳之总和。

较为全面的一种薪酬构成可以由基本薪酬（现在时态）、绩效薪酬（过去时态）、激励薪酬(将来时态)、间接薪酬(过去和现在进行时态)四部分组成。

薪酬管理,其实就是对组织支付给员工的那部分报酬进行计划、实施、调整、管理的过程,具体而言也就是对那些支付给员工的货币性报酬和非货币性报酬确定相应的支付标准,确定发放的形式、时间和对象,确定适当的结构以及如何因时因地因人做相应的调整的动态过程。

薪酬管理主要包括薪酬计划、薪酬管理制度、人工成本核算、薪酬总额管理和日常薪酬管理等。

薪酬管理的发展主要经历了三个阶段:早期工厂制度阶段、科学管理阶段、行为科学阶段。

影响薪酬管理的因素主要有外部环境因素、组织内在因素和员工个体自身因素。

案例分析

1. 依据薪酬设计原则,薪酬应与职位的工作评价相结合。一般而言,工作越复杂、需具备的专业技能程度越高、其所承担的责任越高,则工作评价的等级越高,薪酬应给付较高的额度,此乃毋庸置疑,符合公平报酬原则,且所谓"给付较高的薪酬"应是指基本薪酬结构而言,并不包括加班所得。加班是员工超出正常工作时间额外付出的时间与心力,故国家在劳动法中对于超时工作行为,均明确有应按平常每小时薪酬的一定倍数发给加班费的强制性规定。

故就本案例来说,以员工基本薪酬加上其加班所得(含误餐费、交通费),来与主管的基本薪酬作比较,并不合宜。仅单就基本薪酬总金额比较,员工若比主管高,则是不合理的现象,但若将员工加班费并入作比较,在比较基准已有偏差的情况下,这种比较失去了意义。

2. 由于本案例中,主管与员工的薪酬比较基础有所偏差,所以与给付公平无关。至于女性员工的基本薪酬(未含加班费),为何较男性员工基本薪酬低,则属于给付公平的问题。

首先,按薪酬公平原则,从事同样的工作给付同样的薪酬,若女性员工所从事的工作与男性员工皆同,薪酬却有差别,则显然对女性员工不甚公平。但女性员工合计加班费所领报酬,比男性员工少,与前述主管与员工的比较相同,因比较基准有所偏差,不能以此作为标准来比较。

其次,女性员工为何少加班,是女性员工本身无意愿加班,或公司限制女性加班,这均与给付公平的议题无关。

3. 建议改善的措施包括以下内容。

首先,严格控制加班,加班必须由主管视实际需要指派,不得任由员工任意加班。

其次,取消主管不能领取加班费及没有误餐费等津贴的规定,或于年终给予奖金补偿。

最后，提升女性员工加班的意愿，但其目的不是为了要达到薪酬公平，而是为了避免男性员工过度加班而影响其身心健康，调整女性员工与男性员工基本薪酬和加班费上的差异，秉持同工同酬的原则，做循序渐进的调整。

思考题

1. 简述薪酬与薪酬管理的概念。
2. 简述薪酬的主要构成及其功能。
3. 简述薪酬结构的概念。
4. 传统的薪酬结构有哪些？各自的特点是什么？
5. 简述薪酬管理与招聘配置、培训开发、绩效管理的关系。
6. 薪酬管理的主要内容是什么？
7. 影响薪酬管理的因素有哪些？
8. 试从薪酬管理的历史发展看薪酬管理的未来发展趋势。

第二章 战略性薪酬管理

引导案例

组织战略与薪酬管理

东方红公司成立于2003年，当时公司创始人刘东亮和夫人梁红只有一家名为红艳艳的饭店。他们艰苦创业，努力奋斗，经过十年的发展，到2013年，东方红公司旗下在上海已拥有17家颇具规模的饭店、茶楼和娱乐场所。更令人兴奋的是，它们属于服务性行业，在整个市场上服务业已成为经济的最大增长点，提供了公司成长的充足机会，借此机会刘东亮和梁红准备大展身手。但是，假如他们继续使用目前所采用的组织结构和人力资源管理战略，这种成长的潜力就不会得到充分的利用。

2003年他们最初为东方红公司设立的组织结构是一种家族式的管理方式，将所有重大的决策权都集中在自己手中。这样的安排在早些年运作得相当好，但到2013年它已经不再有效。刘东亮和梁红越来越难以管理好公司。例如，想要约见他们的人，得早上8点就在办公室外排队等候；员工们越来越难以得到对日常问题的答复，而要求快速反应的重要决策经常被耽搁。对于当初设计的组织结构来说，东方红公司已经越来越不能适应。在人力资源管理尤其是薪酬管理制度上，原来的薪酬管理体系是以职位为导向的薪酬体系，但随着公司的不断发展和规模的不断扩大，这种只关注企业内部因素的薪酬体系已不能有效地激励各级员工的积极性，不能支持组织的长远发展。

刘东亮和梁红认识到了这个问题，研究决定着手重组组织和改造企业的薪酬制度。他们将公司分解为可管理的各个饭店、茶楼和娱乐场所等部门，并分别配备一名独立的经理掌管各个部门。这些经理都被授予足够的权力去经营和扩展他们各自的分部。分部经理具体负责各项事务工作，在人事安排和财务方面有一定的决定权，但要定期向刘东亮和梁红汇报工作，在重大决策问题上还是由他们来决定。同时，公司给这些独立的经理们一些股份，也给公司的员工们一些股份，并把他们的薪酬与每次绩效考核的结果相挂钩。

人力资源管理制度的变革为公司带来了明显的效果。公司效益显著，利润增长明显，营业额达到近6 500万元，公司的收益年增长率达25%。三年后，公司规模进一步扩大，在全国8个省市建立了开发和营业部，营业额达到3.3亿元。这时，东方红公司在管理上又出现了一些难以协调的问题,例如,由于地区差异,在绩效管理和薪酬管理方面存在许多不同点,管理人员和一线员工都不太满意。刘东亮和梁红意识到新一轮的变革又将开始,他们要求人力资源部经理拟定一项符合公司发展状况的战略性薪酬管理制度。

案例讨论题

1. 请问在2013年东方红公司的薪酬管理制度是如何调整的?为什么?

2. 2016年后,东方红公司的薪酬管理制度应该做怎样的变革?

3. 假如你是东方红公司人力资源部经理,请你拟订一项具体的战略性薪酬管理制度。

第一节 战略性薪酬管理概述

随着经济全球化的深入发展,企业处于更加严峻、残酷的市场竞争中。企业要长期保持活力,就必须有行之有效的策略,如企业的流程再造、组织结构的变革等。在知识经济时代,为了获得竞争优势,企业必须充分利用财力资源、物力资源、信息资源和人力资源,尤其是人力资源作为第一资源日益成为非常重要的战略性资源。员工所具有的知识、技术、能力、态度和行为是影响企业间经营业绩差异的决定性因素,而单纯的、片面化的企业管理已经不再发挥有效的作用。战略性人力资源管理尤其是战略性薪酬管理恰恰具备了这样的功能,战略性薪酬管理也越来越引起广泛的关注。

一、战略性薪酬管理的内涵

(一)战略性薪酬管理的概念

战略性薪酬管理,是指利用薪酬工具来适应内外部环境的变化,协助企业的经营战略得到顺利确定和有效实施,具体体现为一系列薪酬管理的过程和活动,是对薪酬战略的具体落实和实施。战略性薪酬管理不只是对员工贡献的承认或回报,还是一套把企业愿景、目标和价值观转化为具体行动的方案,以及支持员工实施这些行动方案的管理流程。

战略性薪酬管理强调如何从战略高度看待组织的薪酬问题,如何实现薪酬体系对组织战略的支持作用。在企业总体层面上,最基本的战略决策就是明确组织应该进入哪些行业和领域开展经营活动。在事业部或者业务单位层面上，核心问题则变为确定相应的经营战略，是采用低成本、产品差异化战略，还是采用其他一些竞争战略？在企业的操作层面上，企业的战略决策就是制定相应的人力资源战略，以支持经营战略的实施。企业需要什么样的核心人才和核心能力？企业的人力资源部门应该给予哪些相应的辅助和配合？在明确了企业的人力资源战略后，相应的薪酬战略应该是什么？企业所处的社会、竞争和法制环境对薪酬战略提出了哪些要求？如何通过战略性薪酬决策引导员工的态度和行为？……这些问题最后的立足点都是帮助企业在市场上赢得并保持竞争优势。

企业的人力资源管理包括招聘与筛选、培训开发、薪酬管理、绩效管理等各项职能，其中，薪酬管理是受到外界环境影响最大的环节。这是因为：首先，薪酬管理受到的法律约束最多，它是各种劳动关系的集中体现，与社会劳动保障的关系也最为密切；其次，员工在多变的商业环境中更关心薪酬问题；最后，薪酬管理的利益相关主体最为复杂，包括政府、工会、劳务中介机构等，多变的内外部环境和多重的利益相关性是驱使薪酬管理向战略方向转型的强大动力。

企业薪酬管理的职能随着人力资源战略地位的提升而扩展，它已经从单纯的交换劳动力和控制人工成本的职能上升为战略性人力资源的开发和管理手段。因此，薪酬管理不仅成为企业的独立管理职能，而且成为一项企业的战略管理职能。

战略性薪酬管理理念的引入和发展有助于人们重新审视薪酬设计的原因是什么，最终目标是什么，怎样才能保持灵活性以适应日益复杂的社会市场环境，对实现企业的战略目标有什么帮助等问题，从而更有效地帮助人们从战略高度去理解和运用薪酬管理这一管理职能。

（二）战略性薪酬管理的基本内容

战略性薪酬管理最关注的就是哪些薪酬决策能帮助企业获取最有效的资源和在竞争激烈的市场上始终保持优势。那么怎样才能利用战略性薪酬管理获得最有效的人力资源呢？怎样才能始终保持优势呢？这就必须首先搞清楚战略性薪酬管理的具体内容。

对于战略性薪酬管理的内容，不同的学者有不同的认识。例如，戈麦斯认为，战略性薪酬管理主要可以归纳为薪酬水平的决定基础、薪酬体系的设计以及薪酬管理模式三个方面；米尔科维奇则认为，战略性薪酬管理主要包括薪酬目标、内部一致性、外部竞争力、员工贡献以及薪酬管理等五个方面。本书中的战略性薪酬管理主要从薪酬支付的依据、薪酬水平的确定、薪酬的设计与调整、福利管理模式和薪酬管理模式等五个方面来考虑。

1. 薪酬支付的依据

薪酬支付的依据是指企业根据什么来向员工支付薪酬。员工所从事的岗位，所具备的知识、技能和资历，员工的工作绩效等因素都可能成为组织向员工支付薪酬的依据。

（1）以员工岗位为依据。按职位来决定薪酬是最常见的一种付酬依据。企业可以通过工作分析和工作评价来衡量一个特定职位对企业的价值。以工作本身为薪酬支付的依据是指员工的薪酬主要根据其所担任的职务的重要性、职务的高低来决定,基于工作本身的薪酬一般要求企业的职位结构有一定的稳定性,而不是经常流动和变化的。但是由于从事同一职位的不同人员拥有不同的技能或能力并往往会产生不同的绩效,因此,完全按职位支付薪酬难以保证薪酬激励的公正性和公平性。

(2) 以员工技能(能力)为依据。技能工资一般应用于蓝领,如制造业的技术工人;能力工资一般应用于白领。基于技能(能力)的薪酬观认为,员工的技能(能力)是企业竞争力的源泉,企业应该根据员工的技能(能力)水平来决定员工的薪酬。技能(能力)薪酬能引导员工努力提高自身的技能(能力),但是,技能(能力)薪酬往往依据员工的潜在能力,而不是对企业的实际贡献来决定员工的薪酬。技能(能力)工资也容易导致企业人工成本过高。在实践中,还会出现既考虑职位又考虑技能(能力)的薪酬方案。

(3) 以员工绩效为依据。绩效也是决定薪酬的重要因素。绩效薪酬是指员工的薪酬主要根据其近期的劳动绩效来决定,绩效量越大,工资越高,与其所处的职务和技能等级没有必然的联系。其优点是激励性强,有利于推动员工的内在积极性。但其也存在一定的缺点,如使员工只重眼前利益,缺少长远规划;只重个人发展,缺少团队协作,缺乏进一步深入学习和发展的动力。因此,如果企业确实能够精确地衡量员工绩效,并且相应地支付薪酬,那么这种薪酬制度既能体现出公正和公平,又能具有激励性,显然是很好的;否则,这种薪酬制度就不是公平的,甚至具有极大的破坏性。

① 基于个人绩效和团队绩效

个人绩效制是指针对员工个人的工作绩效提供奖励的一种报酬制度,它将员工的薪酬收入与个人绩效挂钩,重在奖励员工的个人工作绩效,做到了给予员工差别化的薪酬。个人绩效制是最古老的一种绩效奖励计划,而其中计件薪酬制是最为典型的个人绩效薪酬制,它集中反映了个人绩效薪酬制的特点。把个人绩效作为薪酬支付的依据具有很大的激励作用。但是,由于管理者难以精确地衡量个人绩效,经常导致绩效和薪酬不一致。如果员工感觉不到绩效与薪酬之间的强相关性,那么这种薪酬制度就无法发挥应有的激励作用。

团队绩效是指根据部分员工群体进行奖励的一种报酬制度。现实中很多工作并不是靠一个人的力量就能够完成的,需要以团队的形式来进行,如流水线作业、部门业绩的实现等。采用团队绩效可以避免无法精确衡量个人绩效这一难题,也可以增强团队成员的合作意愿。但由于存在“搭便车”的现象,采用团队绩效可能会降低薪酬对个人的激励效果。团队薪酬包括小组奖励计划、利润分享计划、收益分享计划等形式。为了充分利用个人绩效和团队绩效的优势,在薪酬设计中也经常同时考虑个人绩效和团队绩效对个人薪酬的影响。

② 基于短期绩效和长期绩效

短期绩效是指每个绩效年度的年终,由员工的直接主管对其工作作出评价,按绩效等级给予薪酬奖励的一种薪酬制度,一般有业绩薪酬、一次性奖金和个人的现场奖励等。长期绩效是指根据超过一年的绩效周期来评定员工业绩并据此对员工进行激励的一种薪酬制度。长期绩效薪酬能够把员工的收益与组织的长期绩效联系在一起，激励员工为组织长期绩效考虑，避免员工的短期行为，主要包括股票持有计划、股票期权计划和期股计划等各种激励形式。

2. 薪酬水平的确定

薪酬水平是组织中的几种薪水或年薪的平均值，该平均值可以是基于单个职位的个体薪酬等级，也可以是若干职位的薪酬平均值。一个组织所支付的薪酬水平高低无疑会直接影响到企业在劳动力市场上获取劳动力能力的强弱。薪酬水平的确定是指与竞争对手或市场平均水平相比，如何定位组织的薪酬水平。薪酬水平的确定包括薪酬整体水平的确定以及基础工资、奖金和福利等各部分水平的确定。

(1) 薪酬整体水平的确定。薪酬整体水平的确定是企业为了保持薪酬的外部竞争性而对员工的薪酬整体进行的确定。这里的薪酬是指雇员在其工作岗位上为雇主付出劳动或劳务并实现了一定的价值后所获得的各种货币收入和各种福利酬劳之总和。企业可以根据实际情况，采用领先于市场、与市场匹配或者低于市场的不同定位。当然，企业也可以针对企业内部不同类型的员工采取不同的薪酬水平定位。例如，对核心人才的薪酬采取市场领先型策略，对一般员工采取市场匹配型或市场落后型策略。一般而言，薪酬水平高于市场标准，能够提高企业吸引和留住员工的能力，并让员工感觉到自己属于一个层次较高的团体。然而，要使薪酬水平居于市场领先地位，一个前提就是考虑企业未来的现金流状况，即企业能否在不影响其现金流的情况下，持续向员工支付较高的薪酬。另外，企业也要综合考虑较高的人工成本对企业竞争力的影响。

(2) 基础工资、奖金和福利等各部分的水平的确定。薪酬水平的确定除了要考虑薪酬整体水平的确定外，也需要考虑薪酬的各个不同组成部分的水平的确定。例如，一个薪酬整体水平在市场上领先的企业完全有可能在基础工资上落后于市场平均水平，而在奖金或者长期激励上远高于市场平均水平，以此激励员工努力工作并减轻现阶段现金支付的压力。

3. 薪酬设计与调整

薪酬是劳动成果的体现，直接关系到员工工作的积极性，更是成本意识的体现，直接关系到企业的利润率。薪酬设计会影响到企业的前途和目标，甚至关系到企业的生死存亡。一份科学而又合理的薪酬设计，既要解决企业内部公平性或一致性的问题，还要尽量做到薪酬水平具有外部竞争性。

(1) 固定薪酬和变动薪酬的组合。在薪酬设计中，如果固定薪酬比例高，意味着员工收入的保障程度高，但预期的总收入较低；如果变动薪酬比例高，意味着员工收入的风险高，但预期总收入较高。一般而言，对于偏好风险的员工，低固定薪酬和高变动薪酬组合的激励作用大；对于偏好规避风险的员工，高固定薪酬和低变动薪酬组合的激励作用大。高成长性公司鼓励冒险，强调因此而带来的高额奖金和收入；成熟企业强调工作和收入保障。当然，企业到底采取哪种薪酬组合，除了考虑员工的风险偏好外，还要考虑产业环境、企业文化以及企业发展阶段等因素。

(2) 薪酬调整。薪酬调整是保持薪酬关系动态平衡、实现组织薪酬目标的重要手段，也是薪酬系统运行管理的一项重要工作。企业薪酬水平制定以后，并不是一成不变的，为了促进薪酬策略目标的实现，需要不断对薪酬水平进行调整。薪酬调整的目的是适应组织外部和内部环境因素的变化，以保持薪酬的内部公平性，体现组织的薪酬价值导向，更好地发挥薪酬的激励功能。由于劳动力供求关系的不断变化，企业需要定期对企业内部员工的薪酬结构进行调整。调整的内容主要包括纵向结构调整、横向结构调整和不同薪酬等级人员比例的调整。

4. 福利管理模式

福利只是一种补充性报酬，是企业基于雇佣关系，以企业自身的支付能力为依托，并在一定程度上受国家的强制性法律法规所制约，向员工提供的、用以改善其本人和家庭生活质量的各种以非货币性薪酬和延期支付形式为主的补充性报酬与服务。它往往不以货币形式直接支付，而是以服务或实物的形式支付给员工。

福利管理的主要内容包括以下几个方面：确定福利总额、明确实施福利的目标、确定福利的支付形式和对象、评价福利措施的实施效果。

5. 薪酬管理模式

薪酬决策应该在多大程度上做到开放与透明？谁应该参与薪酬体系的设计和管理？如何管理和调整现有的薪酬制度？通过薪酬管理模式，我们可以解决关于如何制定和执行薪酬制度与决策的问题。

(1) 集权管理还是分权管理。薪酬制度由总部制定还是部门制定，是集权管理与分权管理的区分标准。一般而言，部门独立性小的公司，其薪酬制度倾向于由总部统一制定；反之，则由部门决定自己的薪酬制度。集权管理的薪酬制度还意味着直线经理对下属的薪酬很少有决定权，而在分权管理的薪酬制度下，直线经理对下属的薪酬有较大的决定权。

(2) 员工参与度低还是高。员工参与度低意味着薪酬制度主要反映了公司高层管理人员的意志；参与度高意味着员工可以根据自己的需要来影响或决定薪酬制度的内容，从而提高薪酬的激励效果和员工的满意度。例如，在弹性福利制度下，员工可以根据不同的偏好来选择适合自己的福利组合。

(3) 秘密支付还是公开支付。秘密支付有利于员工之间的相互竞争，为求得高薪，大家都努力工作，但秘密支付会导致员工之间互相猜疑，降低信任水平。公开支付能增加企业管理的透明度，让员工知道企业薪酬体系的运行状况，减少在秘密支付过程中可能存在的以个人好恶取代客观标准的弊端，还可以迫使管理者有效地管理薪酬制度。但是，公开支付薪酬会导致优秀员工遭受排斥和员工之间相互攀比等问题，从而不利于企业经营。

(4) 薪酬制度偏刚性还是偏弹性。偏刚性的薪酬制度意味着员工能够较好地预测未来的收入状况，有助于稳定人心，但难以适应环境的变化。偏弹性的薪酬制度在环境发生变化时容易进行调整，具有较强的适应能力，但容易导致过去的薪酬政策难以发挥作用，员工无法预测其未来的收入状况，不利于稳定人心。一些专家认为，薪酬制度应该兼具刚性和弹性两种特征。

完整的战略性薪酬管理大体可以从以上五个方面去考虑，但在具体实践中，对一家特定的企业来说，它所面临的人力资源管理问题不同，因而，战略性薪酬管理的模式也可以不同，不必面面俱到，应该因地、因时、因人的不同采用与自身企业的发展状况相适应的战略性薪酬管理模式。

二、战略性薪酬管理的原则、步骤与评价标准

（一）战略性薪酬管理的原则

1. 系统性原则

系统性原则是一个非常重要的战略性薪酬管理原则。传统的企业实践倾向于单独设计人力资源管理的各个分支体系，如薪酬体系、绩效管理体系等，然后将其汇总为一个整体的管理系统。分割设计、孤立管理的思路，往往导致各子体系之间的冲突与不相匹配。现代人力资源管理强调各种职能的整体性、一致性和协调性。薪酬管理是人力资源管理的重要组成部分，薪酬战略必须融入整个人力资源管理战略体系之中。换言之，薪酬战略的设计与实施必须考虑与人力资源管理大系统及子系统之间的契合。

2. 专业性原则

现代薪酬管理是一项技术性和专业性非常强的管理工作，从某种意义上讲，它是企业内部资本运作与管理的一个领域。在薪酬管理上升到战略层面之后，应该从以下三个方面提升薪酬管理的专业水平。第一，加大在薪酬管理方面的技术投入，让薪酬专家管理薪酬。第二，建立与企业总体绩效水平和人力资源战略相匹配的薪酬体系和方案，并培育一种机制以保证方案得到有效落实。第三，降低事务性活动在薪酬管理中所占的比重。在传统的薪酬管理模式下，薪酬管理人员的主要工作是收集分析企业内部薪酬数据、进行绩效考评、展开工作评价等常规事务。而战略性薪酬管理模式下，要求管理者将更多的时间用于收集外部信息、参与决策、制定规则和员工沟通等。

3. 信息化原则

管理的高效化必须借助于现代化的信息系统。在传统的人力资源信息系统中，薪酬管理模块的主要功能是进行工资核算、记录薪酬数据、生成各种报表等。在战略性薪酬管理的框架下，薪酬管理信息系统一方面要帮助管理人员从事务性工作中解脱出来，另一方面要注重专家性的决策支持功能，即通过薪酬管理系统提供专家性的决策咨询服务。与之相匹配，企业需要既具备计算机网络专业知识，又懂得薪酬管理技术的人员来建立和管

理薪酬信息系统。

4. 参与性原则

战略性薪酬管理要求无论在薪酬管理体系的建立还是实施过程中，都需要员工的充分参与，员工的参与程度直接影响薪酬体系作用的发挥。员工参与薪酬管理有以下三个方面的作用。第一，帮助识别对提高绩效有意义的权变因素，并最终体现在组织各层级的绩效考核标准上。员工对设计过程的参与，将给组织提供更加丰富、更加全面的信息。这些信息将为最终识别企业的竞争力和薪酬管理目标提供帮助。第二，增强对薪酬体系和薪酬管理的理解和接受程度。在设计新的薪酬体系时，一定要广泛征求员工的意见，不能由管理者一厢情愿的来制定。只有员工认可的管理才是最有效的，这样的设计更适合于薪酬管理。被员工认可的薪酬体系本身就是一种约束和激励其行为的机制。第三，把薪酬管理作为学习和开发的过程。员工参与薪酬设计和管理，有助于增强自我管理意识，促进员工的积极性和主动性。

（二）战略性薪酬管理的步骤

1. 审视内外部环境中的权变因素

战略性薪酬管理的第一步是要了解薪酬管理的内外部环境，主要包括企业的外部宏观环境、产业环境和内部环境等。每个企业所面临的薪酬管理环境都不一样，所采取的决策必定会有较大的差别。例如，某企业所处的产业竞争激烈，经营打“价格战”，这种情形致使其薪酬水平与同业者趋于一致；另一家企业处于垄断地位，薪酬水平的调整空间则很大。因此，企业必须全面、准确地审视其面临的内外部环境，并找出最能影响薪酬战略制定的权变因素。

2. 确定驱动组织绩效的关键因素

战略性薪酬管理的第二步是要确定在上述内外部权变因素的影响下，驱动组织绩效的关键因素。例如，某软件开发公司驱动组织绩效的关键因素是较短的研发周期、研发团队的稳定性与研发团队的合作性等。一般而言，在确定驱动组织绩效的关键因素时，要考虑以下四个问题：

(1) 企业的愿景与目标是什么？

(2) 为实现该愿景与目标，企业应当执行何种竞争战略？

(3) 若要实现这一竞争战略，企业的核心价值观、组织结构和管理流程是什么？

(4) 若要实现这一竞争战略，企业将遇到哪些内外部的障碍和挑战？

3. 明确关键因素对薪酬成本和员工技能、态度与行为的要求

战略性薪酬管理的第三步是要找出上述关键因素对薪酬成本和员工技能、态度与行为的具体要求。例如，上文提到的某软件开发公司，有三个驱动组织绩效的关键因素：一是较短的研发周期，对员工的要求是具备主动性与积极性；二是研发团队的稳定性，对员工的要求是具备较高的组织忠诚度和工作满意度，进而具有较低的离职率；三是研发团队

的合作性，对员工的要求是具备团队合作的意识和能力。在确定了这些战略要求之后，薪酬战略的目标便随之确定下来，从而明确了薪酬管理的工作方向和指导方针。

4. 制定薪酬战略来实现上述要求

为了实现上述对薪酬成本和员工技能、态度与行为的要求，战略性薪酬管理的下一步任务就是制定一套行之有效的薪酬战略或政策体系，包括薪酬水平政策、薪酬结构政策、薪酬组合政策以及行政管理政策等。

5. 执行薪酬战略并对其重新评价与调整

战略性薪酬管理的最后一步是执行薪酬战略，但在薪酬战略执行的过程中仍要不断检查执行效果，并对薪酬战略进行重新评价和调整。因为企业的内外部环境是不断变化的，这种变化势必也会影响驱动组织绩效的关键要素的变动，薪酬战略必须能够及时顺应这种变动，最终实现薪酬战略与环境之间的短期适应性与长期弹性。薪酬战略主要包括薪酬战略目标、薪酬水平政策、薪酬结构政策、薪酬组合政策和行政管理政策等方面的内容。

（三）战略性薪酬管理的评价标准

并非所有的薪酬管理都具有战略的性质，对薪酬管理战略性质的评价主要是考察它与提升组织绩效和形成企业竞争优势的关系。

1. 战略性薪酬管理对提升组织绩效的作用

战略性薪酬管理对组织绩效的促进作用主要体现在以下四点。

(1) 降低人工成本。人工成本一般占组织整体运作成本的 20%～50%，服务行业的人工成本的比重更大，甚至可高达 60%～70%及以上。因此，降低人工成本是企业竞争优势的重要来源。对于初创企业和处在困难时期的企业，依靠有效的薪酬管理减少薪酬开支，对企业的生存与发展更具有关键的作用。

(2) 吸引和留住人才。一方面，薪酬管理具有吸引与筛选人才的作用，较高的薪酬水平和较新的薪酬形式可以吸引和奖励企业稀缺与创新型人才；另一方面，建立公平、合理的薪酬激励体系对于维系有用人才是十分关键的。

(3) 引导员工行为。一个设计和实施优良的薪酬体系可以传达这样的信息：什么样的员工是企业需要和关注的？什么样的行为是企业认可并给予奖励的？例如，岗位薪酬约束员工的尽职尽责行为；技能薪酬奖励员工学习知识和掌握更多技能的行为；绩效薪酬则鼓励员工为企业价值增值做出更大的贡献。企业可以根据对员工管理的需要，设计符合战略需求的薪酬体系。

(4) 促进劳资和谐。薪酬管理是一把双刃剑，不科学或不公平的薪酬管理往往是劳资争议的焦点，但战略性薪酬管理建立在和谐的劳资关系的基础之上，它不仅有助于缓解劳资冲突，而且可以保证企业的永续发展。

2. 战略性薪酬管理对形成企业竞争优势的作用

战略性薪酬管理对形成企业竞争优势的作用通常有三个衡量标准，即价值性、难以模仿性和有效执行性。

(1) 价值性。价值性体现在薪酬管理能对控制人工成本、吸引和维系人才以及影响员工的态度和行为等有直接和较强的影响。应该说,对上述因素不产生影响或影响较弱的薪酬管理行为,不具有对组织竞争优势的显著价值性。例如,传统的薪酬结构设计多依据各种工作评价技术,但一些研究显示16种工作评价的方法之间的相关系数达到0.900,也就是说,尽管工作评价是企业薪酬管理的基础性技术,但对它们的选择和使用无助于形成企业的竞争优势。

(2) 难以模仿性。如果一个薪酬决策很容易被模仿,那么所有的公司都可以通过它来获取竞争优势,其优势也就不复存在了。因此,为了使薪酬战略具有难以模仿性,必须使薪酬管理具有组织的专属性特征——它根植于组织内部,内化为员工行为,最终与组织文化融为一体。

(3) 有效执行性。战略性薪酬管理的关键不仅在于它的制定是否科学,更重要的是它能否得到贯彻和执行,唯有如此,才能为企业带来竞争优势。在当前的企业薪酬管理领域中,从不缺乏有效的战略,缺乏的是战略执行,而薪酬的战略执行性又主要体现在组织全体成员对薪酬战略的理解能力和接受能力上。

第二节　薪酬战略与组织战略

一、薪酬战略与组织总体战略

薪酬战略需要适应组织总体战略,并促进组织总体战略的实现,所以,薪酬战略需要具有整体协调性和战略支持性。例如,一家大型的集团总公司拥有一家正在迅速成长的高科技公司和一家处于稳定期的制造公司,总公司会利用后者赚得的利润来支持前者的研发活动,两者的薪酬政策是迥然不同的,因此需要在整体上对薪酬战略进行协调,主要表现为多元化战略和国际化战略。

1. 多元化战略

只有使薪酬战略的影响力得到充分发挥之后,才能实现公司的多元化战略,而薪酬战略可以配合公司的战略目标,并作为管理上主要的整合和控制手段。

在实施多元化战略的公司中,薪酬管理经常在总公司和业务单元之间产生重叠,因此,薪酬战略必须能够拥有不同形式的薪酬政策,才能适应各具独特性质的业务单位或子公司。所以,当公司实施多元化战略时,薪酬政策应该配合公司各种经营形态,适应目标与竞争环境的需求,设计一套因时、因地制宜且具有弹性的薪酬策略。也只有这样,组织内的所有成员才会相信薪酬的差异是公平与合理的。

2. 国际化战略

企业国际化过程通常分为出口阶段、国际化阶段、跨国阶段和全球化阶段，每个阶段都有其业务中心和全球竞争分布的区别。企业薪酬战略在出口阶段和国际化阶段，通常会将资产负债表方法作为薪酬战略设计的重点，而这一方法的作用在跨国阶段和全球化阶段则逐渐被弱化。跨国公司的薪酬战略选择有以下几个显著特征。

(1) 为了适应国内和国际薪酬的均衡性，跨国公司通常会制定一个涵盖范围广泛的薪酬组合。尽管跨国公司的薪酬组合之间有很多相似之处，但其具体结构及实施必须遵守各个国家和地区的法律规定。

(2) 在制定员工的总薪酬时，薪酬战略除了遵循地方法律，适应当地的经济状况、习俗和价值观外，还必须考虑企业运作于其中的产品市场及保持竞争力所要求的业绩水平。

(3) 在同一个国家和地区，也要使公司的薪酬战略根植于本土文化，包括对地方文化的考虑，这一点在中国显现得尤为突出。在中国，薪酬要素的使用效果通常在南方和北方、国企和外企之间又有显著性差别。

二、薪酬战略与组织发展战略

1. 成长战略

成长战略是指在企业的成长阶段，关注于市场开发、产品开发、创新以及合并等内容的战略。成长战略特别强调创新、风险以及开发新市场等。因此，应该采取如下的薪酬战略与之相匹配。

(1) 需要研发、市场开发等能力突出的人才，同时，需要保证这些人才具有较高的积极性、主动性和创造性。因此，与成长战略相匹配的薪酬战略目标聚焦于吸引和留住具有开拓精神的人才，并激励他们积极有效地投身创新性的工作。

(2) 采取领先型的外部薪酬政策，以保持在人才市场上的竞争力。

(3) 适宜采取等级较少而级差较大的薪酬结构，使员工减少薪酬增长上的阶梯障碍，而且薪酬结构的确定应选择以员工技能而非职位本身为标准。

(4) 通过与员工共担风险和分享成功的薪酬机制实现企业的目标，具体包括：强调员工的实际贡献，加大绩效薪酬在总薪酬中的比重，设计员工持股计划，培育员工的风险意识和奉献精神等。

(5) 对管理和决策的灵活性有很强的需求，在薪酬管理方面比较民主，并赋予直线管理人员较大的薪酬决策权。

2. 稳定战略

稳定战略是指在企业的稳定阶段，一种旨在保持市场份额或运营成本的战略。它一般存在于较为稳定的市场竞争环境中，企业经营的核心在于“稳定”，在于维持自己已经拥有的技能。相应地，稳定战略下的薪酬战略体现为以下几个方面。

(1) 薪酬管理的战略目标在于稳定已经掌握相关工作技能的员工队伍，同时尽量减低薪酬成本，建立和谐的、稳定的劳资关系。

(2) 在外部竞争力上，稳定型企业会采取跟随型薪酬水平政策，薪酬水平的定位目的在于降低现有员工队伍的流失率，而非猎取更多人才。

(3) 强调薪酬的内部一致性，突出薪酬结构的严密性和严格性，薪酬结构的确定通常从员工所从事的工作本身出发。

(4) 薪酬组合不强调企业与员工共担风险；相反，在薪酬中具有较为稳定性质的基本薪酬和福利所占的比重较大。

(5) 薪酬决策的集中度比较高，员工较少参与薪酬管理。

3. 收缩战略

收缩战略通常是指企业在经营困境时期，通过缩小一部分经营业务来摆脱危机的战略。采取收缩战略的企业会将薪酬与企业经营业绩挂钩。

(1) 薪酬目标主要是通过降低薪酬成本来减轻企业的负担，让企业能够将精力集中在业务缩减上。

(2) 在薪酬外部竞争力上，一般采取滞后型薪酬水平政策，其目的在于降低薪酬固定部分的比重。

(3) 对于薪酬的内部一致性的要求，需削弱其强度。

(4) 鼓励员工与企业共担风险，力图推行员工持股计划、收益分享计划等风险型薪酬形式，强调员工的个人贡献。

(5) 鼓励员工参与薪酬管理的相关决策，借此培养员工的责任感和努力为企业变革做出贡献的精神。

三、薪酬战略与组织竞争战略

组织竞争战略主要是指组织为了获得额外的市场利润而采取的盈利途径和盈利手段。组织竞争战略通常包括成本领先战略、差异化战略和创新战略。

1. 成本领先战略

成本领先战略是指企业通过在内部加强成本控制，在研发、生产、销售、服务和广告等领域把成本降到最低限度，从而成为产业中的成本领先者的战略。采取成本领先型战略的企业往往注重生产经营效率的提高，将薪酬战略目标定位于薪酬成本控制；为了压缩成本，会采取低于市场平均水平的滞后型外部政策；为了提高生产效率，往往将员工的工作描述得极为详尽，以提高工作的稳定性；并且强调薪酬的内部一致性。其主张用基本薪酬稳定员工，而不注重使用绩效薪酬形式。薪酬管理方式上一般表现为薪酬信息不公开、员工参与度低。

2. 差异化战略

差异化战略是指企业向客户提供的产品和服务在产业范围内独具特色，这种特色可以给产品带来额外的价值，因此，推行差异化战略的企业十分强调通过提高客户服务质量、服务效率、服务速度等来赢得竞争优势。企业薪酬战略目标在于激励员工为客户服务，所以，客户满意度是采取差异化战略的企业的重要绩效指标。

3. 创新战略

创新战略是指以产品的创新及产品生命周期的缩短为导向的一种竞争战略。采取创新战略的企业会非常强调客户满意度及客户的个性化需求，因此，这类企业的薪酬战略目标定位在维持和吸纳勇于创新的员工，而不注重强化内部的职位等级结构和工作评价等管理行为。其基本薪酬的设计采取高于市场平均水平的领先型薪酬政策，并采取绩效薪酬的形式来承认员工的贡献。同时，这类企业在薪酬管理过程中也比较重视员工参与决策和信息的公开化。

然而，现实中并不是每一个企业都有明确的战略表述，也并不是每个企业都有一种既定的战略，竞争环境和企业战略是动态的和变化的。因此，在明确薪酬战略与企业战略之间关系的前提下，要求企业在实践中不断探索适合自己的薪酬战略。

第三节　薪酬战略与企业发展阶段

企业生命周期理论是现代企业理论的重要内容之一。企业生命周期是指企业从产生、成长到衰落的周期性变化过程，一般分为初创、成长、成熟和衰退几个阶段。企业应当根据自身所处的不同成长阶段，制定适宜的薪酬战略。

一、企业初创期的薪酬战略

（一）企业初创期的特征

企业取得登记注册并开始营运后，就进入初创期，这就是一个新企业的诞生过程，其最明显的优势是灵活性，企业在产品、市场、管理上都可以随着环境的改变迅速作出调整；但同时，企业各个方面都比较薄弱，发展方向也不明确。所以，这个时候企业的主要目的就是求得生存。

1. 综合实力弱

在初创期，企业人力资源、资本实力、技术实力、品牌和市场网络等都比较薄弱，在企业内部尚未形成具有本企业特点的管理哲学和企业文化时，企业的产品在市场上还没有得到广泛认可，企业还没有树立起自己的形象，需要各方面的扶持。因此，在这个阶段多数企业独立性较差，在严酷的市场竞争中会缺乏竞争力。

2. 成长速度不稳定

在求生存阶段，一方面，由于企业是从零开始，基数较低，产量尚未达到设计能力，只要有市场需要，企业的发展速度可达几倍，甚至十几倍；另一方面，由于企业竞争力不强，用户还不稳定，又会影响企业的发展，使企业的生产产生较大的波动，严重时可能使企业濒临破产。

3. 发展方向不明

企业在求生存阶段，除采用灵活多变的经营战略外，还以“新”制胜。由于灵活性强，这个时期企业的产品方向不稳定，经常发生转业现象。企业难以找到适合于自身特点的业务方向，难以准确地进行市场定位。其决策和行动较多地依靠“尝试”，从而会走很多弯路，“摔跤”及经历挫折的概率很大，企业的交易成本也会因此而增加。一旦出现大的挫折或失误，便可能导致企业在新生期夭折。

4. 管理工作不规范

在初创期，企业管理制度不健全，无章可循和有章不循的现象同时存在，管理工作还不规范，管理水平较低，企业文化也未形成。管理上人治色彩浓厚，企业的领导者和管理者基本上是创业者，他们的个人作用突出，各项业务的开展以企业领导者为核心，较少使用正式控制或信息系统，权力集中在较少授权的业主管理者手中，对专业人员和专家管理者使用不多。因为企业对统一的和狭窄的市场占优势，所以组织结构长期无差异化。简而言之，因为企业管理任务简单，所以结构简单。

（二）企业初创期的薪酬战略的内容

1. 薪酬的决定基准

企业初创期的薪酬可根据以下原则确定。

(1) 基于技能的薪酬体系。在企业初创期，主要的业务流程及组织架构尚不稳定，职位职责尚不明确，常常存在一人多职或职责交叉的现象，主导员工的往往是创业热情，而不是名誉和正式的地位。因此，掌握多种技能的员工是公司竞争力的源泉，企业应该根据员工的技能水平来决定员工的薪酬。

(2) 注重外部公平。处在初创期的企业，往往急需大批优秀的生产技术人员和销售人员。但由于基础差、底子薄、产品缺乏竞争力，企业还没有树立起自己的形象，此时，较高的薪酬水平成为吸引优秀人才的主要条件。因此，企业薪酬战略的重点应放在建立薪酬的外部竞争性上，而相对淡化薪酬的内部公平性。

(3) 强调个人绩效。在初创期，创业者在经营管理上唱“独角戏”。这个时期的组织，在规模上不足以符合团队合作的工作形态，企业创办人独揽大权反而是比较有效率的，企业的目标就是求得生存。因此,这个时期很少有团队合作的工作形态,薪酬战略主要基于个人绩效而建立。

(4) 鼓励为承担风险付酬。处于初创期的企业通常会面临非常恶劣的竞争环境,企业需要比成熟的竞争对手更多的冒险精神。因此,薪酬战略应该强调为承担风险付酬的理念。

2. 薪酬组合政策

初创期企业的资金往往呈现净流出状态,任何不确定的风险因素都会直接或间接地转化为对投资需求的增加,因此固定薪酬(包括基本工资和福利)应以中、低水平为主,可变工资是薪酬组合的重要部分。由于资金和资源的全面紧张,短期激励项目也会被重点控制。因此,这个时期吸引和留住员工最主要的方式是长期激励,长期激励方式能够将企业的薪酬成本从固定成本转化为可变成本。

3. 行政管理政策

行政管理政策涉及以下两个方面。

(1) 集权管理。在初创期,创业者没有授权,也不应该授权,因为此时企业的劳动分工并不细化,没有专门的人力资源管理部门,也不需要引进专职的人力资源管理人员。因此,创业者通常直接参与企业人力资源管理的主要工作,加上薪酬管理会直接影响到企业资金的分配和流向,所以创业者通常都会亲自负责薪酬决策。

(2) 较低的员工参与度。处于初创期的企业,实施较低参与度的薪酬制度,可以保证创业者根据企业的需要来制定薪酬政策,以有效地维持企业的生存。

二、企业成长期的薪酬战略

(一) 企业成长期的特征

初创期的企业在求得生存之后,通常会进入一个快速成长的阶段。成长期的企业以高速发展著称,在生命周期曲线上,成长期表现为曲线斜率为正。这一时期企业的特征具体体现在以下几个方面。

1. 发展速度快

成长期的企业表现为快速扩张。在这一时期,企业形成了自己的主导产品,这些产品不但是企业销售额的主要来源,而且得到广大用户的认可,能够实现大批量生产。与此同时,企业的主要产品会面对很高频率的技术改变,有很高的死亡率,只有高度依赖产品的创新才能保持企业在特定行业中的位置。

2. 资源不足

成长期的企业已经可以通过主导产品维持一定规模的销售收入和现金流量,但由于企业的市场营销费用加大,企业需要募集大量资金进行项目投资,企业的现金流量却仍然不确定。大部分运营利润都会被投入研发、新车间、设备、市场调查或广告中去。可以说,拥有一支业务素质较高的研发人员是成长期企业走向成熟的关键。

3. 环境多变

成长期企业的规模不断扩大,企业所有权变得更分散,董事会特别是企业创始人对决策的影响力逐渐降低。就市场而言,一方面,也许由于部分产品内容变得更多更丰富,市场比初创期变得更多样化;另一方面,顾客对决策的影响力越来越大,企业经营面临一个很不确定的环境。

4. 管理复杂

战略和环境迫使企业面对更复杂的管理任务,企业规模的扩大和运作的复杂性要求企业建立和完善规章制度。企业创业者的个人作用逐渐弱化,他们更多地担当起领导者和管理者的角色,职业经理人开始进入企业并发挥关键作用。

(二) 企业成长期的薪酬战略的内容

1. 薪酬的决定基准

企业成长期的薪酬可依据以下原则确定。

(1) 基于技能的薪酬体系。处于成长期的企业,岗位是流动和变化的,并且岗位的职责要求越来越多,企业无法用过去的岗位分析结果来衡量现在的岗位对企业的贡献。因此,根据技能水平来决定员工薪酬成了企业的客观选择。

(2) 兼顾内外部公平。在技能薪酬下,资历长的员工可能发现新进员工的工资跟自己的差不多甚至比自己还高,会觉得自己的贡献没得到认可。这是快速成长型企业的一种普遍现象,其原因在于新员工不断进入,并且这些员工只能根据市场水准付酬。针对这种现象,企业应当基于市场水准,调整资深员工特别是关键资深员工的薪酬。

(3) 注重团队绩效。首先,处于成长期的企业,面临多变的环境和激烈的竞争,需要更灵活地适应市场趋势的转变。而团队和合作精神更能适应企业这种情况,采用团队绩效薪酬能增加团队成员的合作意愿。其次,基于团队的绩效能使员工的薪酬和组织的绩效联系在一起,而不会增加企业的现金负担。最后,由于企业快速发展,个人职位的工作内容难以界定,义务加班成了常态,采用团队绩效可以避免衡量个人绩效这个难题。

(4) 鼓励为承担风险付酬。处于成长期的企业仍然面临一个不确定的环境,不少决策必须在信息不完全的情况下快速做出。此时,企业创办者更愿意同那些注重预期收入的增长而不过分关注工作稳定性和即期收入的人一起工作,即企业需要敢于承担风险的员工。因此,企业应该通过提供与风险成比例的薪酬来鼓励员工提升风险意识。

2. 薪酬组合政策

处于成长期的企业需要巨大的灵活性来投资于研发、新产品、扩张能力和市场营销(而不是高额的工资)以帮助企业完成成长战略。为了增强员工的风险意识、创新精神和团队精神,并节省用于现期薪酬发放的现金开支,企业一般支付给员工较低的基本工资、福利和较高的激励(特别是长期激励)工资。

3. 行政管理政策

行政管理政策包括以下两个方面。

(1) 较低的员工参与度。处在快速成长期的企业,资源全面紧张,低参与度的薪酬制度,可以保证不使过多的资金用于支付员工薪酬,从而避免加大资源紧张的程度。但要注意权衡员工真正的需要是什么,要处理好员工需要和企业发展之间的关系。

(2) 秘密支付。处于快速成长期的企业需要大量从外部市场引进人才,这些人才的薪酬都是根据市场水准确定的。秘密支付薪酬可以在一定程度上缓解资深员工对新进员工的高薪酬的不满。

三、企业成熟期的薪酬战略

(一) 企业成熟期的特征

经过高速发展后,企业便进入成熟期。企业成熟期可以分为两个阶段:成熟前期和成熟后期。处于成熟前期的企业,发展速度明显不如成长期快,并且越来越慢;处于成熟后期的企业,不但不再发展,反而出现滑坡趋势,整个时期的共同特征是发展速度都很慢。这一阶段企业的特征主要体现为以下几点。

1. 发展速度减慢

成熟期的企业更可能处于一个较为稳定的环境,风险和不可预测性减少,市场不比成长期更多样化,但存在大量的竞争对手。总体市场容量不再增长,会为追逐相同顾客群而竞争,有时要投入相当大的精力,因此,成熟期企业所处环境的竞争性更强。虽然企业的发展速度有所减慢,但通过销售可为企业带来资金,从而减缓了企业资本不足的压力。企业的发展逐步由外延式转向内涵式,由粗放经营转为集约经营。

2. 企业治理和组织结构趋于完善

在这一时期,企业所有权更加分散,董事会成为股东代表的主体,股东所有权削弱,影响力降低。企业治理和组织结构趋于完善并能有效运作,企业的创造力和开拓精神得到制度化保证,企业对未来趋势的判断能力增强,并且能够承受增长带来的压力。

3. 良好的企业形象

经过多年的经营,企业形成了自己的经营理念和经营哲学,培养起具有本企业特点的企业精神,树立了良好的企业形象,并通过各种广告媒体的宣传,使企业的经营思想、企业精神广为人知。企业有了自己的名牌产品和商标,其产品的知名度和市场占有率也在不断提高。

4. 管理逐步由集权模式向分权模式发展

随着分公司、子公司、关联公司数量的增加,企业逐步向集团化方向发展。有些企业还可能跨出国门，在国外设立生产经营性子公司，从而向跨国公司的方向迈进。为了适应企业产品多样化和企业组织形态集团化与跨国化的需要，企业管理模式逐步由集权型向分权型发展，企业下属单位的权限得以扩大，企业内部经营单位的经济关系也趋于“市场化”。

（二）企业成熟期的薪酬战略的内容

1. 薪酬的决定基准

企业成熟期的薪酬应根据以下原则确定。

(1) 以岗位为基础的薪酬体系。由于处于成熟期的企业发展进入稳定时期，企业产品市场份额相对稳定，内部管理制度日益规范。在这种情况下，业务分工也变得明确和科学，各个岗位的职责也较清晰，以岗位为基础制定薪酬体系也就变得相对容易，而且顺理成章。

(2) 强调资历。这个时期的企业，在形象、资金和规模上都达到了一个很高的层次。各个工作岗位满员，空缺岗位很少，人员晋升困难，对有能力的人员的吸引力开始下降。这个时候企业要留住人才，为资历付酬是很常用的一种手段。

(3) 注重内部公平。在成熟期，企业不再特别强调薪酬的外部竞争性，并不是因为该阶段薪酬的外部竞争性变得不重要，而是因为该阶段的薪酬本身已经具有较强的外部竞争性。并且企业的品牌和影响力也有助于巩固企业对人力资源的竞争能力。更为重要的是，该阶段企业对优秀人才的获取开始从外部劳动力市场转向企业内部劳动力市场。因为企业发展到成熟期时，内部已拥有大量的人力资源，企业要做的是如何去发现和培养人才。为了留住员工，并鼓励他们在“内部劳动市场”中流动，内部程序的公平性就显得十分重要。

(4) 注重团队绩效。成熟期企业的发展主要是靠企业的整体实力和规范化机制，个人在企业中的作用开始下降；在组织方面，最关键的是打破部门之间的壁垒，建立跨部门的团队，强化企业管理的协调工作。在这一阶段，企业变革的重点是如何将企业的运作和业务结合起来，使它们成为一个整体。所以，企业的绩效考评应该注重团队绩效，甚至是最高管理层次的团队绩效；以鼓励团队间的合作。在薪酬制度中，可以更多地使用利润分享计划和员工持股计划，以增强员工对企业目标的认同感。

2. 薪酬组合政策

成熟期企业有条件通过正式的工作评价过程建立一套以固定薪酬(基本工资和福利)为主的薪酬组合制度。在成熟期，企业产品的市场占有率和资本收益率较为稳定，现金存量较多，这时企业有能力向员工支付高工资和高福利。另外，靠员工个人的力量进行市场的进一步拓展变得困难，需要团队合作，因此为了提高组织效率和团队协作效率，企业应特别重视体现团队贡献的团队薪酬制度的构建。

3. 行政管理政策

行政管理政策包括以下两个方面。

(1) 较高的员工参与度。处在成熟期的企业,资金较为充裕,能够做到真正满足员工的需要。较高的参与度不但可以更好地调动员工的积极性,还可以提高员工的满意度。

(2) 公开支付。处于成熟期的企业更注重的是制度化的薪酬管理制度和内部公平。秘密支付会导致员工之间互相猜疑,降低信任水平;而公开支付则能增加企业管理的透明度,减少甚至杜绝在秘密支付过程中可能存在的以个人好恶取代客观标准的弊端。公开支付不仅可以有效发挥薪酬的激励作用,而且可以迫使管理者公平有效地执行薪酬管理制度。

四、企业衰退期的薪酬战略

(一) 企业衰退期的特征

经历衰退是万事万物发展的普遍规律,是不以人的意志为转移的。衰退是与初创、成长、成熟相对应的一个发展阶段。它与企业成长和成熟过程中可能发生的各种挫折与失败有关,一个组织走到了其增长的上限,衰退就有可能如期而至。处在衰退期的企业主要具有以下几个特征。

1. 环境恶化

外部环境变得充满敌意。首先,市场范围逐渐变得狭窄,介于企业的初创期与成长期之间。其成因也许是企业某些产品的成功不能抵消某一主要产品线的失误,也许是企业收缩或放弃了能够支撑企业发展的极为重要的市场。其次,产品过时和新产品的加速更新换代困扰着决策人。

企业内部氛围变得盲目乐观、缺乏沟通、战略保守、群体思维严重,以及互不信任。职业经理人出现"内部人控制"取向,而企业所有者更留意保存资源;间接生产人员增多,管理机构庞大;决策过程复杂,行动缓慢;各单位本位主义严重,矛盾重重,企业上层领导很难控制。

2. 产品老化

造成产品老化的原因很多,可能是技术过时,社会或人口环境改变或时尚变化。有的是整个产业衰退了,出现了新兴的产业;有的是研究与开发工作没有跟上,不能用新产品代替老产品;有的是工艺落后、技术装备陈旧,生产的产品达不到新的标准;还有的是由于资源发生枯竭而造成产品质量下降,生产衰退。

3. 企业效益下降

由于受产品老化、资源枯竭和"大企业病"等因素的影响,企业的生产发生萎缩,有的甚至出现负增长。同时,企业效益降低,利润下降,有些企业还发生严重亏损,企业资金周转日益困难,负债增多,财务状况日益恶化。

4. 抗风险能力下降

一方面,企业对外部环境的反应能力降低,不能适应宏观经济形势、行业环境和科技进步的变化，从而使企业面临被淘汰的危险。另一方面，企业对外部风险的抵抗能力日趋低下，资本量大但负债率高，生产规模大但包袱沉重，产品品种多但可能亏损严重，规章制度完善但内部矛盾突出。

（二）企业衰退期的薪酬战略的内容

1. 薪酬的决定基准

企业衰退期的薪酬应根据以下原则确定。

(1) 基于技能的薪酬体系。处于衰退期的企业，管理人员思想变得僵化，安于现状，与环境脱节；技术人员跟不上新技术的变化，技术老化过时，导致技术设备和产品更新受阻等。基于技能的薪酬体系可以充分挖掘员工的潜力，激发员工的进取心，给处于衰退期的企业注入活力。

(2) 注重外部竞争性。这个时期的企业问题百出、人心不稳，核心人才流失严重，一般人员严重过剩。因此，调整企业人事政策，吸引并留住企业管理精英、技术骨干和销售明星等关键人才，是企业重生的前提条件。而要吸引和留住这些人才，薪酬在市场上要具有竞争力。因此，外部竞争性显得尤其重要。

(3) 注重个人绩效。处于衰退期的企业，整体业绩和整体效率都比较低，若以公司或部门绩效来制定薪酬体系，会打击员工的积极性。而以个人绩效来衡量员工得失，则能激励那些能对企业做出重要贡献的核心员工。

(4) 不鼓励承担风险。衰退期的企业长期发展能力减退(或大幅度下降)，短期赢利能力大幅度下降，市场占有率骤减。该阶段的管理者更趋向于维持企业现状，不愿意在既定的行业中选择有风险的方案，企业发展余地很小，几乎不存在长期激励的需求。此外，衰退期企业对风险的抵御能力很差，每一次冒险都可能导致毁灭性的打击。因此，这个时候企业并不鼓励承担风险。

2. 薪酬组合政策

此时的企业有两种选择，要么坐以待毙，要么采取收缩战略，控制成本，剥离亏损业务，有计划地培育新的增长点，使企业有效地蜕变。在该阶段，企业通常采取收缩战略。因此，强调个人的绩效奖金和长期薪酬意义不大，较高的基本工资和福利是其明智的选择。奖惩制度切忌过多的处罚，因为企业在走下坡路，大部分员工本来就由于前途不明而感到不安，如果处罚多于奖励，可能导致员工流失加剧。

3. 行政管理政策

行政管理政策包括以下两个方面。

(1) 较低的员工参与度和集权式的管理。处于衰退期的企业，应根据其经营发展的需求，对组织机构进行重新调整，以裁减不必要的人员，节约开支，降低成本，使组织机构和人员保持高度的灵活性和弹性，以适应企业发展的需要。这种企业状况决定了企业不能采取高参与度与分权式的管理，因为企业裁员和偏重核心员工的薪酬体系都会使员工不满。

(2) 秘密支付。处于衰退阶段的企业,经常要面对各种各样的不确定性,如业务变换、组织结构变化以及由此带来的频繁的人事变更。为了吸引和留住优秀员工,薪酬应该富有竞争力,更应强调外部公平;同时,企业又需要控制成本。因此,处于衰退期的企业,在确定薪酬水平时,只能相对淡化内部公平,而为了缓解员工的不公平感,薪酬最好秘密支付。

第四节　薪酬战略与人力资源管理战略

一、薪酬战略与人力资源管理战略

即使执行再完善的薪酬战略,企业薪酬成本和员工技能、态度与行为的改变也并非易事,原因在于薪酬战略只是驱动组织绩效提升的一部分,而不是全部。虽然目前在学术界和企业界存在着对"薪酬管理万能论"的推崇,但现实的情况是,没有一个企业的薪酬问题得到过非常完美和最终的解决,往往是在旧问题尚未得到解决的同时,又出现更难以克服的新问题。因此,必须辩证地看待薪酬战略的作用。薪酬管理虽然不能承担员工管理的全部职责,但是如果缺乏有效的薪酬战略,企业的人力资源战略目标就无法实现。简而言之,薪酬管理只有与人力资源管理系统相互配合,才能有效地解决人力资源的问题。很多企业的决策者在遇到员工管理问题时,经常会认为薪酬是主要的和急需解决的问题,因此,不惜用重金请咨询公司或其他机构为企业设计薪酬方案,策划薪酬改革,但是效果往往并不理想。究其主要原因在于:在没有对薪酬管理与其他人力资源管理职能之间的综合与协同关系进行详尽分析的基础上,就孤立地进行薪酬体系的设计和改革。其结果是,一旦发现组织运作体系、绩效管理体系、培训开发体系等与新的薪酬管理体系不相匹配,新设计的薪酬体系也就被束之高阁。因此,基于综合与协同关系的薪酬战略设计必须做好以下两个方面的准备。

一是既要关注薪酬管理在人力资源管理中的重要性,又要深切地认识到在改变员工的技能、态度和行为过程中薪酬管理作用的有限性。如果遇到员工是因为职业发展障碍而产生积极性不高的情况,那么单靠薪酬是解决不了问题的,一味地追求薪酬反而会提高成本并对激励起到副作用。所以,企业必须能够正确分析薪酬所应起到的和所能起到的作用,即与其他人力资源战略发挥协同作用。

二是既要关注到薪酬管理在人力资源管理中的前置性,即员工尚未入职和并未了解企业文化的时候,对他们而言最有吸引力的就是薪酬本身,又要深切地认识到薪酬管理在人力资源管理中的后向职能。后向职能是指在所有其他职能完善之后才能有效执行的职能,薪酬管理在人力资源管理的各项职能中就属于这一类职能。因此,如果要提高战略性薪酬管理的执行效能,首先必须对人力资源管理的其他职能进行完善,这也是战略性薪酬管理的系统性原则所强调的。

二、薪酬战略与招聘战略

招聘战略对薪酬战略有着基础性的影响,员工招聘的结果直接影响着薪酬战略的制定基准,薪酬战略所具有的特征也有助于员工招聘活动的成功开展。

1. 招聘数量与筛选标准的选择对薪酬成本的影响

如果企业的招聘战略不以人员精简为前提,那么薪酬成本控制的压力就会很大;如果在推行企业内部招聘策略时不控制中层管理人员的数量,也会加大薪酬成本控制的压力。同样,当本科毕业生就可以满足某些岗位的要求时,企业的选人标准却为博士研究生,薪酬成本自然会提高。

2. 招聘数量与筛选标准的选择对员工激励的影响

企业必须建立统一、严格的薪酬战略来调节与控制员工规模的盲目扩张,包括在员工数量较少时,企业可以采用灵活的薪酬体系来提高劳动生产率,让有能力的员工获得发展和提升的机会。如果盲目扩大招聘数量和提高筛选标准,那么会让老员工觉得失去了很多机会,从而对他们造成较大的打击。因此,企业必须针对人才特征制定适当的筛选标准,以达到薪酬战略与招聘战略的有机结合。

三、薪酬战略与培训开发战略

1. 投资组合观点下的薪酬战略和培训开发战略

很多企业认为,对人力资源的投资将为企业带来竞争优势,人力资源整合战略其实是一种人力资源管理投资组合(Portfolio),尤其在薪酬战略与培训开发战略之间更具有类似资产的“投资组合”关系。薪酬战略和培训开发战略作为两种资产工具,都可使企业的资产——人力资源产生保值增值的效果。在薪酬战略和培训开发活动之间的投资倾向反映了企业高层的人力资源理念。但也有观点认为,在薪酬战略上的过多投入必然会减少在培训开发上的投入,两者是一种此消彼长的关系。因此,企业也不能一味地增加薪酬战略上的投入,需要找出薪酬战略与培训开发战略之间的平衡点。

2. 总薪酬战略下的培训开发战略

总薪酬战略就是对薪酬战略与培训开发战略进行整合与平衡,给予员工培训开发的机会越来越成为现代企业的一种内在激励薪酬,并越来越受到重视。当培训开发被作为一种内在薪酬固化于企业总薪酬体系之中时,基于总薪酬的成本收益分析就成为人力资源投资组合管理的重要环节。在薪酬计划内,狭义的薪酬战略侧重于短期的人力资源投入产出效应,而培训开发战略则更侧重于长期的投入产出效应。在那些将培训开发项目纳入总薪酬战略的组织中,员工的培训开发需求在费用最小化的情况下得到了最大满足。

四、薪酬战略与绩效战略

在薪酬管理实践中经常会出现这样的困惑:薪酬体系设计得很完美,可是绩效考核结果却有偏差、不公正;薪酬体系设计得再好,总有员工对其公平性产生疑问。绩效指标设计的不科学、绩效考核过程的不公平、绩效考核结果的不合理最终增强了对薪酬体系的质疑。这说明,只有具备了完善的绩效管理体系,才能建立有效的薪酬管理体系。

1. 绩效战略的实现需要薪酬战略的帮助

绩效战略是指企业如何通过有效的绩效考核与绩效管理来实现组织绩效的提升。员工绩效考核指标的选取直接影响组织绩效提升的可能性。通常,绩效战略主要体现为三种选择:是行为绩效还是结果绩效;是长期绩效还是短期绩效;是团队绩效还是个人绩效。而这三种选择的绩效评价类型需要薪酬管理去奖励并得以体现,怎样认可以及怎样奖励就成为薪酬战略和绩效战略整合的关键。

2. 薪酬战略的实现需要与绩效战略整合

从时间维度来看,一般认为,员工的基本薪酬应与长期绩效相结合,因为无论是以职位为基础的还是以能力为基础的基本薪酬支付,本质上都反映了员工创造长期绩效的能力。而从行为绩效与结果绩效来看,结果绩效的可衡量性越高,企业就越应该采取激励薪酬形式;行为绩效的可观察性越高,就越应该采取成就薪酬形式。

员工福利与绩效薪酬之间的整合也值得关注。延期性支付薪酬(包括各种保险、养老金等)被认为与个人绩效有关;福利组合被认为与绩效的联系最为紧密;公司高层的绩效考核更侧重于对长期的和结果性的绩效进行考察,而其福利组合则具有"金手铐""特殊待遇"的延期性支付薪酬特征。

本章小结

战略性薪酬管理,是指利用薪酬工具来适应内外部环境的变化,协助企业的经营战略得到顺利的确定和有效实施,具体体现为一系列薪酬管理的过程和活动。

战略性薪酬管理主要从企业建立薪酬结构的出发点(基于什么样的薪酬结构来支付员工薪酬,是工作本身还是任职者的技能与能力?或者是基于任职者在岗位上的绩效?)、薪酬水平的确定、薪酬的设计和调整、福利管理模式和薪酬管理模式等五个方面来考虑。

薪酬战略需要适应公司总体战略,并促进公司总体战略的实现,所以,薪酬战略需要具有整体协调性和战略支持性。

薪酬战略应与组织发展阶段相匹配，分为初创期薪酬战略、成长期薪酬战略、成熟期薪酬战略和衰退期薪酬战略，企业应当根据自身所处的不同成长阶段，制定适宜的薪酬战略。

薪酬战略与人力资源管理战略关系密切，人力资源管理战略对薪酬管理有一定的制约作用，薪酬战略对人力资源管理战略有一定的影响作用。

案例分析

1. 该公司在2013年以前，可以说采用的是一种直线制组织结构，2013年该公司采取了事业部制的组织结构形式，该结构使下属各单位相对自治，独立承担责任和义务，总部承担支援工作，从战略上指挥。这样既保持了公司的统一，又使其具有了高度的灵活性，以适应市场。同时，薪酬管理制度也做了相应的调整：给经理们一些股份，也给企业的员工们一些股份，并把他们的薪酬与每次绩效考核的结果相挂钩。

2. 2016年后，东方红公司的组织结构应从原来的事业部制的组织结构形式转变成分公司或子公司形式，公司的薪酬制度应该考虑以差异化薪酬为主，可以设立年薪制、股票期权制、股权激励制等。

3. 根据组织结构的变化，制定各项符合各地实际的薪酬管理制度，把单纯的薪酬管理提升到战略性薪酬管理的高度。例如，考虑到组织发展阶段与薪酬管理，在不同的地区，组织战略不同，则相应的薪酬管理制度也应不一样。

思考题

1. 什么是战略性薪酬管理？
2. 战略性薪酬管理的内容有哪些？
3. 简述稳定战略与收缩战略。
4. 简述差异化战略与创新战略。
5. 初创期薪酬战略是什么？
6. 成熟期薪酬战略是什么？
7. 衰退期薪酬战略是什么？
8. 人力资源管理战略与薪酬战略之间有何关系？

第三章 基于工作职位的薪酬制度

引导案例

永泰网络公司的职位薪酬

永泰网络公司是一家网络运营维护服务供应商，于1996年成立，现有员工总数超过200人，其中很多员工都是在某一专业领域内富有专长的专家，且80%的技术人员都具有博士学位。近年来，永泰网络公司的经营业绩良好，公司新产品的年更新率超过30%。在整体市场环境并不是十分乐观的情况下，永泰网络公司依然能够稳定经营业绩，留住许多高学历、高素质人才。究竟是什么样的利益回报能有如此巨大的吸引力，使大批优秀人才对永泰网络公司投入如此大的热情呢？答案就是永泰网络公司的薪酬水平和薪酬结构。

从薪酬水平来看，永泰网络公司有三种职系的薪酬水平比较高，分别是新产品研发、系统工程和项目管理。这三种职系内任意一个工作职位上的任职者，其年度薪酬总额都超过了15万元，永泰网络公司的高利润、高回报在这三种职系内从业人员的年薪酬水平上得到了充分的体现。其中，三种职系内经理职位的年度薪酬总额如表3-1所示。

表3-1　三种职系内经理职位的年度薪酬总额

职位名称	薪酬范围/年
新产品研发经理	24～37万元
系统工程经理	20～31万元
项目管理经理	18～26万元

由表3-1可以看出，在薪酬总体水平比较高的基础上，尽管都属于经理级别，但是对于职系间性质不同的工作职位，其薪酬水平也具有一定的差距。其中，项目管理职系内员工的平均薪酬水平最低，系统工程职系内员工的平均薪酬水平相对较高，新产品研发职系

内员工的平均薪酬水平最高。这也从侧面反映出永泰网络公司对于不同工作职位上的员工的重视程度具有差异性。

永泰网络公司的薪酬水平差异是由其所处的网络系统集成行业的特点所决定的。具体而言,永泰网络公司主要依靠技术服务和提供网络系统解决方案获利,因此对职位技术水平要求对于薪酬具有直接的影响。新产品研发职系内的研发人员对于企业的贡献在于通过技术研究和技术实践为公司积累技术资本,这是保持企业长期、稳定发展的基础,也是增强企业市场竞争力的前提。系统工程职系内的系统工程人员主要通过具体的工程实施和技术支持,保证工程项目顺利执行,但此类人员往往使用成熟的技术工具,在技术上并没有太多的研究和突破。而项目管理职系内的项目管理人员,其工作内容已经包含了部分行政管理的成分,技术含量最低,因此其薪酬水平低于新产品研发职系和系统工程职系内员工的薪酬水平。新产品研发职系、系统工程职系和项目管理职系间员工薪酬水平的差异也可以通过薪酬结构的分布情况(表 3-2)进一步体现出来。

表 3-2　三种职系内经理职位的薪酬结构情况

职位名称	基本薪酬总额占比	补贴总额占比	变动收入总额占比	福利总额占比
新产品研发经理	81%	2%	6%	11%
系统工程经理	71%	2%	18%	9%
项目管理经理	80%	2%	10%	8%

表 3-2 反映了新产品研发经理、系统工程经理和项目管理经理这三个工作职位的薪酬构成情况及各自所占的比重。从薪酬结构来看,永泰网络公司不同性质工作职位之间的薪酬结构差异较为明显,其中最突出的特点是系统工程经理的基本薪酬总额所占的比重明显低于新产品研发经理和项目管理经理基本薪酬所占的比重,但系统工程经理的变动收入所占的比例却是最高的。究其原因,主要是由于系统工程经理所承担工作任务的性质不同于新产品研发经理和项目管理经理。具体而言,系统工程人员的工作任务是完成整个工程的实施,工程周期可能是几周、几个月,甚至跨越不同年度,在实施过程中可能会出现各种问题,从而导致企业受到损失。因此,永泰网络公司的通常做法是减少系统工程人员的固定收入所占的比例,加大奖励等变动收入所占的比例,以便于激励系统工程人员通过努力确保工程项目的顺利实施,有效降低项目在执行过程中的风险。相反,对于新产品研发和项目管理人员,其工作任务失败的风险性比较小,因此通过增加固定收入的方法,能够起到留住优秀人才的激励作用。

案例讨论题

1. 永泰网络公司发放薪酬的依据是什么?

2. 同样都是经理职位,永泰网络公司的新产品研发经理、系统工程经理和项目管理经理的薪酬水平为什么会不一样?

3. 永泰网络公司不同工作职位的薪酬结构为何不同?

第一节　工作职位薪酬制度概述

一、工作职位薪酬制度的定义

工作职位薪酬制度是企业以工作职位为基础,向员工发放薪酬的一种薪酬决定制度。工作职位薪酬制度是对每个工作职位所要求的知识、技能、工作职责等相关维度的价值进行评估,根据评估结果将所有工作职位归入不同的薪酬等级,每个薪酬等级包含若干个综合价值相近的一组工作职位,然后再根据市场上同类工作职位的薪酬水平,确定每个薪酬等级的工资率,在此基础上设定每个薪酬等级的薪酬范围,并赋予承担这一工作职位的任职者与该职位价值相当的薪资。

尽管在越来越多的新型组织结构中,工作职位之间的工作范围界限越来越模糊,工作性质也出现了日新月异的变化趋势,但无疑在很长一段时间内,在设计基本工资的结构时,工作职位薪酬制度仍然将是绝大多数企业的第一选择。这是因为工作职位薪酬制度以职位薪酬因子评价和市场调查的结果为依据来设计基本薪酬的结构,能够较好地解决企业内部不同工作职位之间相互比较的公平问题和与企业外部进行比较的公平问题,因此在薪酬管理实践中,工作职位薪酬制度的使用范围十分广泛。

二、工作职位薪酬制度的特点

工作职位薪酬制度是企业传统的确定员工基本薪酬的制度,其最大特点是在确定员工的薪酬时只考虑工作职位本身的因素,以岗定薪,易岗易薪,较少考虑人的因素,即员工担任什么样的工作职位,就可以获得什么样的薪酬待遇。在工作职位薪酬制度下,如果员工更换了工作职位,其薪酬待遇也会随之发生改变。

1. 工作职位薪酬制度是一种相对稳定的薪酬制度

虽然企业所处的外部环境瞬息万变,而且企业也被鼓励要有足够的灵活性来应对相应的环境变化，但同时企业必须保持一定的稳定性，这体现为企业的结构、框架不能“一日三变”。具体到工作职位层面上，企业不能频繁地增加或者取消工作职位，大多数职位的职能、权限、任务也不能变化太多，否则很容易在员工当中产生“角色模式”①的负面影响。所以，企业的结构是相对稳定的，工作职位也是相对稳定的，因此基于工作职位的薪酬制度是一种相对稳定的薪酬制度。

2. 工作职位薪酬制度与劳动力市场联系紧密

在企业支付能力一定的情况下，工作职位薪酬制度尽量将基本薪酬水平紧密地与竞争性劳动力市场保持一致，以保证组织能够从劳动力市场上获得高质量的人才。同时，工作职位薪酬制度还起着充当可变薪酬的一个平台的作用。

3. 工作职位薪酬制度下的员工更加关注职位晋升

对于一般情况而言，工作职位薪酬制度是员工为企业工作所获得的绝大部分报酬，而其决定因素主要依赖于三个方面：员工所从事的特定工作；在组织内维持员工薪酬公平性的需要；与市场上、行业中或地区内的其他雇主相比，支付具有竞争力薪酬的需要。其中，员工所从事的特定工作职位本身所具有的价值是决定员工薪酬水平的最关键因素，而对工作价值的评价通常是通过计点法等工作评价方法来完成的。但同时在工作职位薪酬制度下，企业的基本薪酬往往被划分成很详细且数量较多的等级，以适应员工在企业内部的工作职位晋升和获得加薪的需要。因此，在这种薪酬制度下，员工所关注的主要是工作职位的提升，而不是工作技能的增长，即使是涉及工作技能的问题，员工所重视的往往也只是其所从事的本职位所需技能的增长，而不是范围较宽的工作技能增长。

具体来看，工作职位薪酬制度的优点和缺点如表 3－3 所示。

表 3－3 工作职位薪酬制度的优点和缺点

优　　点	缺　　点
1. 实现了真正意义上的同工同酬，因此可以说是一种真正的按劳分配体制； 2. 有利于按照工作职位系列进行薪酬管理，操作比较简单，管理成本也比较低； 3. 工作职位晋升和基本薪酬增加之间的连带性增强了员工提高自身工作技能和能力的动力； 4. 根据工作职位支付薪酬的做法比基于技能和能力支付薪酬的做法更容易实现客观和公正，对工作职位的重要性进行评价要比对人的技能和能力进行评价更容易达成一致	1. 由于薪酬与工作职位直接挂钩，当员工晋升无望时，也就没有机会获得较大幅度的加薪，其工作积极性必然会受挫，甚至会出现消极怠工或者离职的现象； 2. 由于工作职位相对稳定，与工作职位联系在一起的薪酬也就相对稳定，这不利于企业对多变的外部经营环境做出迅速的反应，也不利于及时激励员工； 3. 强化工作职位等级之间的差别，可能会导致官僚主义滋生，员工更为看重得到某个级别的工作职位，而不是提高个人的工作能力和绩效水平，不利于提高员工的工作适应性； 4. 可能会引导员工更多地采取有利于得到职位晋升的行为，而不能鼓励员工横向流动以及保持灵活性

① 角色模式是指一个组织对员工应当做什么以及应当如何去做所提出的期望的不确定性程度。

三、工作职位薪酬制度设计

（一）工作职位薪酬制度设计的前提条件

设计工作职位薪酬制度，必须具备一定的前提条件，只有在这些前提条件得到满足的情况下，工作职位薪酬制度设计才能够准确地反映出员工的业绩水平，也才能确保设计出来的工作职位薪酬制度能够有效地发挥作用。

1. 工作职位的重要性及其对组织的贡献可以评价并准确计量

以工作职位为基础设计薪酬制度，其所有工作和计量都源自工作职位。有人认为，在一个组织内，任何员工、任何职位都是有贡献的、是缺一不可的，所以每个工作职位都是“非常重要的”。从某个角度来看，这种想法是完全正确的。但是，如果从薪酬的角度出发，上述解释就略显不足了。这是因为一旦提及“薪酬”，就必然与具体的数字有关，同时这些数字的大小又必然要体现出不同工作职位的特点，所以要设计工作职位薪酬制度，首先就必须承认不同工作职位的重要性程度，以及不同工作职位对组织的贡献是不一样的，而且不同工作职位的重要性及其对组织贡献的差距可以被准确地计量。

2. 工作职位本身的价值与该工作职位上的任职者关系不大

任职者实际工作能力的大小不会影响到该工作职位的职能。这是因为，工作职位与任职者是两个既有区别又相互联系的概念，企业根据工作职位的要求安排任职者，任职者在工作职位上发挥出自身的特长。虽然，不同的任职者能力有高有低，表现有强有弱，但是某一特定工作职位上的任职者，其工作能力的发挥必然在该工作职位的职能范围以内(当然有时在某一工作职位上，某任职者的工作能力表现出超强或很弱，根据科学的管理理念，就应该调整其工作职位)，也就是说工作职位的职能不受具体任职者实际工作能力大小的影响。

此外，设计工作职位薪酬制度，还需要对以下几个方面的情况进行评价。

1. 工作职位的内容是否已经明确化、规范化和标准化

工作职位薪酬制度要求纳入本系统中的工作职位本身必须是明确的、具体的，企业必须保证各项工作都有明确的专业知识要求，有明确的责任，同时这些工作职位所面临的工作难点也是具体的，是可以进行描述的。

2. 工作职位的内容是否基本稳定，在短期内不会有较大的变动

为了确保工作职位薪酬制度的稳定性和连续性，企业应该尽力防止各工作职位的具体工作内容发生改变，即不能因为工作职位内容的频繁变动，而使工作职位薪酬制度的相对稳定性和连续性遭到破坏。

3. 是否具有按照个人能力安排工作职位的机制

企业必须能够保证按照员工的个人能力来安排合适的工作职位，既不能存在工作能力不足却担任高级工作职位的现象，也不能出现工作能力较强者担任低级工作职位的情况。

4. 企业中是否存在相对较多的职级

无论是比较简单的工作还是比较复杂的工作，工作职位的职级数量都应该足够多，以确保企业能够为员工提供一个随着个人能力的提升，从低级职位向高级职位晋升的机会，否则会阻塞员工的薪酬提升通道，加剧员工之间由于工作职位晋升而产生相互竞争的激烈程度。

5. 企业的薪酬水平是否足够高

如果企业的总体薪酬水平不够高，而工作职位的等级数量又比较多，就会使处于工作职位序列最底层的员工所能够获得的报酬非常少。

（二）工作职位薪酬制度设计的步骤

工作职位薪酬制度设计主要按照以下步骤进行：

(1) 广泛搜集关于特定工作职位性质的相关信息，以便于进行工作分析；

(2) 按照工作职位的实际情况对其进行确认，准确界定、描述和编写职位说明书；

(3) 对工作职位进行价值评价，即进行工作评价；

(4) 根据工作职位的具体内容和相对价值，对工作职位进行排序并建立薪酬结构。

（三）工作职位薪酬制度设计的基本流程

工作职位薪酬制度设计主要包括以下流程。

1. 进行工作职位分析，形成职位说明书

职位说明书主要包括工作职责、业绩标准、任职资格要求、工作条件等，是进行职位价值评价的基础信息。

2. 进行职位价值评价

职位价值评价是通过一套标准化的评价指标体系，对各工作职位的价值进行评价，以获得各工作职位的具体评价点值，该评价点值就是决定工作职位基础工资的主要依据。而职位价值评价的方法主要包括排序法、分类法、因素比较法、计点法等。其中，计点法和分类法是企业中运用得最多的职位评价方法。

3. 开展薪酬调查

在进行职位价值评价以后，企业还需要对各工作职位进行外部市场薪酬调查，并将外部薪酬调查的结果和职位评价的结果相结合，形成各工作职位平均市场价值的市场薪酬线。

4. 确定企业的薪酬政策

企业的薪酬政策主要反映企业的薪酬水平与外部市场的薪酬水平相比较的结果。薪

酬政策可以分为领先型、匹配型和拖后型。企业根据自己的薪酬政策对市场薪酬线进行修正,得到企业的薪酬线,从而将职位评价点值转化为具体的工资数目。

5. 建立薪酬结构

企业在参照各工作职位平均工资的基础上,根据从事相同工作职位的员工之间的绩效差异决定不同的薪酬待遇,也就是建立起每个工作职位的最高工资、中点工资和最低工资,从而形成薪酬结构。

第二节　工作分析

工作职位薪酬制度是以工作职位为基础的,企业要在了解各工作职位重要程度的基础上设计、实施工作职位薪酬制度,就必须进行工作分析。工作分析是人力资源管理诸多要素中最基本的构成要素,也是建立薪酬体系、制定薪酬结构的基础性工作。做好了工作分析,就为企业设计组织架构、制定人力资源规划和确立薪酬结构等工作提供了一个平台。

一、工作分析概述

(一) 工作分析的含义

工作分析又称职位分析、岗位分析或职务分析,是对组织中某个特定职位的设置目的、任务或职责、权力和隶属关系、工作条件和环境、任职资格等相关信息进行收集与分析,并对该工作职位的工作内容做出明确的规定,且确定完成该工作所需要的行为、条件和人员的过程。工作分析是通过系统全面的情报收集手段,对一个人所从事的某项工作或任务进行全面、系统的分析,并提供与该项工作或任务相关的各方面信息,以便于组织进行改善管理效率的相关活动。

通过工作分析,企业可以利用各种有效的方法来收集与某一特定工作职位有关的多方面信息,从而可以全面了解和分析该工作职位。具体来说,工作分析能够回答或者说解决以下两个主要问题。

第一,“某一工作职位是做什么事情的?”这一问题与工作职位上的工作活动有关,包括工作职位的名称、工作的职责、工作的要求、工作的场所、工作的时间以及工作的条件等一系列内容。

第二,“什么样的人来做这些事情最合适?”这一问题则与从事该工作职位的人的资格有关,包括专业、年龄、必要的知识和能力、必备的证书、工作经历以及心理要求等方面的内容。

（二）与工作分析相关的概念

由于工作分析与职位以及和职位相对应的工作活动是紧密连接在一起的，因此有必要澄清与之相关的一些概念。

1. 行动

行动也称工作要素，是指工作活动中不必再继续分解的最小单位。

2. 任务

任务也称工作任务，是指工作活动中为了达到某一目的而由相关行动直接组成的集合，是对一个人所做的事情的具体描述。

3. 职责

职责也称工作职责或工作责任，是由某人在某方面承担的一项或多项任务所组成的相关任务的集合。

4. 职位

职位也称岗位，是由一个人完成的一项或多项相关职责所组成的集合。在组织中的每个人都对应着一个职位或岗位，因此从理论上来说，职位的数量应该等于人员的数量，组织中有多少人员，相应地就有多少职位。但在企业管理实践中，不能排除有 2 个或 2 个以上的人从事相同职位的情况。

5. 职务

职务是指主要职责在重要性和数量上相当的一组职位的统称。和职位与员工是一一对应的情况不同，职务与员工并非一一对应的关系。

6. 工作

工作是指一个或一组职责类似的职位所形成的组合。一项工作可能会涉及一个职位，也可能会涉及多个职位。

7. 工作簇

工作簇又被称为职位簇、工作群，是企业内部具有非常广泛的相似内容的相关工作群。

8. 职业

职业是由不同组织中的相似工作所组成的跨组织工作集合。

9. 职业生涯

职业生涯是指一个人在其工作生活中所经历的一系列职位、工作或职业。

（三）工作分析的内容和结果

工作分析是对工作进行整体分析，以便于确定每一项工作的 6W1H，即由谁做

(Who)、做什么(What)、何时做(When)、在哪里做(Where)、如何做(How)、为什么做(Why)、为谁做(Whom)。

工作分析的结果或直接成果是职位说明书。职位说明书是记录工作分析结果的文件,该文件把所分析的工作职位的职责、权限、工作内容、任职资格等信息,以文字的形式记录下来,以便于管理人员使用。

(四) 工作分析的目的

工作分析是人力资源管理的基础性工作,其目的主要是为人力资源管理中的规划、招聘与选拔、绩效评价、培训与开发、薪酬设计和职业生涯规划等提供服务。具体来说,组织进行工作分析,主要是为了实现以下目的:

(1) 促使工作的名称与含义在整个组织中表示特定而一致的意义,实现工作用语的标准化;

(2) 确定工作要求,以建立适当的指导与培训内容;

(3) 确定员工录用与上岗的最低条件;

(4) 确定组织的人力资源需求,为制定人力资源计划提供依据;

(5) 确定工作之间的相互关系,以利于合理的晋升、调动与指派;

(6) 提供工作评价的依据,为企业职位归级列等奠定基础,并为建立公平合理的工资和奖励制度提供科学的依据;

(7) 为制定考核程序及方法提供依据,以利于管理人员执行监督职能及员工进行自我控制;

(8) 了解有关工作与环境的实际情况,以便于发现导致员工不满、工作效率下降的原因;

(9) 辨明影响安全的主要因素,以及时采取有效措施,将危险降至最低;

(10) 为改进工作方法积累必要的资料,并为组织变革提供依据。

(五) 工作分析的作用

除了用来确定职位工资以外,工作分析也是一种有效的管理工具,不但可以作为招聘、选拔、派职和职位训练的依据,而且可以提高员工对本职工作的认识,改善其工作态度。此外,工作分析还可以作为对员工进行绩效考核的评价标准。具体来说,工作分析具有以下作用。

1. 工作分析为人力资源开发与管理活动提供依据

工作分析是现代人力资源管理的基础,其分析质量对开展其他人力资源管理活动具有举足轻重的影响,只有在客观、准确地进行工作分析的基础上才能够进一步建立起科学的招聘、培训、绩效考核及薪酬管理体系。这是因为:① 工作分析为人力资源规划提供必要的信息;② 工作分析为人员的招聘、录用提供明确的标准;③ 工作分析为人员的培训与开发提供明确的依据;④ 工作分析为科学的绩效管理提供帮助;⑤ 工作分析为制定公平合理的薪酬政策奠定基础。

2. 工作分析为组织职能的实现奠定基础

工作分析对于实现组织职能的影响,不仅表现在工作分析的过程中,而且会体现为通过对工作输入、工作转换过程、工作输出、工作的关联特征、工作资源、工作环境背景等的分析,形成工作分析的结果——职位说明书(也叫工作说明书)。职位说明书主要包括工作识别信息、工作概要、工作职责和责任,以及任职资格的标准信息,能够为其他人力资源管理职能的行使提供方便,具体表现在:① 通过工作分析,有助于员工本人反省和审查自己的工作内容和工作行为,以帮助员工自觉主动地寻找工作中存在的问题,圆满实现职位对组织的贡献;② 在工作分析过程中,人力资源管理人员能够充分了解组织经营的各个重要业务环节和业务流程,从而有助于人力资源管理职能真正上升到战略地位;③ 借助于职位说明书,可以发现不同工作职位之间的职责交叉和职责空缺现象,并通过工作职位的及时调整,提高组织协同效应。

(六) 工作分析的意义

工作分析对于整个人力资源管理活动,乃至于整个企业组织管理活动的意义都非常明显,这主要表现为以下几个方面:

(1) 通过工作分析可以使管理者明确目前和将来一段时间的工作量,从而明确人力资源需求的数量,以及需要填补的岗位,为人力资源规划提供依据;

(2) 企业哪些工作职位空缺,需要招聘什么样的人,需要招聘多少人等信息,都依赖于工作分析的过程和结果,即职位说明书中的要求;

(3) 如何开发有效的、合法的测试和面试,才能够从大量的候选者中遴选出最适合工作职位要求的人,以及通过工作分析所得到的人员的任职资格,即胜任工作职位的人应该具备的知识、能力、经验等,都可以作为开发人员遴选方法的标准;

(4) 员工工作表现如何只能根据工作内容标准来考核,通过工作分析能够得到员工履行每一项工作的期望标准,这样建立的考核标准才称得上科学和合法;

(5) 哪些人需要培训? 培训什么? 如何培训? 通过工作分析能够获得胜任各工作职位所需要的知识和技能,如果任职者的能力与工作职位的要求有较大差异,就不会带来高绩效,因此这些人就需要培训,以提高工作技能;

(6) 根据工作分析可获得各职位在工作任务繁简、承担责任大小、职位所要求的人员资格的高低等方面的信息差异,以做出科学的工作评价,从而明确各工作职位对于组织的相对价值,为职位工资的建立奠定基础;

(7) 职位说明书明确了特定工作职位的上级职位、下级职位以及同级职位的关系,为员工明确了晋升和发展的路径及相应的资格条件,有力地促进了职业发展在激励员工方面所发挥的作用;

(8) 通过工作分析,能够发现一些妨碍工作效率进一步提高的因素(技术因素或管理因素),并通过组织对工作进行再设计,使工作内容更加丰富化,从而提高员工工作的满意度;

(9) 通过细致的工作分析,还可以得到员工工作数量和工作定额方面的信息,为组织的定岗定员提供依据;

(10) 通过工作分析获得员工工作所处的一些特殊工作环境,如高温、高噪声等因素,能够为组织提供特定职位员工的津贴或劳动与安全保护措施,提供依据和支持。

(七) 工作分析的系统模型

综合以上内容,工作分析可以用一个系统模型更加直观地展示其具体内容,如图 3-1 所示。

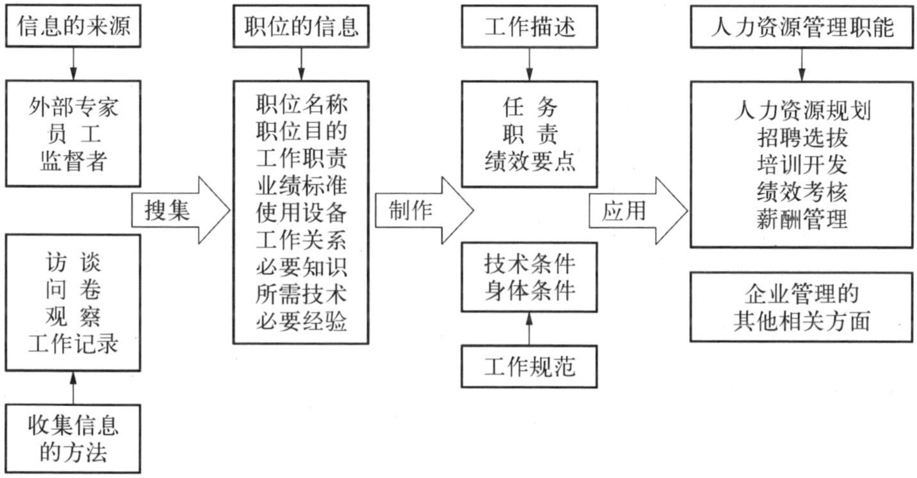

图 3-1　工作分析的系统模型

二、工作分析过程

一般来说,工作分析的整个过程要经过以下几个阶段:准备阶段、调查阶段、分析阶段和完成阶段。

(一) 准备阶段

工作分析的准备阶段需要完成以下几项任务。

1. 确定工作分析的目的和用途

也就是说,要明确工作分析到底是用来做什么的,或是要解决什么问题。工作分析的目的不同,所要搜集的信息和使用的方法也会不一样。

2. 成立工作分析小组

为了保证工作分析的顺利进行，在准备阶段要成立一个工作分析小组，从人员方面为这项工作的开展做好准备。工作分析小组成员一般由以下三类人员组成：一是企业的高层领导；二是工作分析人员，主要由人力资源管理专业的人员和熟悉本部门情况的人员组成；三是外部聘请的专家和顾问，这些人具有丰富的经验和专门技术，可以防止工作分析的过程出现偏差，有利于保证工作分析结果的客观性和科学性。

3. 对工作分析人员进行培训

为了做好工作分析，相关人员必须掌握一些工作分析技能，同时还要避免进入某些误区。而对于大多数企业而言，工作分析不是员工的日常工作，某些企业甚至从未做过。所以，参与这项任务的相关人员可能会缺乏工作分析的经验。为了保证工作分析的效果，还要由外部的专家和顾问对本企业参加工作分析小组的人员进行业务上的培训。

4. 做好其他必要的准备工作

例如，由各部门抽调参加工作分析小组的人员，部门经理应该对其工作进行适当的调整，以保证相关人员有充足的时间参与工作分析；在企业内部对工作分析进行宣传，消除员工不必要的误解和紧张等。

（二）调查阶段

工作分析的调查阶段需要完成的任务主要有以下几项。

(1) 制定工作分析的时间计划进度表，以保证这项工作能够按部就班地进行。

(2) 根据工作分析的目的，选择搜集工作内容及相关信息的方法。

(3) 搜集工作的背景资料。这些资料包括公司组织结构图、工作流程图以及国家的职位分类标准，如果可能的话，还应当找来以前保留的工作分析资料。

(4) 搜集职位的相关信息。在完成以上工作之后，就可以正式开始搜集职位的相关信息了。一般来说，工作分析中需要搜集的信息主要有以下几类。

① 工作活动相关的信息。其包括承担工作所必须进行的与工作有关的活动和过程；活动的记录；进行工作所运用的程序；个人在工作中的权利和责任等。

② 工作中与人的活动相关的信息。其包括人的行为，如工作中的沟通；作业方法分析中所使用的基本动作；工作对人的要求，如精力的消耗、体力的消耗等。

③ 在工作中所使用的机器、工具、设备及工作的辅助用品。

④ 与工作有关的有形和无形因素。其包括完成工作所要涉及或者要运用的知识；工作中所要加工处理的材料；所生产的产品或提供的服务。

⑤ 工作绩效方面的信息。如完成工作所耗费的时间、需要投入的成本以及工作中出现的误差等。

⑥ 工作的背景条件。其包括个人时间、工作地点、工作的物理条件。

⑦ 工作对人的要求。其包括个人特征、所需要的教育与培训水平及工作经验等。

上述工作信息一般要从以下几个渠道来获得：工作执行者本人、管理监督者、顾客、分析专家、职业名称辞典和以往的分析资料等。

（三）分析阶段

在搜集完成与职位相关的信息之后，就要进入工作分析的下一个阶段，即分析阶段。在这一阶段中，需要完成以下几项工作。

1. 整理资料

将搜集到的信息按照职位说明书的各项要求进行归类处理，检查是否有遗漏的项目，如果有的话就要返回上一个步骤，继续进行调查搜集。

2. 审查资料

对资料进行归类整理以后，工作分析小组的成员要一起对所获得的工作信息的准确性进行审查。

3. 分析资料

如果搜集的资料没有遗漏，也没有错误，那么接下来就要对这些资料进行深入的分析，也就是要归纳总结工作分析的必要材料和要素，解析各个职位的主要关键因素。在分析资料的过程中，一般要遵循以下几项基本原则。

(1) 对工作活动是分析而不是罗列。工作分析是反映职位上的工作情况，这种反映不是一种直接反映，而是要经过一定的加工。

(2) 针对的是职位而不是人。工作分析并不考虑任职者的个人情况，只关心职位的情况，而目前的任职者处于该职位的原因，往往是因为其最了解情况。

(3) 分析要以当前的工作为依据。工作分析的任务是为了获取某一特定时间内的职位情况信息，因此应当以目前的工作现状为基础进行分析，而不能把自己或别人对这一职位的工作设想添加到工作分析中去。

（四）完成阶段

完成阶段是工作分析过程的最后一个阶段，这一阶段要完成以下几项任务。

1. 编写职位说明书

根据对资料的分析，首先要按照一定的格式编写职位说明书初稿，然后将职位说明书初稿反馈给相关人员进行核实，最后形成定稿的职位说明书。

2. 对整个工作分析过程进行总结

找出工作分析过程中成功的经验和存在的问题，以便于以后更好地进行工作分析。

3. 应用工作分析的结果

将工作分析的结果运用于人力资源管理以及企业管理的相关方面，真正发挥出工作分析的作用。

三、工作分析方法

在确定工作分析的内容和过程以后，接下来就是要选择适当的工作分析方法。目前，比较常用的工作分析方法主要有资料分析法、访谈法、观察法、问卷调查法、关键事件(CIT)记录法和写实分析法。

（一）资料分析法

企业在进行工作分析时不应该把以前做过的工作推倒重来，而是要在以前工作的基础上加以修正和补充，这就说明了以前的工作也是相当重要的。很多时候，工作分析的大部分信息来自以前的文档，所以在进行工作分析时应当尽量利用现有的资料，如岗位责任制文本等，以便于对每个工作任务、责任、权利、工作负荷、任职资格等有一个大致的了解，为进一步调查奠定基础。一份完善的现有资料对工作分析具有较大的参考价值，举例如表 3 - 4 所示。

表 3 - 4　某钢铁公司计划科综合统计员的岗位经济责任制

职　责	在部门经理的领导下，按照专业管理制度和上级有关规定，负责全厂生产、经济、技术指标综合统计工作
工作标准	① 综合统计、编制报表和图表：月度报表于次月 6 日报出，季度、年度报表分别于季后第一个月的 7 日前、次年 1 月 10 日前报出，每月 15 日前完成图表上墙，每月 28 日前提出产品、品种及主要经济指标预测，准确率要超过 90%； ② 负责结算炼铁厂生产原料、燃料耗用量，每月 1 日与烧结厂、原料处结算烧结矿、废铁数量，做到准确无差错； ③ 负责收集国内外同行业有关生产经济指标等资料，每月 20 日前将 16 个单位主要指标登入台账，填写图表上墙； ④ 负责提出统计分析，每月 28 日前完成； ⑤ 建立健全数据管理制度，建立厂级数据库，使全厂数据管理系统化、规范化
任职条件	① 必须熟悉上级有关统计规章制度、统计方法，并严格执行，懂得炼铁生产工艺及主要设备生产能力； ② 掌握企业管理的一般知识、工业统计理论知识和利用计算机进行统计工作的技能

通过阅读表 3 - 4，工作分析人员可以对综合统计员的职责、工作标准、任职条件有基本的了解。当然，表 3 - 4 是以前的文档，其中的部分内容很可能已经有所改变。但是，根据“职位稳定性”的原则，绝大多数情况下职位信息的变动不可能非常大，所以工作分析人员可以通过其他方法获取额外的信息，这样就可以对该工作职位有全面的了解和认识。

（二）访谈法

访谈法主要是由工作分析专家与被分析工作的任职者就该项工作进行面对面的谈话

(例如,工作分析专家要了解企业中“程序员”职位的相关信息,就可以找“张三”“李四”“王五”等几位程序员进行面谈),谈话内容主要围绕以下几个方面展开:工作目标、工作内容、工作的性质和范围、工作的负责人、所需知识与技能等。

为求访谈资料的内容真实可靠,企业应当同时找出多位从事相同工作的员工参与访谈,并系统开展访谈工作。从访谈中,要尽可能地获得有关该工作职位的以下信息:企业设置该工作职位的理由;对该工作职位提供报酬的根据;该工作职位的主要工作职责及任职资格条件;该工作职位的最终工作成果及评价标准等。

尽管访谈法能够较快获得与工作职位相关的信息,但是这种方法也有其弊端,如耗时较多、成本较高等。另外,访谈双方的谈话技巧对访谈效果的影响也比较大。因此,工作分析人员在进行访谈时应该注意以下几点。

(1) 尊重被访谈者,接待要热情,态度要诚恳,用语要适当。

(2) 访谈的场地环境及器具设置要适合访谈的目的。具体来说,访谈的场所亮度要适中,噪声不能太大。对于大多数在办公室工作的职员来说,满足这两点基本没有问题。但是还要注意,最好不要选取被访谈者或者访谈者的工作区域作为访谈场地,否则,访谈很有可能会被正常的工作琐事所打扰(如电话铃响、同事过来讨论业务等)。比较合适的场所可以是企业的小会议室,在这个区域内,干扰比较少,能使访谈者和被访谈者都集中注意力。

(3) 访谈过程中,应允许被访谈者长篇大论,直到其认为无话可说为止。访谈者可视具体情况,记录下被访谈者的发言要点。例如:工作分析人员在与某员工进行访谈时,该员工抱怨说:“我每天忙都忙不过来,事情太多了,几乎天天都要到9点才能回家,双休日有时还要过来加班……”此时,工作分析人员就要让该员工把话说完,同时做好记录。当然记录时不能把该员工所说的一字一句都写下来,要选取重点。例如,工作分析人员可以这样写:“该员工认为在其所从事的工作岗位上,领导分配给他的任务过多。”

(4) 访谈者对于重大原则问题,应避免发表个人的观点和看法,要引而不发。

(5) 在提问时,访谈者要避免命令式提问,而应该采取启发式提问的方式。

(三) 观察法

观察法是运用感觉器官或其他工具观察员工的工作过程、行为、内容、特点、性质、工具、环境等,并用文字或图表的形式记录下来,然后进行分析和归纳总结。

1. 观察法的使用原则

由于观察法适用于大量标准化、周期较短的以体力劳动为主的工作,不适用于以脑力劳动为主的工作,因此在使用观察法时,要注意工作行为样本的代表性,且所选取的被观察者的工作应该相对稳定,即在一定的时间内,工作内容、程序、要求不会发生明显的变化。此外,在观察前,要有详细的观察提纲和行为标准;观察过程中,观察人员应该尽可能地不要引起被观察者的注意,不应干扰被观察者的工作。

2. 观察法的操作方式

采用观察法时，有两种方式可供选择。第一种方式是工作分析人员可以在员工的工作期间观察，并记录员工的工作活动，然后和员工进行面谈，请员工进行补充。或者，工作分析人员一边观察员工的工作，一边和员工进行交谈，但这种方式容易对员工造成干扰，影响其正常工作。第二种方式是通过问卷调查获得基本信息，再通过访谈和直接观察来确认和补充已了解的情况。

3. 观察法的实施过程

观察法的实施过程如表 3-5 所示。

表 3-5 观察法的实施过程

第一步：初步了解工作信息	1. 检查现有文件，形成工作的总体概念，包括工作使命、主要任务和作用、工作流程； 2. 准备一个初步的任务清单，作为面谈的框架； 3. 为在数据收集过程中涉及的还不清楚的主要项目做一个注释
第二步：进行面谈	1. 如果可以的话，首先要选择一个主管或有经验的员工进行面谈，因为主管或有经验的员工更了解工作的整体情况，以及各项任务是如何配合起来的； 2. 确保所选择的面谈对象具有代表性
第三步：合并工作信息	1. 在合并阶段，工作分析人员应该随时补充资料； 2. 检查最初的任务或问题清单，确保每一项都已经得到回答或确认
第四步：核实工作描述	1. 核实阶段应该以小组的形式进行，把工作描述分发给主管和工作的承担者； 2. 工作分析人员要逐字逐句地检查整个工作的描述，并在遗漏和含糊的地方做出标记

4. 观察提纲

采用观察法进行工作分析，需要在实际观察前准备一份观察提纲，表 3-6 是一份观察提纲（部分）示例。

表 3-6 观察提纲（部分）

<table>
<tr><td>被观察者姓名</td><td></td><td>日　期</td><td></td></tr>
<tr><td>观察者姓名</td><td></td><td>观察时间</td><td></td></tr>
<tr><td>工作类型</td><td></td><td>工作部门</td><td></td></tr>
<tr><td colspan="4">观察内容
1. 什么时候开始工作？________________
2. 上午工作几个小时？________________
3. 上午休息几次？____________________
4. 第一次休息时间从________到________
5. 第二次休息时间从________到________</td></tr>
</table>

续 表

6. 上午完成产品多少件？ ________________ 7. 平均多长时间完成一件产品？ __________ 8. 与同事交谈几次？ __________________ 9. 每次交谈约多长时间？ ______________ 10. 室内温度______________________℃ 11. 上午抽了几根香烟？ ______________ 12. 上午喝了几次水？ ________________ 13. 什么时候开始午休？ ______________ 14. 出了多少件次品？ __________________ 15. 领了多少次原材料？ ______________ 16. 工作地噪声分贝是多少？ __________

（四）问卷调查法

问卷调查法，即利用调查问卷，向有关员工就某职位的工作内容、任职者的工作行为、工作特征和工作人员特征的重要性和频次进行描述或打分，然后对结果进行统计与分析，找出共同的具有代表性的回答，并据此写出工作描述，再结合该职位任职者的意见，进行补充和修改。

工作分析调查问卷如表 3－7 所示。

表 3－7　工作分析调查问卷

公司名称		职位与职称	
所属部门		所属科室	
1. 说明工作的主要职责： 2. 其他较不重要的职责： 3. 请列举您所用的工具：　持续使用　经常使用　偶尔使用 4. 做此工作需要的受教育程度： 5. 担任此工作需要多少年的相关工作经验？ 6. 您个人认为要做好或熟悉此项工作，需要多长时间的培训？ 7. 做好此项工作需要的监督程序如何？ 8. 您在哪些方面拥有进行独立决策的权限？ 您认可的事项在生效前是否经常要经过复核？如果要，由谁复核？ 您拒绝的事项在生效前是否经常要经过复核？如果要，由谁复核？ 9. 本工作急需哪一方面的才能和创意，以及(或)进取的精神？ 10. 在本工作中可能会产生哪些差错？ 11. 关于公司业务，该如何与他人进行联系？ 请列举说明联系的目的：______________________			

12. 试说明会导致疲惫的肌肉动作、身体移动、工作位置与姿势的改变，并请估计每个因素的时间长短。

13. 请指出您不愿意待的不良工作环境，如脏乱、嘈杂、潮湿、污浊、炎热、室外天气、单调及易发危险事故等。

您每个月整晚开车的天数大约是多少？怎么安排？

每个月您大约要跑多少千米？

如果您负责他人的工作，请回答下列问题：

14. 本项工作有下列哪些监督职责？

□指导	□分派人员
□派工	□解决员工问题
□核工	□甄选新员工
□规划别人的工作	□调动(推荐□；核准□)
□加薪(提议□　核准□)	

请列举在您直接监督下的工作名称及所属人员的数目：

____

汇总由您负责的下属成员的数目：______________________________

评语：______________________________

填写人：

主管人员注意事项：您的签名表示您已核阅上述的工作描述。如有必要修正，请以红笔于适当位置填附，希望能就上述各项分别加以评述。这个项目在定案前仍然会与您交流意见。

您的下属中担任此项工作的人员有几个？______________

核阅人：__________

职　衔：__________

（五）关键事件记录法

关键事件记录法又称关键事件技术，是指工作成功或失败的行为特征或事件。其包括以下几个方面：导致事件发生的原因和背景；员工特别有效或多余的行为；关键行为的后果；员工自己能否支配或控制上述后果。

1. 关键事件记录法的优点

关键事件记录法的优点主要有以下几个方面：第一，关键事件记录法可以被广泛应用于许多人力资源管理方面，例如，识别挑选标准及确定培训，尤其是能够应用于绩效评估的行为锚定与行为观察中；第二，关键事件记录法是在行为进行时观察和测量的，所以描述职务行为、建立行为标准更加准确。

2. 关键事件记录法的缺点

关键事件记录法的缺点是需要花大量的时间去收集那些“关键事件”，并加以概述和分类。

3. 使用关键事件记录法应该注意的事项

在使用关键事件记录法时应该注意以下事项：① 调查的期限不宜过短；② 关键事件

的数量不能太少，应能足够说明问题；③ 正反两个方面的事件都要兼顾，不能只选取某一个方面的关键事件加以记录。

（六）写实分析法

写实分析法又称工作日志法，主要是指通过对实际工作内容与过程的如实记录，达到工作分析目的的一种方法。写实分析法主要分为两种形式：如果做写实、描述工作的是自己，则称为工作日志法；如果由主管人员对任职者的工作进行记录与分析，则称为主管人员分析法。工作日志法的概念是指任职者按时间顺序详细记录自己的工作过程，然后经过归纳、分析，达到工作分析目的的一种方法。

写实分析法的优点主要有以下几个方面：① 信息可靠性高，适用于确定有关工作职责、工作内容、工作关系、劳动强度等方面的信息；② 所需费用较少；③ 对分析高难度与复杂性程度较高的工作而言，显得比较经济有效。

写实分析法的缺点主要有以下几个方面：① 将注意力集中于活动过程，而不是结果；② 使用这种方法必须做到，从事这一工作的人对此项工作的情况和要求最清楚；③ 使用范围较小，要求工作状态稳定；④ 整理新数据的工作量比较大，归纳工作较为烦琐；⑤ 工作执行者在填写工作日志时，会因为不认真而遗漏很多工作内容，从而影响分析的结果；⑥ 如果由第三者填写工作日志，则需要投入大量的时间和精力，因此这种工作分析方法不适用于对大量的工作职位进行分析；⑦ 分析结果可能存在误差，需要对分析结果的记录进行必要的检查。

（七）工作分析方法的综合运用

通常，工作分析人员在实践中并不会仅仅使用一种方法进行工作分析，而是将两种或两种以上的方法结合起来使用，这样综合使用的效果会更好。

此外，选择工作分析方法，关键是要考虑到方法与目的之间的匹配性、成本可行性以及该方法对所分析情况的适用性。例如，就成本来说，问卷调查法成本最低，而关键事件记录法的成本最高；就对工作情况的适用性而言，问卷调查法最适合于分析较高层次的工作。

值得一提的是，在选择工作分析方法时，关于工作分析方法适用性的问题，必须考虑到工作中行为的相似性可能会掩盖工作之间实际存在的任务差别。

四、职位说明书的编写

职位说明书是企业正规化管理过程中的一项非常重要的文档。从理论上来说，企业里的每一个工作职位都应该对应一份职位说明书。

一份合格的职位说明书应该能够较为全面地反映出与某一个工作职位相关的信息。

而企业在编写职位说明书时，一般都要按照一定的格式来进行。职位说明书范例如表 3-8 所示。

表 3-8　职位说明书范例

职位编号		职位名称		所属部门	
职位类型		上级职位		编写日期	
职位概要					
履行职责及考核要点					
履行职责				占用时间	
工作关系	直接下属人数			间接下属人数	
	内部主要关系				
	外部主要关系				
工作条件	工作场所				
	工作时间				
	使用设备				
职位关系	可转换的职位	部门：		职位：	
	可晋升的职位	部门：		职位：	
	职位关系图				
任职资格要求					
一般条件	最高学历			最低学历	
	专业要求				
	资格证书				
	年龄要求			性别要求	
必要的知识和经验	必要知识				
	外语要求				
	计算机要求				
	工作经验				

续　表

<table>
<tr><td>必要的业务培训</td><td colspan="2"></td></tr>
<tr><td rowspan="2">必要的能力和工作态度</td><td>能力</td><td></td></tr>
<tr><td>态度</td><td></td></tr>
<tr><td>其他事项</td><td colspan="2"></td></tr>
</table>

职位说明书的描述方式是多种多样的,有简单的,也有较为复杂的。不管格式如何变化,职位说明书都要包括两大部分的内容:一是工作描述,二是工作规范。

一般来说,一个内容比较完整的职位说明书都要包括以下几个具体项目:① 职位标识;② 职位概要;③ 履行职责;④ 业绩标准;⑤ 工作关系;⑥ 使用设备;⑦ 工作的环境和工作条件;⑧ 任职资格;⑨ 其他信息。下面将结合这些项目来具体解释一下应该如何编写职位说明书。

(一)职位标识

职位标识如同职位的一个标签,让人们能够对职位有一个直观的印象。职位标识一般包括以下几项内容:职位编号、职位名称、所属部门、直接上级和职位薪点。

职位编号主要是为了方便职位的管理,企业可以根据自己的实际情况来决定应该包含的信息。职位编号是企业自己拟定的,也就是说,在不同企业里,类似或相同工作职位的职位编号通常是完全不一样的。例如,A 企业的生产经理的职位编号为 JTM07－06－015,而在 B 企业内生产经理的职位编号为 101。

职位名称的确定要简洁明确,尽可能地反映出职位的主要职责内容。例如,A 企业人力资源部某职位名称为“招聘专员”。通过阅读职位名称基本上就能够了解该职位是人力资源部的一个入门级职位,该职位上的任职者主要负责处理招聘方面的相关事宜。

职位薪点是工作评价所得到的结果,反映了这一职级在企业内部的相对重要性,是确定该职位基本工资标准的基础。

(二)职位概要

职位概要是用一句或几句比较简练的话来说明这一职位的主要工作职责,要让那些对该职位毫无了解的人看到职位概要就知道该职位大致要承担哪些工作职责。

(三)履行职责

履行职责是职位概要的具体细化,即描述这一职位承担的职责以及每项职责的主要任务和活动。首先,将职位所有的工作活动划分为几项职责,然后将每项职责进一步细分,分解为不同的任务,这一过程可以用图 3－2 来表示。

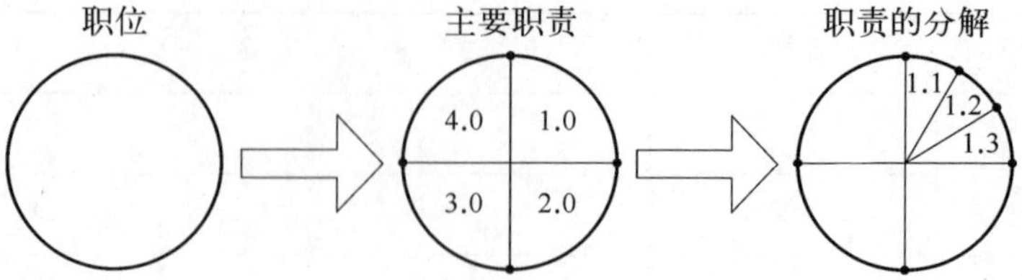

图 3-2　职位履行职责的分解示意图

将职位的活动分解完以后,就要针对每项任务来进行描述。描述时一般要注意下面几个问题。

1. 要按照动宾短语的格式来描述

应按照"动词+宾语+目的状语"的格式进行描述。

2. 要准确使用动词

使用动宾短语进行描述时,动词的使用是最为关键的部分,一定要能够准确地表示出员工是如何完成该项任务的,以及在这项任务上的权限,而不能过于笼统。

在履行职责部分,还有一个问题需要注意,如果某一职位是由多项职责所组成,那就要将这些职责按照一定的顺序进行排列,而不能胡乱堆砌。在排列职责时应遵循两个原则:① 按照这些职责的内在逻辑顺序进行排列;② 按照这些职责占用时间的多少进行排列。

(四) 业绩标准

业绩标准是指职位上每项职责的工作业绩衡量要素和衡量标准。其中,衡量要素是指对于每项职责,应当从哪些方面来衡量其完成得好还是不好;衡量标准则是指这些要素必须达到的最低要求,这一标准可以是具体的数字,也可以是百分比。

(五) 工作关系

工作关系是指某一职位在正常工作的情况下,主要与企业内部哪些部门和职位发生工作上的关系,以及需要与企业外部哪些部门和人员发生工作上的关系。

(六) 使用设备

使用设备是工作过程中需要使用的各种仪器、工具、设备等。

(七) 工作的环境和工作条件

工作的环境和工作条件包括工作的时间要求、工作的地点要求以及工作的物理环境条件等。

（八）任职资格

任职资格应该包括以下几项内容：所学专业、学历水平、资格证书、工作经验、必要的知识和能力以及身体状况。无论任职资格包括什么内容，其要求都是最基本的，也就是说任职资格是承担这一职位工作的最低要求。

（九）其他信息

其他信息属于备注的性质，如果还有其他需要说明但又不属于工作描述和工作规范范围内的相关情况，可以在“其他信息”中加以说明。

五、职位说明书示例

表 3－9 是某实验车间技术员的职位说明书（部分）。

表 3－9　某实验车间技术员的职位说明书（部分）

<table>
<tr><td>职位名称：实验车间技术员</td><td>职位编号：15038</td></tr>
<tr><td>所属部门：技术开发部</td><td>职位等级：8</td></tr>
<tr><td>上级职位：车间主任</td><td>编制日期：2023 年 3 月 4 日</td></tr>
<tr><td colspan="2">工作范围：
从事实验工作，包括零部件的设计、加工、装配和改造</td></tr>
<tr><td colspan="2">工作职责：
1. 根据图纸或工程师的口头指示，运用各种机械工具或安装设备，加工、改造产品等；
2. 与工程师及车间主任一起改进生产工艺；
3. 操作机床，使用焊枪并从事焊接的工作；
4. 阅读有关图纸及说明；
5. 指导本车间工人操作机器</td></tr>
<tr><td colspan="2">仪器设备及工具：
普通车床、成型机、钻孔机、磨削机、电锯、冲压机、测量仪及其他手工工具</td></tr>
<tr><td colspan="2">任职条件：
1. 高中毕业，或具有同等学力；
2. 具备 3～4 年操作各种机械设备的经验；
3. 有较高的理解、判断能力，能够看懂图纸；
4. 能够熟练地完成实验操作；
5. 身体健康</td></tr>
</table>

六、职位说明书的发展趋势

近几年来，职位说明书又出现了一些新的变化，呈现出新的发展趋势，主要表现在以下两个方面。

一是随着外部市场竞争的日趋激烈，传统的以“命令—执行”为特征的工作方式正在转变为以“服务”为特征的工作方式，在这种“服务式”工作方式中，企业内部的每一个工作职位都以服务者和被服务者的双重身份出现，既要接受上游职位的工作输入，又要对下游职位进行工作输出，工作的链条关系越来越重要。为了反映这种关系，结合工作流程编写“履行职责”已成为一个趋势。

二是企业越来越重视工作规范，尤其是其中的能力和素质要求，以“素质模型”为主要标志的新的招聘标准正在逐步形成。

第三节　工作评价

一、工作评价的概念

所谓工作评价，就是根据工作分析的结果，按照一定的标准，对工作的性质、强度、责任、复杂性以及所需要的任职资格等因素的差异程度，进行综合评价的活动。工作评价是为了确定一个职位相对于组织中其他职位的不同作用所进行的正式的、系统的比较和评价，评价结果会成为确定薪酬的有力根据。因此，工作评价的实质是将工作职位的劳动价值、职位承担者的贡献与工资报酬有机结合起来，通过对职位劳动价值的量化比较，确定企业工资等级结构的过程。

工作评价是评定工作的相对价值，确定职位等级，以作为确定工资收入等级的依据。由此可见，工作评价是工作分析的逻辑结果。工作分析主要包括“工作描述”和“工作规范”两个方面的内容，而工作评价是在前面两个环节的基础上进行的，其根本目的是为确定薪酬结构、等级，实现薪酬内部公平性提供依据。

二、工作评价系统

工作评价是一项系统工程，从整个评价系统来看，由评价指标、评价标准、评价方法和评价分析等若干个子系统所构成，这些子系统各自具有特定的功能和目的，采用各种专业技术方法，以不同的角度，全面、准确地反映劳动量的大小，为实现企业现代化管理提供客观科学的依据。同时，工作分析子系统又相互联系、相互衔接和相互制约，构成具有特定功能的有机整体。而且，工作评价不仅从属于企业劳动管理系统，还从属于企业管理大系统。

（一）评价指标

工作评价是一种多因素的定量评价系统，工作评价因素是该系统的基础。决定生产岗位劳动状况和劳动量的因素是复杂的、多样化的，既不能也没有必要把所有的因素都作为工作评价的因素。因此，只有正确选择合适的因素，才能达到对岗位劳动进行全面、科学评价的目的。

劳动者在生产劳动过程中，运用智力和消耗体力，都受劳动环境和其他因素的影响，总体上，这些因素可以综合归纳为劳动责任、劳动技能、劳动强度、劳动环境和劳动心理，这就是工作评价五因素。从这五个方面进行工作评价，能够较为全面、科学地反映职位的劳动消耗和不同职位之间的劳动差别。

为了能够在实际工作中便于对工作评价的五因素进行定量评定或测定，根据企业工作职位的实际情况和管理状况，可以将每个因素继续进行分解，具体划分为 24 个指标，如表 3-10 所示。在这 24 个指标中，按照指标的性质和评价方法的不同，可分为两类：一类是评定指标，即关于劳动责任、劳动技能和劳动心理的 14 个指标；另一类是测定指标，即关于劳动强度和劳动环境的 10 个指标，这类指标可以用仪器和其他方法进行测定。

表 3-10　工作评价的指标体系

因素	劳动责任	劳动技能	劳动强度	劳动环境	劳动心理
指标	1. 质量责任 2. 产量责任 3. 管理责任 4. 安全责任 5. 消耗责任 6. 看管责任	7. 技术知识要求 8. 操作复杂程度 9. 看管设备复杂程度 10. 品种质量难易程度 11. 处理预防事故复杂程度	12. 体力劳动强度 13. 工时利用率 14. 劳动姿势 15. 劳动紧张程度 16. 工作规则	17. 接触粉尘危害程度 18. 接触高温危害程度 19. 接触毒物危害程度 20. 接触噪声危害程度 21. 其他危害	22. 择业心理 23. 择岗心理 24. 岗位位置

评价工作职位的五个因素、24 个指标较为全面地体现了各行业工作职位上劳动者的劳动状况。但具体对每个行业或企业而言，由于生产经营情况各不相同，劳动环境和条件各有差异，因此在进行工作评价时，应具体结合各自的实际情况，从中选择合适的评价指标。

（二）评价标准

任何同类事物之间的比较都必须建立在统一的标准基础上，以保证评价工作的正确性和评价结果的可比性。例如，用国家已颁布的有关标准和行业标准作为评价标准，并应用国家标准规定的方法和技术进行评价；对于暂时还没有国家标准的部分，则根据制定国家标准的基本思想和要求，制定统一的评价标准。由此可见，工作评价也必须采用统一的标准进行评价。而工作评价标准就是指由有关部门对职位评价的方法、指标及指标体系等方面所做的统一规定，包括评价指标标准和评价技术方法标准。

（三）评价方法

工作评价的因素较多，涉及面广，需要运用多种技术和方法才能够对多个评价因素进行准确的测定或评定，最终做出科学的评价。工作评价的方法很多，归纳起来主要有职位排序法、职位分类法、因素比较法、要素计点法和评分法等。

（四）评价分析

工作评价数据资料从方案的设计、评价和加工整理到分析，是一个完整的工作体系。工作评价数据资料的整理，是为分析论证提供系统和条理化的综合资料的工作过程，是整个评价分析实施阶段的主要工作。数据资料的加工整理过程就是为了揭示被掩盖的现象之间的相互关系，并通过整理使这种固有的内在关系明显地用数量关系表现出来，使各工作职位之间的差异性表现出来，明确地反映出不同工作性质、不同工作责任、不同工作环境和不同工作场所的岗位劳动之间的区别与联系，以达到数据资料配套、规范的目的，更好地完成数据资料有机配合、完整配套、规范统一的任务。而对这些加工整理以后的资料进行分析研究，则是整个评价工作的重要环节。评价结果的分析研究工作是对整个评价工作的综合和分析，分析质量直接影响到评价结果的合理运用。

三、工作评价的原则

工作评价是一项技术性强、涉及面广、工作量大的活动，这项活动不但需要投入大量的人力、物力和财力，而且还要触及许多学科的专业技术知识，牵涉到很多部门和单位。为了保证各项实施工作的顺利开展，提高工作评价的科学性、合理性和可靠性，在组织实施过程中应该注意遵守以下原则。

（一）对事原则

工作评价针对的是工作职位本身，而不是目前在这个职位上进行工作的人。

（二）一致性原则

在进行工作评价时，所有职位必须通过同一套评价工具来进行评价。

（三）因素无重叠原则

工作评价考察的各项因素，彼此之间是相互独立的，各项因素都有其各自的评价范围，这些范围彼此之间是没有重叠的。

（四）针对性原则

评价因素应尽可能结合企业实际情况，这需要在实际评价之前，与评价人员进行充分的沟通，尽可能使各类评价因素切合企业的实际情况。

（五）反馈原则

对于各个工作职位进行评价的结果，应该及时地进行反馈，让参与评价的人员能够及时了解该职位的情况、其他人的观点和产生偏差的原因，及时调整自己的思路。

（六）独立原则

参加工作评价的人员必须独立地对各个职位进行评价，绝对不允许相互“串供”。

（七）保密原则

由于薪酬设计的高度敏感性，工作评价的工作程度及评价结果在一定时间内应该处于保密状态。

四、工作评价流程

工作评价既要在工作分析的基础上做好各项准备工作，选择评价要素和标杆职位进行试打分，又要以部门为单位依次对部门内的工作职位进行评价，并对评分结果进行排序，获取最终的工作评价结果。工作评价流程如图 3－3 所示。

五、工作评价的方法

一般来说，工作评价的方法主要有六种，即职位排序法、职位分类法、因素比较法、要素计点法、评分法和海氏评价法。可以按照量化程度、评价对象和比较方法进行归类，如表 3－11 所示。

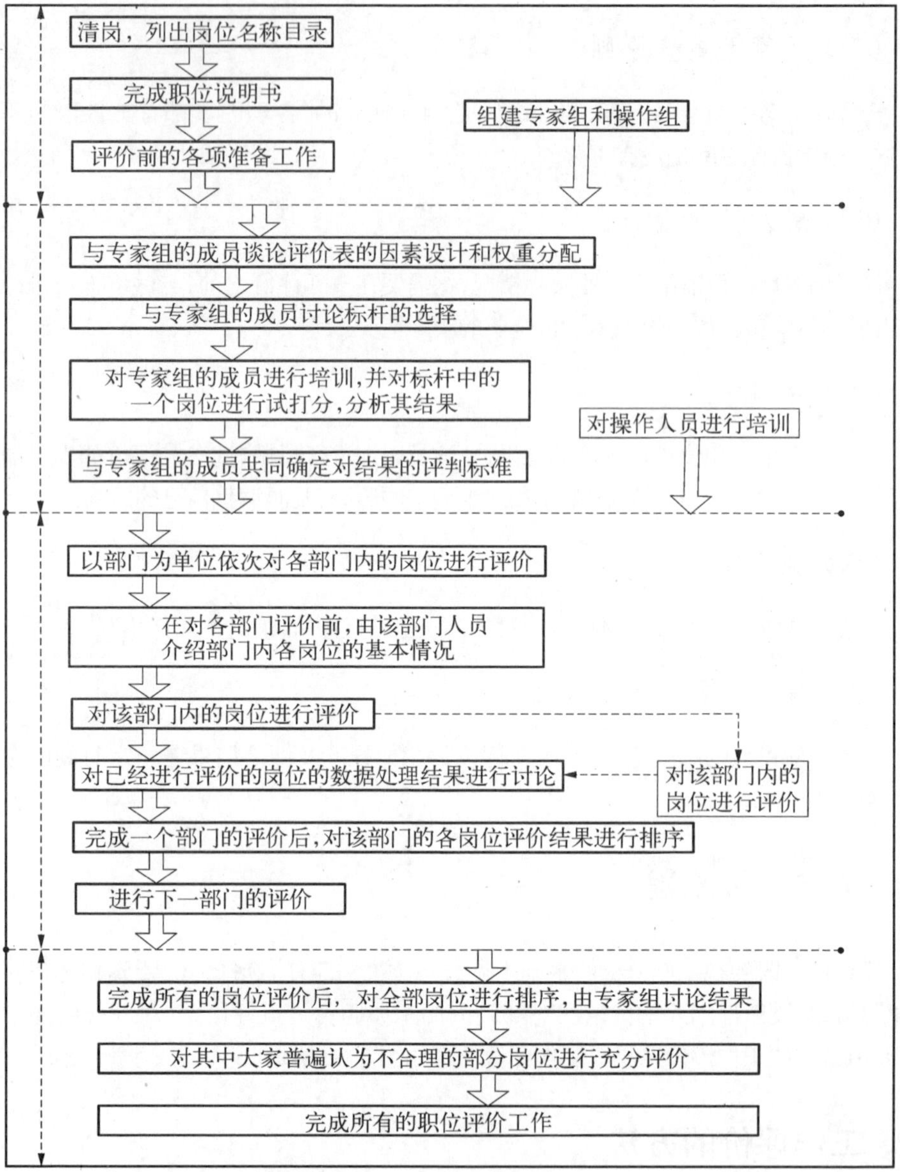
清岗，列出岗位名称目录
完成职位说明书
评价前的各项准备工作
组建专家组和操作组
与专家组的成员谈论评价表的因素设计和权重分配
与专家组的成员讨论标杆的选择
对专家组的成员进行培训,并对标杆中的一个岗位进行试打分,分析其结果
对操作人员进行培训
与专家组的成员共同确定对结果的评判标准
以部门为单位依次对各部门内的岗位进行评价
在对各部门评价前,由该部门人员介绍部门内各岗位的基本情况
对该部门内的岗位进行评价
对已经进行评价的岗位的数据处理结果进行讨论
对该部门内的岗位进行评价
完成一个部门的评价后,对该部门的各岗位评价结果进行排序
进行下一部门的评价
完成所有的岗位评价后，对全部岗位进行排序,由专家组讨论结果
对其中大家普遍认为不合理的部分岗位进行充分评价
完成所有的职位评价工作

图 3-3　工作评价流程

表 3-11　工作评价的方法

比较方法	量化程度、评价对象	
	非量化评价、对职位整体进行评价	量化评价、对职位要素进行评价
在职位与职位之间进行比较	职位排序法	因素比较法
将职位与特定的级别标准进行比较	职位分类法	要素计点法、评分法

（一）职位排序法

职位排序法是以各项工作在组织内所取得的成就中的相对价值为基础，根据职位说明书对各个职位和各项工作的相对价值从高到低进行排序，得到一张明确的工作价值序列表，并以此为依据，设定组织的薪酬等级。

1. 职位排序法的实施程序

采用职位排序法进行工作评价时，包括以下具体的实施程序。

(1) 获取相关信息。通过工作分析，对职位进行描述，清楚地描述职位的目的、职责、权限、工作关系、在组织中的位置等，从而获取职位相关信息。

(2) 成立评价委员会。在对职位排序之前，需要把多个评估者的意见进行汇总和整合。

(3) 选定参与排序的职位。当组织中的职位比较少时，可能就不需要进行选择，直接对所有职位进行排序即可。

(4) 对排序的标准达成共识。尽管职位排序法主要是根据职位的整体价值进行排序的，但是也需要参与评估的人员对什么样的值为“整体价值”达成共识。

(5) 进行比较和排序。进行排序的时候基本上有两种方法：第一种是直接排序，即按照职位的说明，根据排序标准从高到低或从低到高进行排序；第二种叫作“交替排序法”，也就是先从所需排序的职位中选出相对价值最高的排在第一位，接下去再从剩下的职位中选出相对价值最低的排至倒数第一位，依次类推。

(6) 评估排序的结果，对其中不合理的地方进行调整。

(7) 综合评价委员会成员的排序结果，得出最终的排序结果。

2. 职位排序法示例

以下是一家规模较小企业各个职位的排序结果，其中有每位评估者的排序，也有最终的排序结果，如表 3-12 所示。

表 3-12　某企业的职位排序结果

职　位	评估者 1	评估者 2	评估者 3	评估者 4	评估者 5	综合	名次
项目经理	1	1	1	2	1	1.2	1
市场经理	2	2	2	1	2	1.8	2
市场专员	3	4	3	3	3	3.2	3
项目助理	4	3	4	4	4	3.8	4
会计	5	5	6	5	5	5.2	5
行政人事助理	7	6	5	6	6	6.2	6
出纳	6	7	7	7	8	6.8	7
前台	8	8	8	8	7	7.8	8

3. 职位排序法的特点

采用职位排序法进行工作评价的主要优点是简单、容易操作，且省时、省力，能够尽快确立新的工作职位等级。而采用职位排序法进行工作评价的主要缺点在于以下两个方面：一是这种方法凭借评估者的知识和经验进行主观评价，缺乏严格的、科学的评判标准，使评价结果不仅弹性较大，而且易于受到其他因素的干扰；二是仅仅对职位进行排序无法准确地得知工作职位之间的相对价值关系。

当企业规模不大、参与工作评价的职位较少时，可以优先考虑选择职位排序法进行工作评价，这种方法有时也被作为鉴别不合理工资差异的初步措施。

（二）职位分类法

1. 职位分类法的含义

职位分类法是先将组织所有职位划分成若干个不同类型，每一类职位再分成若干个等级，并在每个等级的职位中选取一个关键性的职位，配上经工作分析以后所得到的工作说明书，形成各类型、各等级都有一个可供参考的标准，然后将组织中有待评价的职位与已定标准的关键职位进行比较，得到相应的级别，以此再确定待评价职位的薪酬等级。

采用职位分类法，就是要通过制定一套职位级别等级，将职位与标准进行比较，并将职位归集到各个级别中去，或是将企业的所有工作职位根据工作内容、工作职责、任职资格等方面的不同要求，划分成不同的类型(一般可分为管理工作类、事务工作类、技术工作类及市场营销类等)，然后在职位分类的基础上将各职位系列进一步划分为职位等级，从而完成工作评价。在确定职位等级时，首先要确定在某一职位系列中设置多少职位等级，职位等级的数目应能够容纳已有的职位。一般来说，设置 7～14 个职位等级即可满足大多数企业进行工作评价的要求。

2. 职位分类法的操作步骤

采用职位分类法进行工作评价，主要按照以下步骤进行操作。

(1) 需要对职位进行工作分析，得到职位描述和职位规范信息。

(2) 同职位排序法一样,需要建立一个评估小组,对职位进行分类。

(3) 建立一个职位级别体系。建立职位级别体系包括确定职位等级的数量和对每个等级进行定义和描述,如表 3-13 所示。

表 3-13 职位等级描述

高级资深职员	那些从事或有能力完成工作的主要部分的人员; 对工作的综合要求是更能独立思考,而且能够超出监督或日常工作的范围去考虑更深入的问题
资深职员	从事技术性和多种多样的工作,偶尔要独立思考并从事困难的工作; 要求具有特殊的办公室工作能力,并对所在部门的工作原则和业务基础有透彻的了解,在任何范围内都不受他人监督,工作只受有限的检查; 可靠、值得信赖,足智多谋,能够制定决策
一级职员	必须具备二级职员的特点,承担更多的责任
二级职员	不受他人监督,对工作细节十分了解,有特别的工作技能; 思想高度集中,行动特别准确、快速
三级职员	注意力集中,日常工作快速而准确; 在监督下工作,可能或有可能对最后结果承担责任

3. 职位分类法的特点

职位分类法的优点:① 比较简单,所需经费、人员和时间相对较少,对于工作内容不太复杂的部门,能在较短时间内获得满意的结果;② 职位分类法等级标准的制定遵循一定的依据,其结果比职位排序法更准确、客观;③ 出现新工作或工作变动时,容易按照等级标准迅速确定其等级;④ 应用灵活,适应性强,为劳资双方谈判及争端解决留有余地。

职位分类法的缺点:① 职位等级的划分和界定存在一定的难度,带有一定的主观性;② 职位分类法较为粗糙,只能将职位归级,无法衡量职位间价值的量化关系,难于直接运用到薪酬体系中。

职位分类法主要适用于大型企业对大量工作职位进行评价的情况。

(三) 因素比较法

1. 因素比较法的含义

因素比较法是指根据组织关键或标志性职位的薪酬标准,以及确定这一标准的薪酬因素,将组织各类型的职位与之相比较,来直接确定薪酬水平的方法。

因素比较法是一种量化的工作评价方法,这种方法实际上是对职位排序法的一种改进,其与职位排序法的主要区别在于职位排序法是从整体的角度对职位进行比较和排序,而因素比较法则是选择多种薪酬因素,按照各种因素分别进行排序。

2. 因素比较法的实施步骤

采用因素比较法进行工作评价,一般而言,首先,要选择普遍存在的、工作内容稳定的标志性职位作为基准职位,并对这一职位进行分析,确定影响此职位薪酬的因素;其次,确定这一标志性职位在各薪酬因素上应得的报酬;最后,把组织其他职位在每一个薪酬因素上与基准职位进行比较,获取该职位在各薪酬因素上得到的薪酬并加总,就可以直接获得各职位的薪酬。

具体来说,因素比较法包括以下基本实施步骤。

(1) 进行工作分析,撰写职位说明书,成立工作评价小组。

(2) 选择一些在组织中普遍存在的、工作内容相对稳定、具有得到公认的市场工资水平的职位作为基准职位。

(3) 分析这些基准职位,找出一系列共同的薪酬因素。

(4) 将每个基准职位的工资或所赋予的分值分配到相应的薪酬因素上。

(5) 将待评估的职位在每个薪酬因素上分别与基准职位相比较,确定待评估职位在各个因素上的分值或工作率。

(6) 将待评估职位在各个薪酬因素上的工作率或者分数相加汇总,得到待评估职位的工资水平。

例如,在一次工作评价中,就 5 个因素对职位进行评价。职位 A、职位 B、职位 C 是基准职位,其中职位 A 的市场工资水平为 1 000 元,职位 B 的市场工资水平为 2 000 元,职位 C 的市场工资水平为 4 000 元。职位 X 是待评价职位。首先将职位 A、职位 B、职位 C 按照 5 个薪酬因素进行排序,然后将职位 X 与这 3 个基准职位进行比较,得出表 3-14 的结果。

表 3-14 因素比较法评价示例

工资率	因素				
	责任大小	所需技能	任务难度	工作环境	财务影响
100 元/月	职位 A				职位 A
200 元/月			职位 A		
300 元/月		职位 A		职位 B	职位 X
400 元/月	职位 B			职位 A	职位 B
500 元/月	职位 X	职位 B	职位 B		
600 元/月		职位 X	职位 X		
700 元/月				职位 C	
800 元/月				职位 X	
900 元/月	职位 C	职位 C	职位 C		职位 C

由表 3-14 可知,职位 X 的月工资水平为 500+600+600+800+300=2 800(元)。

3. 因素比较法的特点

因素比较法的一个突出优点是可以根据在各个薪酬因素上得到的评估结果,计算出一个具体的薪酬金额，这样就可以更加精确地反映出职位之间的相对价值关系。但从缺点上来看，因素比较法的具体操作显得比较复杂。

4. 采用因素比较法的注意事项

采用因素比较法时，应该注意两个问题：一是薪酬因素的确定要比较慎重，一定要选择最能代表职位间差异的因素；二是由于市场上的工资水平经常发生变化，因此要及时调整基准职位的工资水平。但是由于我国基本属于多种薪酬体制并存，而且薪酬体制透明度较低，劳动力市场价格处于混沌状态，因而使用因素比较法的基础数据不足。

目前，因素比较法在国内基本上还未得到普遍使用。

（四）要素计点法

1. 要素计点法的含义

要素计点法是目前国内外应用最广泛的一种工作评价方法，这种方法也是一种定量化的工作评价方法。所谓要素计点法，就是选取若干关键性的薪酬要素，并对每个要素的不同水平进行界定，同时给各个水平赋予一定的分值，这个分值也称为“点数”，然后按照这些关键的薪酬要素对职位进行评价，得到每个职位的总点数，以此决定职位的薪酬水平。

要素计点法的关键是先确定几个薪酬要素（如智力、知识经验、解决问题的能力等），然后对每个要素分等级，并赋予每个要素不同的点数。一旦确定组织中某职位所包含的要素和所对应的等级，只要把此职位的各要素对应的点数加总，就可以得到该职位的总点数，再以此来确定该职位的薪酬等级或水平。

2. 要素计点法的实施步骤

采用要素计点法进行工作评价包括以下实施步骤。

（1）进行工作分析，成立工作评价委员会。

（2）选择薪酬要素，并为这些薪酬要素建立起一个结构化量表。

（3）根据这个结构化量表对职位在各个要素上的表现进行评价，得出职位在各个要素上的点数，并汇总获得总点数，再根据总点数处在哪个职位级别的点数区间内，确定职位的级别。示例如表 3－15 所示。

表 3－15　要素计点法评价示例

要　素	1级	2级	3级	4级	5级	6级	7级
受教育程度	15	30	45	60	75	100	125
工作经验	20	40	60	80	100	125	150
责任复杂性	15	30	45	60	75	100	125
接受的监督	5	10	20	40	60	100	125

续 表

要　素	1级	2级	3级	4级	5级	6级	7级
错误的代价	5	10	20	40	60	80	100
与他人接触	5	10	20	40	60	80	100
秘密资料	5	10	15	20	25	80	100
心理需求	5	10	15	20	25	30	50
工作条件	5	10	15	20	25	30	50
监督的特点	5	10	20	40	60	80	100
监督的范围	5	10	20	40	60	80	100

3. 要素计点法的特点

要素计点法的优点：① 主观随意性较少，可靠性强，评价准确性高；② 相对客观的标准使评价结果易于为人们所接受；③ 通俗易懂，便于推广。

要素计点法的缺点：① 操作过程较为复杂，既要投入大量人力，又要消耗大量时间；② 评价要素定义和权重的确定有一定技术难度；③ 不完全客观和科学，要素的选择、等级的定义和要素权重的确定都有一定的主观因素。

要素计点法在下述情况下可能是最合适的：工作职位资料稳定、清晰、完整，工资决策需要明确无误，使采用量化方法所耗费的额外成本物有所值，而排列大量的极不相同的工作职位需要考虑运用一系列通用的要素成为必然。

（五）评分法

1. 评分法的含义

评分法是把工作的构成因素进行分解，然后按照事先设计出来的结构化量表，对每种工作要素进行估值。评分法将要素计点法的操作步骤进一步细化，设计出更合理的结构化量表，对每种因素级别的解释也更加详细。尤为重要的是，评分法有合理的纠错措施，可以将评价的偏差降到最低。

2. 评分法的实施步骤

采用评分法进行工作评价主要包括以下实施步骤。

(1) 确定待评价职位的薪酬要素。不同的职位有不同的薪酬要素，一般来说，薪酬要素指标包括劳动技能、劳动责任、劳动强度、劳动环境、对组织的相对贡献五类，如表 3－14 所示。

(2) 划分等级。把各薪酬因素适当地分成若干个等级，等级的多少取决于各薪酬因素的相对权重及各等级界定与相互区分的难易程度。因素越重要，权重越大，等级越容易界定，相互间越容易区分，级数也应该越多。

(3) 等级描述。划分薪酬因素的等级以后，需要对每一个因素的整体及各等级分别予以简要的描述和界定，作为每个职位在一定因素方面的等级评定依据。

(4) 赋予薪酬因素分值。即确定各薪酬因素的总分以及这些分数在各薪酬因素、各等级之间的分值分配情况。其中，评分是将待评价职位逐一对照每一等级的说明，评出相应分数，并将各因素所评分数求和得到职位分值，此职位分值即为该职位对本企业的相对价值。

(5) 进行工资转换。将职位分值转换为工资通常有两种可以采用的方法。一是设置工资率转换表，根据工资率转换表将职位分值直接转换为相应的工资金额。工资率转换表不是给每个职位都确定一个与职位分值相对应的工资额，而是将所有的职位进行合理组合，并划分成一些等级，给每个等级设置与其价值相当的工资或工资范围，在同一等级中的各职位按照相同的工资付酬或是在指定的工资范围内付酬。二是将企业各职位分值求和，得到企业内所有工作职位的职位总分值，并将企业总工资额除以企业的职位总分值，得到第一分的工资含量，一般称为点值，然后用点值乘以每个职位的职位分值，这样就可以得到每个职位的工资率或工资标准。

运用评分法进行工作评价，如表 3-16 所示。

表 3-16 运用评分法进行工作评价

要素指标	因素指标	级别				评分因素指标	标准要素指标	标准要素指标权重
		4	3	2	1			
劳动技能	文化理论知识	5	10	15	20	20	100	30
	操作技能	17	26	35	40	40		
	作业复杂程度	8	15	20	30	30		
	预防、处理事故复杂程度	3	5	7	10	10		
劳动责任	产品(服务)的质量责任	8	15	20	30	30	100	15
	经济效益责任	17	26	35	40	40		
	安全责任	8	15	20	30	30		
劳动强度	体力劳动强度	13	20	25	35	35	100	20
	脑力消耗劳动程度	13	20	25	35	35		
	工时利用率和工作班制	8	15	20	30	30		

续 表

要素指标	因素指标	级别				评分因素指标	标准要素指标	标准要素指标权重
		4	3	2	1			
劳动环境	自然环境	8	15	20	30	30	100	15
	发生工伤事故的危险性	8	15	20	30	30		
	有毒有害物、噪声危害	5	10	15	20	20		
	工作单调性	5	10	15	20	20		
对组织的相对贡献	对实现组织目标的贡献大小	25	50	75	100	100	100	20
合 计						500	500	100

3. 评分法的特点

评分法最大的优点是具有公平性和准确性。当然,评分法的缺点也很明显,就是实施过程复杂,周期长,所需消耗的时间比较多,所耗费用也比较大。

（六）海氏评价法

海氏评价法是由美国合益集团(Hay Group)公司研制开发的职位评价系统,得到了广泛的应用。

海氏评价法又叫“指导图表—形状构成法”,由美国工资设计专家艾德华·海于 1951 年研究开发出来。该方法的主要特点是解决了职能部门之间不同职位相对价值的比较和量化。海氏评价法的实质就是一种评分方法,这种方法认为所有职位所包括的最主要的薪酬因素只有三种,即专门技能、问题解决和应负责任。每个因素又可以细分为若干个成分,再将每个成分分成若干个等级,成分等级的组合构成一个多维量表。在进行工作评价时,根据职位的实际情况,对照多维量表进行打分,经过综合计算,汇总职位得分就可以确定其所处的等级。

海氏评价法就三个因素、八个方面对职位进行评价,如表 3-17 所示。

表 3-17 海氏评价法的职位评价因子

专门技能	问题解决	应负责任
1. 知识; 2. 管理幅度,或者使活动和职能顺利进行的能力 ; 3. 激励他人的能力	1. 独立思考的程度; 2. 复杂性、抽象性和原创性	1. 工作的自由度; 2. 控制或影响的资金量; 3. 影响程度

采用海氏评价法进行工作评价，得到的结果比直觉性的主观评价要精确、合理，但是开发与企业实际情况相适应的评价表需要大量的时间，而且评价过程非常复杂，定义每个成分的等级也比较困难。

六、工作评价的注意事项

在企业进行实际工作评价的过程中，需要关注以下两个问题。

一是由谁来进行评价。在不同类型的企业里，往往会涉及种类不同、数量繁多的工作职位，且有些工作职位很难进行比较。例如，某软件企业的人力资源部门有“招聘专员”这个职位，该职位在人力资源部门内部相对的重要性以及贡献是最小的。同样，在程序开发部门里，也有一个职位“初级程序员”，该职位在程序开发部门的相对重要性也是最小的。这两个在各自部门里都是以“级别最低”的职位放在一起进行比较，则哪个职位相对更重要呢？这种情况就算是在同一个部门里，往往也会存在疑问。再例如，人力资源部门的“招聘主管”职位，要比“招聘专员”职位更重要，这是毫无疑问的，但是到底“重要多少”？如何量化呢？如果回答不好这些问题，薪酬制度也就失去了基础。所以，在企业中进行工作评价的人员尤为重要，既要有专业的知识和技能，这样做出的评价结果才科学，又要有相对的权威，由此做出的评价结果才不会引起过多的争议。一般来讲，企业会由高层管理者、人力资源部门的专家以及各部门管理者来参与此项工作。当然，如果有条件的话，还可以聘请外部的咨询专家参与工作评价过程。

二是工作职位评价指标体系的选择必须符合企业的实际情况。只有从实践出发，综合考虑企业的实际情况进行工作评价，才能够确保工作评价的结果符合企业实际。例如，某公司在建立基于工作职位的薪酬制度时，聘请了劳动管理协会人力资源管理咨询项目组为顾问，通过实地调查研究，提出从职位本身的复杂程度、管理复杂程度、任职资历和技能要求三个方面，考虑职位业务量、管理范围、决策权限、工作压力等16个要素，系统地对公司的工作职位进行评价，最终获得了较为客观、合理的工作评价结果。

第四节　工作职位薪酬制度的建立与实施

工作职位薪酬制度的建立，就是要在职位定级定等的基础上进行市场薪酬调查，建立薪酬等级和薪酬幅度，确定一定的薪酬重叠和具体的薪酬计算方法。

一、职位定级定等

通过进行工作分析，企业可以得到各个工作职位之间的相互关系，之后就需要把这种职位间的相互关系转化为薪酬制度的基础。所以，首先需要对各个工作职位进行分类和定级定等。这项工作的基本流程：职位横向分类→细分中类→细分小类→职位定级定等。例如，在很多企业内，首先会把职位分成"干部职位"和"工人职位"，这是两个大类，说明企业内的所有员工可以按照其工作的特点大致分成"干部"和"工人"两大类。

当然，在实际工作中，企业内员工的头衔和工种区别相当大，决不仅限于"干部"和"工人"这两大类。所以，还需要对大类进行细分。按照工作职能、劳动分工等性质，可以将工作职位大类划分为若干个种类或小类。例如，某企业将"干部"职位大致归纳为 10 个小类：生产管理类、经营管理类、财务审计类、科技管理类、劳动人事管理类、教育培训类、物资管理类、行政管理类、业务团体类和综合管理类。"工人"职位大致也可以再细分为基本生产类、辅助生产类、生产服务类等若干个职位小类。

一般情况下，工作职位分类的层次宜少不宜多，最常见的为两个层次，最多不超过三个层次。职位细分完成以后就可以把若干个性质相同但其他方面又存在一定差别的细类或小类定义为"职系"。例如，企业人力资源部门的员工都在处理"人力资源"方面的事务，性质相同，所以都属于同一个职系。但是，根据常识，就算在同一个部门内，不同员工的工作肯定会有差别，有些人级别高，有些人级别低，这就是"职级"。所谓"职级"，是在同一职系内的所有工作职位中，凡是工作难易繁简程度、责任大小和所需资格条件相似的职位，都被归入同一级别内，这个级别就叫作"职级"。职级不是随意确定的，而是需要利用工作评价得到的分数来确定。例如，利用要素计点法可以为每个职位分配一个相应的"得分"或者是"点数"，把拥有相近点数的职位归为同一级别，这就是"职级"。

二、进行市场薪酬调查

（一）选定相关市场

不同行业可能会有很多不同的薪酬结构，相互之间很难进行比较。有时即使职位名称相同，工作的内容及职务可能也会有很大的差别，因此要选择具有高度相关性的市场进行薪酬调查。通常，企业会考虑以下因素界定相关劳动力市场：

(1) 相同行业；

(2) 居住地区与工作地点的距离，即员工是否愿意前往较远距离的地方工作；

(3) 企业在同一商品或劳务市场内的竞争情况。

（二）确定调查范围

调查范围包括企业的类型以及调查对象的具体数目等，通常要根据调查目的来确定。一般情况下，要选择那些与企业处于同一行业、在同一劳动力市场上有竞争行为的、实力超过自己或大致相同的企业。具体来说，选择调查范围要依据以下几点原则。

（1）在同行业中处于领导地位的企业，其所实施的薪酬制度具有一定的影响力。此类企业在行业内管理比较规范，各种体系相对科学和先进。这些企业所实施的薪酬制度以及薪酬定位可以被看成行业内的“风向标”，或者是其他企业学习和模仿的“标杆”。

（2）拥有较多的员工并设有人力资源部门，且企业内部对各个工作职位进行了明确地划分。

（3）该企业定期根据消费物价指数以及其他经济指标的变化调整员工的薪酬。科学的薪酬制度要求企业更关注员工得到的“纯收入”，因此一个科学的薪酬制度必然要求企业在做下一阶段的薪酬预算时要考虑到物价指数等经济指标。

（4）该企业设有福利计划。

（5）该企业有预定的薪酬制度。

（三）搜集资料

资料搜集的形式可以采用问卷和访谈两种方法。通常，企业应该搜集以下三大类资料。

（1）有关企业的资料。如名称、地址、员工人数、企业规模、营业额、经营的行业、企业资产等资料。

（2）有关薪酬的资料。如基本薪资、福利、调薪措施、薪资结构、工作时数、假期等。

（3）有关职位和员工类别的资料。如工作类别、员工类别、员工的实际薪酬率、总收入、最近一次的加薪、奖金及津贴等。

资料搜集完成以后就需要对所搜集的资料进行检查和校对，若无重大的错误和矛盾，可以把资料输入电脑进行分析，计算出每一个职位的最高和最低的薪酬率、加权平均或算术平均额、中位数。资料分析完成以后，需要归类和编制相关图表，作为确立薪酬水平的依据。

三、建立薪酬等级

如果企业的规模较大，拥有较多的工作职位，就应该将工作评价所评定的困难程度、重要性、责任及性质相似的工作归入各种薪酬等级，通常的做法是按工作评价的分数分成若干个等级。例如,200 点以下的为第一级,200～400 点为第二级,以此类推。决定具体的薪酬级数,通常要考虑以下因素。

(1) 企业的规模。企业规模越大,则薪酬级数越多。

(2) 每一工作群所包括的工作种类。工作种类越多,范围越广,则所需要的薪酬级数也就越少。

(3) 利用工作分布图进行分级。通过工作评价可以发现某些点群是聚集在一起的,可以归入同一等级。

四、建立薪酬幅度

薪酬幅度是在薪酬等级中所设置的最高薪酬和最低薪酬之间的差距,也是每一个等级可能支付的薪酬范围。通常,薪酬曲线经过薪酬幅度的中点,在薪酬曲线向上和向下延伸至一定的百分比,便可画出薪酬幅度,如图 3－4 所示。

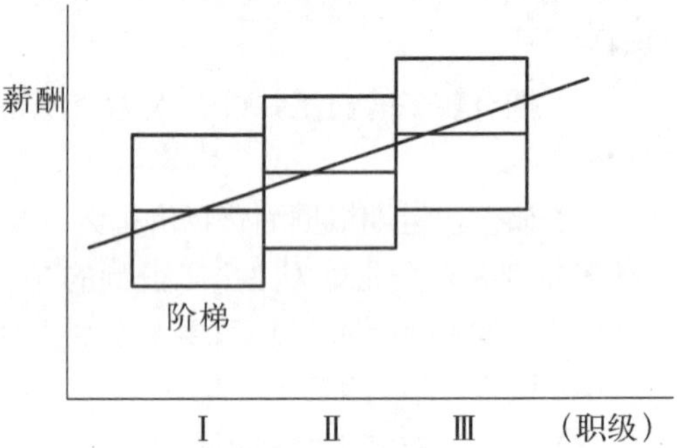

图 3－4　薪酬幅度

五、确定一定的薪酬重叠

薪酬重叠是指两个相邻职级间的重叠部分,这样的薪酬结构允许员工在某一职级内获得较高的薪酬。例如,在某生产性企业内有“技工”和“工人”两个职位,所谓技工就是掌握一定技术知识理论的工人,所以“技工”职位对于员工的要求既要“应知”又要“应会”。而“工人”职位对于员工的要求相对较低,只要掌握相关的操作技能就可以了,也就是只要“应会”。由此可见,“技工”职位的级别要比“工人”职位的级别更高。

然而,具体到该企业内,可能会发生这样的情况:小张是刚进企业的员工,毕业于某专业对口的技校。在技校内,小张既有关于理论知识的学习又有相关操作的实践,所以一进企业就是“技工”。而老王则是一位即将退休的老员工,在“工人”职位上工作了几十年。由于有着丰富的经验和熟练的技能,老王生产出来的产品总是数量最多、质量最好。但是老王的文化水平比较低,虽然能操作机器生产出高质量的产品,但如果让老王说出深奥的操作原理,却是强人所难。所以,老王一直只能在“工人”职位上工作。此时,如果根据前面提到的“技工”职位的要求高于“工人”职位,由此决定小张的薪酬高于老王,这显然是不合理的。就算是一位人力资源管理的外行人士都会说:“在企业工作了几十年的老员工的薪酬,怎么可以低于刚进企业的毛头小子呢?况且,就目前来说,小张的各种技能显然都不如老王呀。”

解决上述矛盾的最好方案就是薪酬重叠。在企业内,“技工”职位的薪酬可以分为几个级别(如一级、二级、三级等)。同样,“工人”职位的薪酬也可以这样分。然后,再把“工人”职位的最高级对应“技工”职位的某一个中等级别,如图 3-5 所示。

根据这个方案再来看老王和小张的薪酬:首先,老王由于经验丰富、工作出色,所以在“工人”职位里能够获得最高级别的薪酬标准;其次,由于小张是新进企业的员工,所以只能在“技工”职位里获得最低级别的薪酬标准。这样,老王和小张的薪酬问题就可以通过薪酬重叠的方法有效加以解决。

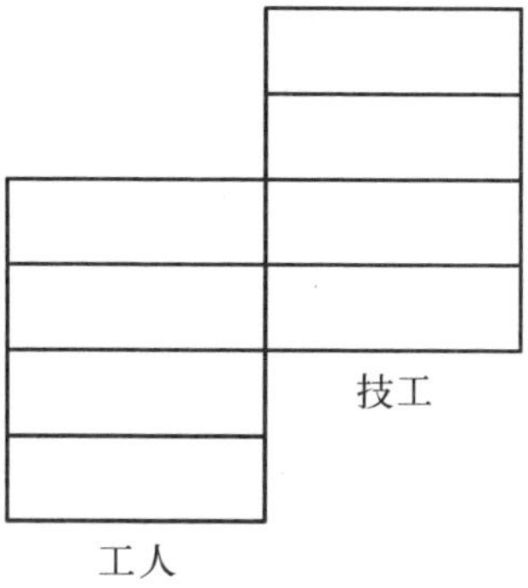

图 3-5　薪酬重叠

六、确定具体的薪酬计算方法

通常情况下,企业首先会设定某个职位的最低级别薪酬。以“工人”职位为例,某企业设定的“工人”职位共分为 8 级,其中“工人 1 级”的薪酬被确定为 960 元/月。对于企业来说,虽然制定职位最低级别的薪酬没有统一的标准,但是有些底线和标准还是必须遵守和参考的。例如,企业制定的某职位最低级别的薪酬不能低于当地法定的员工最低工资标准,即如果当地员工的最低工资标准是 2 000 元/月,则该职位最低级别的薪酬应该高于 2 000 元/月的法定标准。同时,企业还要参考当地政府颁布的工资参考线和市场平均薪酬水平,因为这些数据能够告诉企业相关的薪酬是否具有竞争力。

在制定出某职位最低级别的薪酬以后,企业就可以依次为更高级别的职位等级制定薪酬,通常的操作方案是职位级别越高,则薪酬级差越大。例如,“工人 1 级”的薪酬为 2 100 元/月,“工人 2 级”的薪酬为 2 400 元/月(与 1 级相比级差为 300 元/月),“工人 3 级”的薪酬为 2 800 元/月(与 2 级相比级差为 400 元/月),“工人 4 级”的薪酬为 3 400 元/月(与 3 级相比级差为 600 元/月),依次类推。

从理论上讲,基于工作职位建立和实施薪酬制度的六个步骤应该是一个循序渐进、缺一不可的过程。然而,不同的企业在实际操作的过程中却不必生搬硬套整个流程,每个企业要根据自身的实际情况来进行相应的调整。例如,如果企业是一家初创的公司,又属于一个竞争激烈的新兴行业,企业所面临的外部环境变化的可能性比较大,外部环境变化的速度也比较快,那么该企业必须保持足够的灵活性来适应环境的快速变化,并根据外部环境变化的需要,不断调整现有的工作职位,取消那些不能够适应环境变化和自身发展要求的工作职位。由此,对此类企业来说,“职位定级定等、建立薪酬幅度”就必不可少。相反,如果企业的发展已经趋于稳定,现有结构能够较好地适应近期环境的变化情况,则对于该企业来说,就没有必要从头开始建立、实施基于工作职位的薪酬制度了,而是在通常情况下只需要定期关注薪酬水平的市场发展趋势,据此对现有的薪酬水平或薪酬结构进行适当的调整,即可满足企业发展的需要。

本章小结

工作职位薪酬制度是通过对工作职位的职责、劳动强度、劳动条件等因素的测评，按工作职位相对价值的高低来决定员工的工资水平，以岗定薪，易岗易薪，其优点在于能够较好地解决内部相互比较的公平问题和外部相互比较的公平问题。

工作分析是人力资源管理诸多要素中最基本的要素，也是制定薪酬制度、确立薪酬结构的基础工作。编制一份职位说明书涉及两个方面的工作：一是工作描述；二是任职资格。常用的编制职位说明书的方法有资料分析法、访谈法、观察法、问卷调查法、关键事件记录法等。

所谓工作评价，就是根据工作分析的结果，按照一定标准，对工作的性质、强度、责任、复杂性以及所需要的任职资格等因素的差异程度，进行综合评价的活动。基于工作职位的薪酬等级的评定与划分主要有六种方法，即职位排序法、职位分类法、因素比较法、要素计点法、评分法和海氏评价法。

一般来说，基于工作职位建立、实施薪酬制度，主要经过以下环节：职位定级定等、进行市场薪酬调查、建立薪酬等级、建立薪酬幅度、确定一定的薪酬重叠和确定具体的薪酬计算方法。

案例分析

1. 从永泰网络公司薪酬发放的实际情况来看，该公司发放薪酬的依据是员工所从事的工作职位，即该公司是以工作职位为基础建立薪酬制度，并给员工发放薪酬的。这种薪酬制度按照工作职位系列进行薪酬管理，操作简单，管理成本较低，能够实现同工同酬。在基于工作职位的薪酬制度下，工作职位晋升和基本薪酬增加之间的连带性增强了员工提高自身工作技能和能力的动力，而且与基于技能和能力的薪酬制度相比，基于工作职位的薪酬制度更容易实现薪酬发放的客观和公正。

2. 由于永泰网络公司采用的是基于工作职位的薪酬制度，在该种薪酬制度下，对员工的薪酬发放是以员工所从事的工作职位为依据，不同工作职位在企业内的相对重要程度不同，因此员工所能够获得的薪酬待遇也会有所差异。就永泰网络公司的新产品研发经理、系统工程经理和项目管理经理职位来看，尽管都属于经理职位，但是三者在永泰网络公司内的相对重要程度并不相同。其中，新产品研发经理职位在永泰网络公司内的相对重要程度最高，项目管理经理职位在永泰网络公司内的相对重要程度最低，因此即使都是经理职位，永泰网络公司的新产品研发经理、系统工程经理和项目管理经理的薪酬水平是不一样的。

3. 从永泰网络公司新产品研发经理、系统工程经理和项目管理经理职位目前的薪酬结构来看,系统工程经理的基本薪酬总额所占的比重明显低于新产品研发经理和项目管理经理,但系统工程经理的变动收入所占的比例却是最高的。这主要是因为基于工作职位建立和实施的薪酬制度,是以工作分析和工作评价为基础的,即在工作分析基础上通过工作评价将工作职位的劳动价值、职位承担者的贡献与工资报酬有机结合起来,通过对职位劳动价值的量化比较来确定企业工资等级结构,实现薪酬内部公平。因此,在永泰网络公司内,不同工作职位的薪酬结构会有所不同。

思考题

1. 如何理解基于工作职位的薪酬制度的含义和特点?
2. 简述工作分析的重要性。
3. 列举工作分析的基本方法。
4. 如何编写职位说明书?
5. 工作评价的方法有哪些?它们的区别是什么?
6. 简述基于工作职位划分薪酬等级的重要意义。
7. 如何进行基于工作职位的薪酬等级的评定与划分?
8. 在进行基于工作职位的薪酬等级的评定与划分的过程中,应该注意哪些问题?

第四章 基于任职者技能和能力的薪酬制度

引导案例

X工程有限公司的薪酬制度

X工程有限公司主要从事轻钢结构工程的生产和施工，以及彩色金属波纹、复合夹芯板的生产，公司总占地面积为27 000平方米，其中生产车间建筑面积为8 000平方米。目前，X工程有限公司的总资产达到2 000多万元，固定资产1 200万元，工程遍布全国各地。

为了进一步深化改革，充分体现按劳分配、多劳多得的分配原则，X工程有限公司制定了新的薪酬分配方案，该方案打破了干部和工人的界限，充分考虑员工技能的不同，把职位对技术的要求体现在员工的技能差异上，以技能为基础建立薪酬制度，进行薪酬分配。X工程有限公司基于员工技能的薪酬制度如表4－1所示。

根据表4－1，X工程有限公司对技师职位薪酬等级的设定如下：一年以下的在岗技师按照十七级薪资标准发放薪酬；一年以上两年以下的在岗技师按照十六级薪资标准发放薪酬；两年以上三年以下的在岗技师按照十五级薪资标准发放薪酬；三年以上五年以下的在岗技师按照十四级薪资标准发放薪酬；五年以上的在岗技师按照十三级薪资标准发放薪酬。此外，取得普通工种中级操作证书或者特殊工种操作证书的技师，其薪资标准在现有基础上上浮一个等级，但浮动上限不得超过十三级薪资标准。

另外，X工程有限公司以技能为基础建立起来的薪酬制度，把普通员工职位划分为五类工种，包括以下具体薪酬方案。

第一类工种，包括工程处的瓦工、抹灰工、木工(含木加工的木工)、捣固手、钢筋工、架子工、电焊工(含钢窗厂焊工)、塔吊车司机(含汽车吊司机)、汽车驾驶员、装载机手，机运处的挖掘机、推土机和压路机机手，土方及运输组司机，安装处的水电安装工、塔吊安装拆卸维修工。此类普通员工试用期满按照十七级薪资标准发放薪酬，一年以上两年以下者按照十六级薪资标准发放薪酬，两年以上四年以下者按照十五级薪资标准发放薪酬，四年以上者按照十四级薪资标准发放薪酬。此外，取得普通工种中级操作证书或特殊工种操作证书的员工，其薪资标准在现有基础上上浮一个等级，但浮动上限不得超过十三级薪资标准。

表 4-1　X 工程有限公司基于员工技能的薪酬制度

职称	级别	技能薪酬/(元/月)	职务	工种
	一级	2 480	股份公司董事长、股份公司总经理	
正高职称	二级	2 330		
正高职称	三级	2 180	股份公司副总经理、股份公司总工程师、总会计师、总经济师	
正高职称；副高职称	四级	2 030		
正高职称；副高职称	五级	1 880	一级公司经理、股份公司部门经理、总经理助理、股份公司副总工程师、副总会计师、副总经济师	
副高职称	六级	1 760		
副高职称；中级职称 主办科员	七级	1 640	二级公司经理、股份公司副经理、一级公司副经理、一级公司分公司经理、一级公司部长(厂长)、总工程师、总会计师、总经济师	
中级职称 主办科员	八级	1 520		
中级职称 主办科员	九级	1 400		
中级职称 主办科员	十级	1 290	二级公司经理、一级公司分公司副经理、项目经理、主任工程师、一级公司副部长、二级公司部长(厂长)、三级公司经理	
助理级职称 主办科员技师	十一级	1 180		
助理级职称 主办科员技师	十二级	1 070	分公司部门主任	
助理级职称 主办科员技师；员级职称 科员	十三级	970	分公司部门主任	第一类工种
助理级职称 主办科员技师；员级职称 科员	十四级	870	分公司部门主任	第一类工种；第二类工种
员级职称 科员	十五级	770		第一类工种；第二类工种；第三类工种
员级职称 科员	十六级	690		第一类工种；第二类工种；第三类工种；第四类工种
	十七级	610		第一类工种；第二类工种；第三类工种；第四类工种
	十八级	530		第一类工种；第二类工种；第三类工种；第四类工种；第五类工种
	十九级			

第二类工种，包括小型机械手（小翻斗车手、拌合机手、卷扬机手），工地电梯工，水电维修工，网铝合金厂的放样工、裁床工、组装工、油漆工、玻璃工，建材厂的机械手，机运处修理厂的修理工、车工、钳工、铣工、锻工、镗工，无中级五大证书的员工（施工员、材料员、预算员、质量检查员、安全员），持证上岗的一、二级厨师，机械设备管理员，塔吊指挥员。此类普通员工试用期满按照十八级薪资标准发放薪酬，一年以上两年以下者按照十七级薪资标准发放薪酬，两年以上四年以下者按照十六级薪资标准发放薪酬，四年以上者按照十五级薪资标准发放薪酬。此外，取得普通工种中级操作证书或特殊工种操作证书的员工，其薪资标准在现有基础上上浮一个等级，但浮动上限不得超过十四级薪资标准。

第三类工种，包括工地现场材料验收员、仓库保管员、持证上岗的三级厨师以及无证主厨、电脑打字员、无职称出纳员、工地保卫消防员、水电抄表员。此类普通员工试用期满按十八级薪资标准发放薪酬，一年以上两年以下者按照十七级薪资标准发放薪酬，两年以上四年以下者按照十六级薪资标准发放薪酬，四年以上者按照十五级薪资标准发放薪酬。此外，取得普通工种中级操作证书或特殊工种操作证书的员工，其薪资标准在现有基础上上浮一个等级，但浮动上限不得超过十五级薪资标准。

第四类工种，包括工地普工（含混凝土养护工）、食堂采购员、厂内电梯工、保育员、门诊挂号收费员、后勤仓库保管员、机关收发员、电话总机员、车场门卫、公司保安队。此类普通员工参加工作不满四年者按照十八级薪资标准发放薪酬，四年以上者按照十七级薪资标准发放薪酬。

第五类工种，包括各处取报员、接待员、复印员、普通炊事员、各类清洁工及勤杂人员。此类普通员工参加工作不满四年者按照十九级薪资标准发放薪酬，四年以上者按照十八级薪资标准发放薪酬。

上述工种的年限是指本作业工种人员的在岗年限，如转换作业工种，则可以按照原职位的三年工作年限折算为新职位的一年工作年限的标准，进入新职位相应的薪资等级。以上各类工种人员，随着职位的变化及时调整其职位技能标准。技术突出者，经 X 工程有限公司劳动竞赛委员会批准，可以提前晋升或越级晋升。凡属五类工种的员工，能够在较好地完成本职范围内工作的同时，又兼职其他职位的工作，经 X 工程有限公司批准后，可以在原职位技能薪资等级的基础上向上浮动薪资等级，但浮动上限最高不超过十三级薪资等级。凡属新调入上述五类工种的员工，调入当年均按职位进入相应工种的最低薪资等级，在参加 X 工程有限公司统一考核后再做调整。

由此可见，X 工程有限公司基于员工技能的薪酬制度是为了进一步调动员工努力工作和学习业务的积极性，增强员工的责任心和上进心，切实保证贡献大、责任重、素质高的员工多劳多得。

案例讨论题

1. 你认为 X 工程有限公司的薪酬制度科学吗?
2. 如何理解技能、能力与公平原则之间的关系?
3. 这样的薪酬制度是否具有积极的激励效果? 会产生不利的影响吗?

当前,随着经济环境的变化和人力资源管理的发展,许多企业管理者认识到要提高企业的运行效率,达到企业的经营目标,就不能将员工的工作拘泥于特定的职位描述,必须鼓励员工尝试更多的工作,钻研更新的工作方法。因此,许多企业改变了原来仅凭职位决定员工薪酬的制度,提出了新型薪酬制度这一概念。新型薪酬制度主要包括以技能为基础的薪酬、以能力为基础的薪酬和以绩效为基础的薪酬。

技能/能力薪酬制度是以员工所具备的技能/能力作为薪酬支付的根本基础,即以人的技能或能力要素作为薪酬支付的直接对象。技能/能力薪酬制度认为员工获得报酬的差异主要来自人本身的技能或能力水平之间的差异,而非职位等级或职位价值的高低。技能/能力薪酬制度的基本假设在于:企业为员工的能力开发进行投资培养,激励其提高技能或能力水平,员工自然就会更好地履行岗位职责,创造优良的绩效,并且相信“有好的技能或能力,就会有好的结果”。显然,技能/能力薪酬制度主要适用于企业中的技术工人、技师、科技研发人员、专业管理者等。

第一节　技能薪酬制度

一、技能薪酬制度的含义

技能是掌握并能够运用专门技术的能力,包括初级技能和技巧性技能。前者是借助于有关的知识和过去的经验,经过练习和模仿而达到“会做”某事或“能够”完成某种工作的水平;后者则要经过反复练习,完成一套操作系统以达到自动化的程度。

技能薪酬制度是指组织根据员工所掌握的与工作有关的技能、能力以及知识的深度和广度来支付基本薪酬的一种薪酬制度。这种薪酬制度的显著特征是员工所获得的薪酬与其所掌握的知识、一种或多种技能相联系,而不与其所从事的工作职位联系在一起。换言之,组织更多的是依据员工所拥有的相关工作技能而不是其承担的具体工作或职位的价值来对员工支付薪酬,并且员工的薪酬上涨也取决于员工个人所掌握的技能水平的上升,或者已有技能的改善。由此可见,实行技能薪酬制度的目的在于鼓励员工获得额外的技能，这样能够增强员工自身的竞争优势，增加其对于企业的价值。当员工获得其他工作的相关技能时，无论是个人还是其所在的部门都能够从中获益。

二、技能薪酬制度的类型

技能薪酬制度通常包括深度技能薪酬制度和广度技能薪酬制度两种类型。

（一）深度技能薪酬制度

深度技能薪酬制度是在一个范围较为明确的、具有一定专业性的技术或专业领域中，根据不断积累而形成的专业知识、技能和经验来发放薪酬。在深度技能薪酬制度下，员工要想达到良好的工作绩效，一开始可能只需要胜任一些相对比较简单的工作内容，然后逐渐还要从事一些需要运用较为复杂技能的活动。

深度技能的培养往往是一个沿着某一专业化的职业发展通道不断上行的过程。事实上，典型的工程师的技能和职业发展就是一种深度技能积累的过程，如图 4－1 所示。

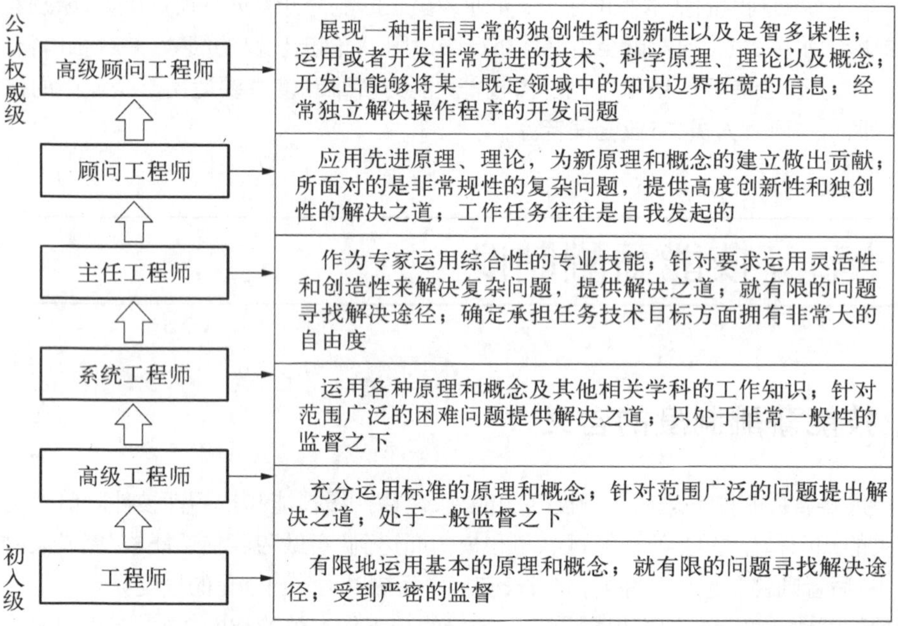

图 4－1　工程师的技能和职业发展

（二）广度技能薪酬制度

与深度技能薪酬制度不同，广度技能薪酬制度根据员工在从事工作时，需要运用其上游、下游或者是同级职位上所要求的多种一般性技能来发放薪酬。在实际工作过程中，广度技能不但要求任职者胜任在自己的职位簇范围内需要完成的各种工作，而且还要掌握本职位簇之外的其他职位所需要完成的那些一般性工作任务，如表 4－2 所示。

表 4－2　广度技能

<table>
<tr><th>职位名称</th><th colspan="3">以技能为基础</th></tr>
<tr><td>码链工</td><td rowspan="4">技能 C</td><td rowspan="6">技能 B</td><td rowspan="8">技能 A</td></tr>
<tr><td>包装工</td></tr>
<tr><td>清洗工</td></tr>
<tr><td>超声检测工</td></tr>
<tr><td>测量工</td><td></td></tr>
<tr><td>装配工</td><td></td></tr>
<tr><td>打铆工</td><td></td><td></td></tr>
<tr><td>领导、监督及工时安排等相关职位</td><td></td><td></td></tr>
</table>

三、技能薪酬制度的特点

（一）技能薪酬制度的特征

技能薪酬制度与员工所掌握的技能存在较大联系，采用技能薪酬制度，能够有效提高人员和工作的流动性。以酒店为例，每天下午 4 点到 7 点，酒店管理者会将部分员工临时调到前台工作，因为这段时间前来登记住宿的客人非常多。7 点过后，部分员工又会转到餐厅工作，以满足餐厅在这段时间内对员工的需求。通过提高员工的流动性，管理者可以保证客人无论是在登记还是在就餐时，都不用等待很长时间，从而用较少的人力完成了较多的工作量。在这种情况下，由于部分员工不是从事固定的工作，原来以职位为基础的薪酬制度对这批员工来说就不适合了，而以技能为基础的薪酬制度则能够满足这种情况的需要。

此外，技能薪酬制度也为员工提供了更多的薪酬增长机会。这是因为职位的职能通常比较稳定，所以以其为基础的薪酬增长速度不会很快。而以技能为基础的薪酬随着员工技能的增长而增长，能够为员工提供较大的薪酬增长空间，这也使得员工更加重视自身的技术发展和技能水平的提高，并对自己所从事的工作更加用心，进而激发整个企业改进技术的潜能，提高经营效率。

总体来看，技能薪酬制度具有以下几点显著特征。

1. 以“人”为本的薪酬设计

技能薪酬制度的核心特点，就是以“人”为中心进行薪酬制度设计。以人为基础的薪酬和以职位为基础的薪酬，最大的区别在于：前者以任职者个人的特质和能力为基础，关注的是员工在获取组织需要的知识、技能与能力方面的差异；后者以职位为基础，关注员工所从事的工作之间的差异。

2. 以技能的提高为支付依据

在技能薪酬制度下，薪酬支付的依据是员工个人所掌握的、经过组织认可和鉴定程序认可的知识、技能与能力水平。

3. 技能薪酬制度具有两面性

一般认为，基于任职者的薪酬制度能够激发员工做出贡献的潜能，但这也正是技能薪酬制度的优势和不足形成的原因之一。由于组织奖励的是员工所掌握的知识与技能，其假设的条件在于：员工掌握的知识与技能越多，员工的工作效率就会越高，弹性也就越大。然而，如果知识与技能不能够在工作中得到使用或者恰当地使用，组织预期的绩效水平很可能会无法实现。

（二）技能薪酬制度的优点

技能薪酬制度的支持者认为，不论是个人还是企业都可以从使用技能薪酬制度中获得好处。从企业的角度来看，技能薪酬可以鼓励员工在职位之间的流动，同时技能薪酬比较适合员工参与度高的组织设计，可以减少劳动力成本。

具体来看，对于企业而言，采用技能薪酬制度的好处是显而易见的：生产率提高、成本降低、产品质量提高、员工数量精简、降低员工的旷工率和流动率，以及员工与管理人员之间会建立起良好的关系。而对于员工而言，通过技能薪酬制度能够获得的好处包括：个人平均工资增长、工作稳定性提高、员工对企业的理解增进、员工自我管理能力提高、员工满意度提升、员工责任感增强等。

总体而言，技能薪酬制度具有以下优点。

(1) 有利于员工和组织适应市场上快速的技术变革。

(2) 有助于达到较高技能水平的员工，实现对组织更为全面的理解。

(3) 有利于鼓励优秀的专业人才安心本职工作，同时有利于防止组织出现两个方面的损失：一是因为失去优秀技术专家所遭受的损失，二是由于接收了不良的管理者而受到的损失。

(4) 在员工配置方面为组织提供了更大的灵活性，从而有利于新技术的引进。

(5) 有助于高参与型管理风格的形成，从而在提高生产率、降低成本、改善质量的同时，降低员工的缺勤率和离职率。

（三）技能薪酬制度的缺点

技能薪酬制度主要有以下几点不足之处。

(1) 由于企业往往要在培训及工作重组方面进行投资，结果有可能出现薪酬在短期内上涨的状况。

(2) 这一制度要求企业在培训方面付出更多的财力，如果企业不能通过管理将这种人力资本投资转化为实际的生产力，则企业可能会因此无法获得必要的利润。

(3) 技能薪酬制度的设计与管理都要比职位薪酬制度更复杂，因此要求企业有一个更为复杂的管理结构，至少需要对每一位员工在技能的不同层级上所取得的进步加以记录。

(4) 采取技能薪酬制度会使企业的投资回报率相对较低。

(5) 技能薪酬制度可能会导致管理的复杂化，甚至出现官僚主义。

(6) 技能等级的评估比较困难。由于不同类型的工作职位所要求的技能的内容及其层次会有很大的差别，所以必须针对不同类型的职位和人员分别制定技能等级评价标准。

(7) 为技能定价要比为职位定价更困难。

四、技能薪酬制度的设计流程

（一）成立技能薪酬制度设计小组

技能薪酬制度的制定通常需要建立一个指导委员会和一个设计小组。此外，还有必要挑选出一部分员工作为主题专家，以便于在设计小组遇到各种技术问题时提供协助。

（二）进行工作任务分析

为了清楚地了解在一个组织中所要完成的所有工作任务，有必要依据一定的格式和规范将这些工作任务描述出来。有了这些标准化的任务描述和分析，就能够理解为了达到一定的绩效水平所需要的技能层次。

（三）评价工作任务，创建新的工作任务清单

这一步实际上是要求设计小组在对工作任务进行分析的基础上，评价各项工作任务的难度和重要程度，然后重新编排任务信息，对工作任务进行组合，为技能等级模块的界定和定价打下基础。

（四）技能等级模块的界定和定价

1. 技能等级模块的界定

所谓技能等级模块，是指员工为了按照既定的标准完成工作任务而必须执行的一个

工作任务单位或者一种工作职能。实际工作中,可以根据技能模块中所包含的工作任务的内容来对技能模块进行等级评定。

2. 技能等级模块的定价

对技能等级模块的定价,实际上就是确定每一个技能单位的货币价值,虽然这一操作步骤的重要性得到了认可,但是也没有一种标准的技能等级模块定价方法,即并不存在一种能够将技能等级模块和薪酬联系在一起的标准方法。尽管如此,在对技能等级模块进行定价的时候,任何组织都需要做出两个基本的决定:一是确定技能等级模块的相对价值;二是确立对技能等级模块定价的机制。

(五) 技能的分析、培训与认证

在设计和推行技能薪酬制度的最后一个阶段,要关注如何使员工置身于该制度之中,对员工进行培训和认证。在对员工的现有技能进行分析的同时,还要制定培训计划、技能资格认证计划以及追踪管理工作成果的评价维度。

1. 员工技能分析

对员工进行技能分析的目的在于确定员工当前处于何种技能水平。员工技能的评价者应当由员工的直接上级、同事、下级以及客户共同构成。这些人主要从各自不同的角度向被评价员工的上级提供评价意见。不过,同事之间的相互评价要慎用,尤其是在同事之间的人际关系紧张的时候。同时,在进行实际的技能评价之前,评价各方应当能够对评价标准达成共识。

2. 培训计划

由于技能分析与评价能够确定每位员工的实际技能水平,因此该项工作所提供的信息对于制定员工的培训计划来说是相当重要的。员工培训计划需要确定两个要点:一是员工的培训需要;二是采取何种方式进行培训最为合适。

五、技能薪酬制度的应用

技能薪酬制度最先在工厂和其他一些蓝领工作占主导地位的组织中赢得了广泛的运用。当时,实施技能薪酬制度的一个主要目的是借助技能薪酬制度来拆散一些工作范围过于狭窄的职位,以及打破一些过于严格的工作规则,如“只有电工才能换灯泡”之类的规定。

后来,技能薪酬制度在另外一个方面的价值也显示出来,即在流程型组织中为员工提供报酬,并增强对员工的激励,因为在这种组织中,速度、灵活性和生产率是至关重要的。此外,随着竞争的加剧,国际企业界开始逐步从根本上修正自己的管理哲学和薪酬哲学,而技能薪酬制度至少在表面上适应了20世纪90年代以后开始流行的员工授权战略。

近年来,技能薪酬制度已经广泛应用于电信、销售、银行、保险公司以及其他一些服务行业的公司,成为一种重要的薪酬决定模式。技能薪酬制度所涵盖的职位也扩展到了白领和专业技术工人领域。实践证明,技能薪酬制度能够在任何类型和任何规模的组织中存在。美国《商业周刊》一项关于技能工资的使用情况和效果的调查研究表明,技能薪酬制度已经在美国30%以上的企业中推广使用,并为员工特别是知识工作者带来了更高的绩效和满意度。

例如,在世界知名的微软公司中,以传统的职位为基础的薪酬制度正在逐步转化为以业绩或技能为基础的薪酬制度。微软公司的做法是这样的:为技术人员和管理人员提供两条平行的工资晋升途径,并在每个专业领域设立了技术级别。这种技术级别用数字表示,既反映了员工在公司内的表现和基本技能,又反映了员工的经验阅历,并根据技术级别确定员工的工资水平。比如在开发部门,每年开发经理对全体员工进行一次考核,并确定技术级别,所有的员工都可以相互比较以充分认识到公司对自己技能的认可程度。微软公司把程序开发员定为15个级别,一个从大学里招聘的新雇员一般是10级,每年对程序开发员进行测评以决定晋级情况,一般需要6～18个月可以升一级,有硕士学位的员工升得会快一些,或一开始定位为11级。而微软公司对各技术级别的要求包括:12级员工的技能要求是编写代码准确无误,在某个项目上基本可以应付一切事情;13级员工的技能要求是可以从事跨商务部门的工作;14级员工的技能要求是可以影响跨越部门的工作;15级员工的技能要求是可以影响整个公司范围内的工作。

由微软公司采用技能薪酬制度的具体做法可知,技能薪酬制度通常适用于所从事的工作比较具体而且能够被界定出来的操作人员、技术人员以及办公室工作人员。此外,技能薪酬制度更适用于一些规模较大的企业,因为这些企业在提供培训机会和支付高额培训费方面更有优势。资料显示,《财富》杂志上的500家大型企业有50%以上的公司至少对一部分员工采用了技能薪酬制度,并且在实行技能薪酬制度的企业中,有60%的人认为技能薪酬制度在提升组织绩效方面是成功的或非常成功的。

值得一提的是,技能薪酬制度的应用应该与企业的人力资源开发战略结合在一起,这是因为技能薪酬制度本质上也是一种开发性的薪酬管理方案。作为一种激励的机制和方法,技能薪酬制度要求企业能够在人力资源开发上提供支持。这里包括三个方面的含义:一是企业能否注重对员工技能的开发,例如,在观念上把员工作为企业的最大资源,把发展员工的技能作为获取竞争优势的来源,而不是把教育和培训单纯地作为成本;二是企业能够通过招聘吸引并甄选出具备企业所需技能的应聘者,或者更重要的是具备学习能力且愿意学习的应聘者;三是企业有能力通过各种途径培训员工的技能,包括企业的培训预算、企业获得的学习渠道、企业的培训能力等。

六、技能薪酬制度实施的五个运行机制

从技能薪酬制度的实际应用情况来看,完善的技能薪酬制度的实施,需要具备以下五

个运行机制：

(1) 建立完善的技能分析机制，以便于对技能群和技能水平进行精确的定义；

(2) 在同一个技能群中，需要对不同的技能水平确定不同的工资水平；

(3) 拥有监管工资系统运行的一系列政策，以及解释这些政策的合适的理由；

(4) 明晰技能认证和再认证程序，包括：由谁来进行技能认证、如何进行技能认证、何时进行技能认证以及解释等；

(5) 具有沟通原则以及解释政策的适当的理由。

第二节　技能分析与评价

技能薪酬制度是将对员工技能的分析作为设计基本薪酬结构的依据。在实施技能薪酬制度的过程中，其关键环节是如何分析和评价人的技能。此外，技能薪酬制度的基础在于确定技能的价值，而技能的价值又是以组织目标以及为实现组织目标所必须完成的各项工作任务为依据的。对于组织而言，如果某技能对完成组织目标毫无帮助，那么不论其如何难以获得，都是没有价值的。因而，技能价值的确定乃至技能薪酬的设计也是从技能分析开始的。

一、员工技能的分析方法

(一) 功能性工作分析

由美国劳工部制定的功能性工作分析(Function Job Analysis，FJA)，既包括工作特点分析，又包括员工特点分析。在美国企业进行人事管理的过程中，经常用到 FJA 法，该方法以员工所需发挥的功能与应尽的职责为核心，列出了需要加以收集和分析的信息类别，规定了工作分析的内容。按照这套方法，工作分析应该包括对某一工作的特点和担任该项工作的员工的特点进行分析。

1. FJA 法的基本假设

采用 FJA 法进行工作分析，应遵循以下基本假设：

(1) 明确区分“完成什么工作”与“员工应该如何完成工作”的不同；

(2) 每个工作均在一定程度上与人、事、信息相关；

(3) 对事件要用体能完成，对信息要用思考处理，对人要用人际关系的方法解决；

(4) 尽管执行任务的方法有很多，但要完成的职能是有限的；

(5) 每一种职能都依赖于员工的特性与资格来达到预期的绩效;

(6) 与人、事、信息相关的功能中,复杂的功能包含了简单的功能。

2. FJA 法的四个部分

FJA 法主要包括任务描述、工作特点分析、员工特点分析等组成部分。

(1) 任务描述。分析员工需要完成什么样的工作。

(2) 工作特点分析。通过工作者的功能量表,分析员工应该如何完成某项工作。其中,工作特点包括工作职责,工作的种类,材料、产品、知识范畴这三类。员工的职能则是指员工在工作过程中与人、事、信息打交道的过程。任何工作都离不开人、事、信息这三个基本要素,而每一个要素所包含的各种基本活动,又可以按照复杂程度的不同划分为不同的等级,如表 4-3 所示。

表 4-3 要素活动的等级

人	事	信　息
0 指挥	0 创建	0 综合
1 谈判	1 精密作业	1 协调
2 指导	2 操作—控制	2 分析
3 监督	3 开动、操作	3 编辑
4 牵制	4 熟练操作	4 计算
5 劝导	5 照管、供应	5 复制
6 交流—示意	6 进料及取货	6 比较
7 服务	7 处理	7 无重要关系
8 接受指导	8 无重要关系	

(3) 员工特点分析。分析员工正确完成工作所必备的条件,可具体围绕以下几个方面展开:在培训方面,主要分析员工的常规教育和职业培训情况;在能力方面,主要分析员工的智力、动作协调性、手的灵活性;在个性方面,主要分析员工的适应性、果断性、压力承受能力;在身体状况方面,主要分析员工的视力、身高、体重、握力、血压。

(4) FJA 法要考虑四个因素。其包括:在执行工作时需要得到多大程度的指导;在执行工作时需要运用的推理和判断能力应该达到什么程度;完成工作所要求具备的数学能力有多强;在执行工作时所要求的口头及评议表达能力如何。

3. FJA 法的特点

FJA 法的核心是分析工作的职能,其是通过分析工作者在执行工作任务时对人、事、信息的特征进行的,因此这种分析方法的主要特点是将工作的写实描述与功能的抽象评级相结合,最终完成对工作职能的分析。

(二) 职位技能评级

职位技能评级(Factor Evaluation System,FES)是根据技能水平、知识范围、监控程度等要素对员工进行分析,并评定其职位技能等级的方法。美国联邦政府雇员的非主管职位采用 FES 因素评价系统的评分表,结合联邦政府雇员普通目录(GS)等级换算表,对职位进行评级,结果如表 4-4 所示:

表 4-4 美国联邦政府雇员的非主管职位的职位技能评级

技能水平	知识范围	监控程度	指导程度	复杂性	工作范围和影响	人际交往情况	人际交往目的	身体素质	工作环境
1	50	25	25	25	25	10	20	5	5
2	200	125	125	75	75	25	50	20	20
3	350	275	275	150	150	60	120	50	50
4	550	450	450	225	225	110	220		
5	750	650	650	325	325				
6	950			450	450				
7	1 250								
8	1 550								
9	1 850								

其中,FES 评分与 GS 等级换算如表 4-5 所示。

表 4-5 FES 评分与 GS 等级换算

GS 等级	FES 评分范围	GS 等级	FES 评分范围
1	190～250	6	1 105～1 350
2	255～450	7	1 355～1 600
3	455～650	8	1 605～1 850
4	655～850	9	1 855～2 100
5	855～1 100	10	2 105～2 350

续 表

GS 等级	FES 评分范围	GS 等级	FES 评分范围
11	2 355～2 750	14	3 605～4 050
12	2 755～3 150	15	4 050 以上
13	3 155～3 600		

根据美国联邦政府雇员的非主管职位采用 FES 因素评价系统进行职位等级评定的情况可知，FES 法的主要特点是重视工作所需要的知识范围，并对工作进行抽象评级，且实际应用过程也非常简便。

（三）弗莱希曼工作分析系统

弗莱希曼(Fleishman)工作分析系统专门分析工作对人的能力提出的要求。这种分析方法把能力定义为引起个体绩效差异的持久性的个人特性。该方法建立了 52 种能力分类，充分代表与工作有关的各种能力，包括认知能力、精神运动能力、身体能力以及感觉能力等，如表 4-6 所示。

表 4-6 弗莱希曼工作分析系统中的 52 种能力因素

1. 口头理解能力	10. 数字熟练性	19. 知觉速度	28. 手工技巧	37. 动态灵活性	46. 景深视觉
2. 书面理解能力	11. 演绎推理能力	20. 选择性注意力	29. 手指灵活性	38. 总体身体协调性	47. 闪光敏感性
3. 口头表达能力	12. 归纳推理能力	21. 分时能力	30. 手腕—手指速度	39. 总体身体均衡性	48. 听觉敏感性
4. 书面表达能力	13. 信息处理能力	22. 控制精度	31. 四肢运动速度	40. 耐力	49. 听觉注意力
5. 思维敏捷性	14. 范畴灵活性	23. 多方面协调能力	32. 静态力量	41. 近距视觉	50. 声音定位能力
6. 创新性	15. 终止速度	24. 反应调整能力	33. 爆发力	42. 远距视觉	51. 语音识别能力
7. 记忆力	16. 终止灵活性	25. 速率控制	34. 动态力量	43. 视觉色彩区分力	52. 语音清晰性
8. 问题敏感度	17. 空间定位能力	26. 反应时间	35. 躯干力量	44. 夜间视觉	
9. 数学推理能力	18. 目测能力	27. 手—臂稳定性	36. 伸展灵活性	45. 外围视觉	

根据弗莱希曼工作分析系统的52种能力因素,采用7分刻度衡量,由主题专家进行评价打分,即可完成对员工技能等级的评定。

弗莱希曼工作分析系统的主要特点是能对工作的能力要求提供一个量化的全景描述,具有广泛的实用性。

二、员工技能的评价与鉴定

(一) 技能的界定

技能是构建技能模块的基本要素,是一个人所做工作的具体说明,如钉钉子的技能、锯木板的技能等。员工所掌握的技能基本上可以被划分为三个水平层次,即初级、中级和高级,每个层次均代表员工掌握某种技能的熟练程度。

员工的技能模块一般由三种技能要素构成,包括基础技能(此类技能是必备的)、核心技能(这些技能对于整个系统的运作是必不可少的)和选择技能(这是附加的专业化能力)。例如,在某企业内技术人员可以分为1级、2级、3级、4级。对于所有级别的技术人员来说,为了掌握基础技能,首先都要参与以下培训:观看材料处理与危险性材料识别的录像、为期几天的安全研习班、为期半天的上岗培训等。也就是说,通过以上几项技能培训项目,要求所有的技术人员都要掌握基础技能。而鉴于核心技能的点值不同,有些核心技能(如焊接、绘画、几何、检验等)对于不同级别的技术人员来说,要求其掌握核心技能的程度不同。例如,技术1级要求掌握总计40点的核心技能,而技术2级要求掌握总计140点的核心技能,以此类推。关于选择技能则根据具体的岗位和情况,来做相应的要求(因为此类技能不是所有技术人员都必须掌握的)。

(二) 技能评价的三个维度

1. 技能深度

技能深度(Depth of Skills or Knowledge)是指员工所掌握的特定技能的专业水平的高低。在生产性企业的一线生产车间里,经常会听到“熟练工”和“新手”的称呼。很多时候,被称为“熟练工”的员工并不比“新手”员工级别更高、掌握的技能更多,而是特指在某一特定技能上,有些员工更为熟练,通过相同工序做出的产品更符合要求。也就是说,“熟练工”在某一特定技能上水平更高,而“新手”相对水平较低。例如,在木工车间内,有“用刨子手工刨平木材”这一工序。员工甲是个老木工,可能操作几下就达到了要求。而员工乙参加工作时间并不长,技能还不够熟练,需要来回刨好几次,木料才会基本成型,如果仔细观察,甚至有些地方还不平整。由此可见,甲、乙两人的技能深度是有明显差距的。

2. 技能宽度

技能宽度(Width of Skills or Knowledge)是指员工掌握的与某项具体工作相关的技能

种类。员工掌握多种技能,就可以在多个职位上进行轮换。此时,员工为了完成一项具体工作,需要掌握好几种技能,也就是“十八般武艺样样都要懂”(当然,有时候并不要求员工每项技能都十分精通,只要掌握到一定程度就可以了)。例如,前几年某高校实施电子化办公和全面实施校园网,这项工作由该学校的网络中心来负责,其中第一项任务是要把网络线安排到每个办公室,使得每个办公室里的电脑都能够连接互联网。这项任务具体包括以下三项工作。第一,网络硬件设备在校内的铺设(网线的排设、中转设备的安装等),这项工作可以由工程队工人配合网络中心的员工来完成。第二,对于网络线路的检查工作。网络中心的员工要用特殊的设备检测铺设完成的网线是否通畅、有无断线。如果有断线,要判断出断线在何处。第三,当网线连接到办公室电脑以后,网络中心的员工要对每台电脑进行相应的软件调试,使每台电脑都能够上网。为此,网络中心的员工需要掌握多种技能和知识,如合理布线的知识、检测网络的技能、调试软件的技能等。

3. 技能垂度

技能垂度(Verticality of Skills or Knowledge)是指员工自我管理的能力和限度,包括时间规划、领导、协调、控制等。

(三)员工技能鉴定的工作要求

员工技能鉴定是一项基于职业技能水平的考核活动,由企业组织的考试考核机构对员工从事某种职位所应掌握的技术理论知识和实际操作能力做出客观的测量和评价。员工技能鉴定是企业对员工技能水平的评价及认可,是企业薪酬和人才选拔体系的一部分,员工技能鉴定的结果是员工薪酬及职位晋升的必要条件。做好员工技能鉴定,有利于企业用人、留人及人才的合理流动,促进企业人力资源管理的规范化和科学化。

员工技能鉴定的工作要求主要包括以下内容。

(1) 确定组织内每位员工所掌握的实际技能。

(2) 确定鉴定者、鉴定内容和鉴定方法。其中,鉴定者一般由来自多个方面的专业人士组成一个技能鉴定委员会;鉴定内容通常是根据企业技能模块的要求来设计的;鉴定方法主要有笔试测验、现场操作和情景模拟。

(四)技能模块的定价

技能模块的定价首先要确定技能模块的相对价值,然后进行外部市场调查。

1. 确定技能模块的相对价值

技能模块的相对价值可以从两个方面来评价。

首先是技能获取的难易程度,技能获取的难度越大,技能模块的价值就越高,这里的难度可以用时间、精力、成本来衡量。例如,在很多美发中心,都会有“发型师”“创意师”和“创意总监”这几个职位(在不同的美发中心,具体的职位名称可能会略有不同)。很明显,消费者请不同头衔的美发师美发所要花费的钱是不同的,也就是报价不同,“发型师”相对最低,而“创意总监”价格最高,这是因为“发型师”的美发技能相对一般,而“创意总监”则技艺高超。据业内人士介绍,美发师们大多会去一家国际性的美发学院进修,为期一周的基础课程竟要收费一万元。换句话说,某个美发工作人员,为了首先获得“发型师”资格,然后晋升为“创意师”,最后成为“创意总监”,在此过程中所消耗的精力、成本和时间是巨大的。所以,“创意总监”所掌握的技能对企业来说价值是最高的。

其次是技能模块相对于组织而言的重要性,某一技能模块对组织越重要,支付给掌握该技能模块的员工的薪酬也就越高。在高科技企业内,员工涉及的技能可能会有“产品研发技能”“内部管理技能”“财务运作技能”“市场营销技能”“产品销售技能”等。在某些特殊的领域内,某类产品的技术会被一家或几家企业所垄断。换句话说,只要企业能够不断研发出在行业内领先的产品,就能走在市场的前沿,就能垄断市场。相反,如果产品落后了,就算内部管理再科学、市场营销做得再好、销售做得再到位,顾客同样会毫不犹豫地抛弃该企业。在这种情况下,“新产品的研发技能”就成了决定企业生死存亡的最重要一环,体现了研发技能的重要性。

2. 外部市场调查

为了保证技能薪酬的外部竞争性,外部市场调查首先要选择与外部竞争组织相对的典型技能模块,寻找技能模块点数与薪酬水平之间的关系,从而确定组织内技能模块的市场薪酬线和薪酬政策线。值得一提的是,此处关注的是“对内”的方面,即当企业管理者认识到员工为了获得工作所需要的某种技能而要花费大量的时间、成本和精力,或者认识到某项对组织相当重要的技能模块,绝大多数管理者都会愿意为掌握此类技能的员工支付管理者认为较高的薪酬。但是管理者认为“较高”就真的“比较高”吗?答案是“不一定”,这是因为员工还会和市场相比较。举个简单的例子,某美发中心给“创意总监”的技能定价为1万元/月,但同类美发中心的技能定价为1.5万元/月,显然前者的技能定价距离市场定价是有一定距离的。由此可见,管理者还要做外部市场调查,确保技能模块定价同时具有内部公平性和外部公平性。

第三节　能力薪酬制度

一、能力薪酬制度的概念

能力薪酬制度是指企业根据员工所具备的能力或任职资格来确定其基本的薪酬水平。能力薪酬制度对人不对事,其中基于职位的能力占了职位薪酬总额的绝大部分。在能力薪酬制度下,员工能力水平和薪酬、晋升相挂钩,其设计的假设前提是能力高的员工一定能够取得较高的绩效，且管理者关注的是员工能力价值的增值，并使员工认识到高能力会取得高绩效，并因此获得高报酬。能力薪酬制度下的员工薪酬，会随着员工能力的提高而提高，能力最高者，其薪酬也最高。

能力薪酬制度下的能力不是一般意义上的能力，而是能够预测的优秀绩效的特定能力组合。而能力薪酬制度也是建立在比技能薪酬制度更为广泛的知识、技能、自我认知、人格特征、动机等综合因素基础上的基础薪酬体系。

二、能力薪酬制度的由来与发展

从发展过程来看，能力薪酬制度由来已久，例如，我国古代军队曾以武艺水平而非头衔作为军饷的发放标准。作为一种应用于组织生产的管理方式，能力薪酬制度的雏形被认为源于中世纪的学徒制；而现代意义上的能力薪酬范例则来自 20 世纪 60 年代的宝洁(P&G)公司。由于员工所具有的能力对于组织而言非常重要，这使得企业对于能力薪酬制度表现出越来越多的好感。首先，从战略层面来看，企业越来越强调核心能力的构建与强化，由此人的能力也成为企业能力最重要的载体。其次，从工作层面来看，人的技能和智能在工作中扮演着更重要的角色。工作对人的心智水平要求的提高，突破了传统意义上基于职位说明书“照章办事”的工作方式，组织需要人们通过更多的学习来加强技能的深度和拓宽技能的广度，从而能够灵活地应对变化，并创造性地完成工作。最后，从技术层面来看，工作内容的丰富化、工作关系的团队化和复杂化，使得传统意义上的职位分析、职位评价等方法受到挑战，人们开始把注意力投向对人本身的分析和评价。同时，越来越成熟的能力分析和评价技术，也为能力薪酬制度的发展提供了必要的技术支持。这些都推动了能力薪酬制度的发展，使其与职位薪酬制度、绩效薪酬制度一起成为现代薪酬管理最重要的方式之一。

随着知识与服务在经济发展过程中的作用越来越大，企业越来越重视对员工潜质的挖掘，由此给予最有能力的员工最高的报酬，利用报酬的增长刺激员工能力的增长，这已成为很多企业改进薪酬机制的目标。鉴于目前经济一体化趋势加强的形势与市场竞争的加剧以及高素质人才供不应求的局面，各企业发现组织的成功比以往任何时候都更加依赖于员工的技术、能力和表现。许多世界著名的公司都已将提高自身的核心竞争力作为下一步努力的方向，如通用电器、苹果公司等。这些企业已经意识到，要成为世界一流的公司，就要拥有世界一流的员工。因此，如果将企业中表现突出、对企业的市场竞争能力有决定性作用的员工的能力定为标准，然后通过相应的报酬机制，鼓励其他员工发展该项能力，显然能够提升企业的整体竞争力，而这正是西方国家许多企业采用这种薪酬制度的主要动力。

在美国和欧洲进行的一项调查表明，与能力有关的薪酬机制正在发达国家受到越来越多的关注。在参与调查的 700 多家美国公司中，有 16％的公司已经采用了这种薪酬体系，同时，78％的公司表示将考虑采用该机制。在欧洲，大约有 20％的公司采用了这种制度，并且一半以上的企业将其作为薪酬机制改革的首选方案。

此外，还有许多公司对能力薪酬制度进行了适当的变形或扩展，使其更加适应自身的需求。这种多样性恰恰反映了与能力有关的报酬体制的第二个发展趋向，即改变原来传统报酬体制中存在的单一、不灵活的特点。随着经济的发展，原来那种严格的薪酬等级制度、详细的职位描述以及评定，会将员工的贡献锁定在有限的几条职位职能描述中，无法拉开员工报酬的差距，从而不能充分调动员工的积极性，其已经成为制约员工能力发展的桎梏，取而代之的则是操作更加灵活多样的能力薪酬制度。可以预见的是，在不久的将来，能力薪酬制度甚至有可能会在更大范围内取代传统的薪酬制度，成为一种新的主流式薪酬体系，产生更加广泛而深远的影响。

三、能力薪酬制度的类别

“能力”是一个包含了技能、知识及人格特征的有层次的结构。美国著名心理学家麦克利兰于 1973 年提出了一个著名的素质“冰山模型”，用于描述人的素质情况。所谓“冰山模型”，就是将人员个体素质的不同表现形式划分为表面的“冰山以上部分”和深藏的“冰山以下部分”。其中，“冰山以上部分”包括基本知识、基本技能，是外在表现，也是容易了解和测量的部分，相对而言比较容易通过培训来改变和发展。而“冰山以下部分”包括社会角色、自我形象、特质和动机，是人内在的、难以测量的部分，不太容易通过外界的影响而得到改变，但却对人员的行为与表现起着关键性的作用。而能力薪酬也主要着眼于“冰山以下部分”。针对不同能力层次，能力薪酬有着不同的体现形式，主要包括技能薪酬(Skill-based Pay)、知识薪酬(Knowledge-based Pay)、胜任力薪酬(Competency-based Pay)和基于任职资格的薪酬(Qualification-based Pay)等。四种典型的能力薪酬制度如表 4－7 所示。

表 4－7　四种典型的能力薪酬制度

<table>
<tr><th>基于能力的典型基本薪酬制度</th><th>侧重的能力层次</th><th>基本联系面</th><th>薪酬所依托的能力构架</th><th>主要应用对象</th></tr>
<tr><td>技能薪酬</td><td rowspan="3">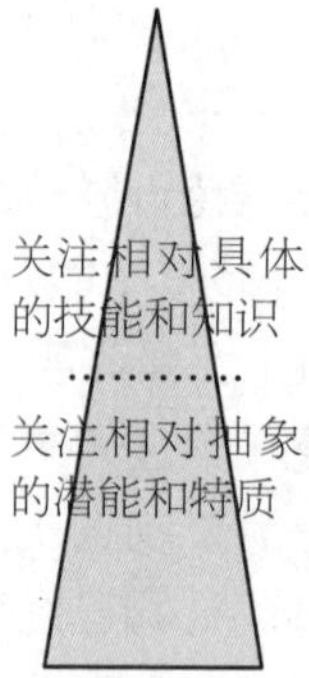</td><td>与具体的工作要求和技术要求密切联系</td><td>基于技能的深度和广度所构建的技能模块</td><td>蓝领技术工人和专业技术工人</td></tr>
<tr><td>知识薪酬</td><td>与专用性培训或通用性培训直接联系，关注员工的学习效果</td><td>基于培训体系构建的课程(学分)模块</td><td>技术工人及专业管理、服务和研究人员</td></tr>
<tr><td>胜任力薪酬</td><td>与组织的使命、愿景、价值观、战略目标等密切联系，关注个人的胜任特质和深层动机</td><td>基于企业文化和战略导向的胜任力模型</td><td>中高层职业经理、管理者及技术专家等白领人员</td></tr>
</table>

续 表

基于能力的典型基本薪酬制度	侧重的能力层次	基本联系面	薪酬所依托的能力构架	主要应用对象
基于任职资格的薪酬	综合技能、知识和胜任力等能力因素	与任职资格体系相联系，薪酬激励与职业发展紧密相连	综合了知识、技能和胜任力的任职资格体系	专业性的管理类、技术类和服务类人员

（一）技能薪酬

技能薪酬一般主要用于从事专业技术劳动的员工，也就是通常所说的蓝领技术工人，用以鼓励其在技能专业化上不断深化，成为专业领域内的专家，以及在技能的宽度上不断拓展，以具备更多的技能，而这些技能一般都要求与具体的工作内容密切联系。技能薪酬一般需要配套的技能培训、技能认证和鉴定机制作为支撑。

（二）知识薪酬

知识薪酬有时也被认为和技能薪酬是同一种薪酬体系，只是更强调员工的学习与培训。典型的知识薪酬计划直接将薪酬与员工参与的培训项目和培训课程（包括专业技能培训和通用技能培训）联系起来，"学分"成为薪酬点数的基础，并且基于员工的培训效果来支付薪酬或获得薪酬增长。知识薪酬计划的适用对象不局限于蓝领技术工人，也可用于对服务类、管理类和研究类人员进行激励。人们熟悉的培训生计划、在职或脱产攻读学历的培养计划、轮岗培训计划等学习结果都会与最终的薪酬水平相联系，这些都是知识薪酬计划的具体形式。

（三）胜任力薪酬

随着"胜任力"概念的提出，以及"胜任力模型"在人力资源管理实践中的应用，基于胜任力的薪酬制度也逐步发展起来。这里所关注的"胜任力"主要是指那些能够促使人们实现优秀绩效的"冰山以下部分"的深层人格特质，如"成就导向""诚信""自信"等"软能力"。这些"软能力"往往与组织的使命、愿景、价值观及战略目标的导向和要求紧密联系。因此，胜任力薪酬多被应用于企业内层次相对较高的各种知识性、专业性人才（如高级管理者、技术专家等）。

（四）基于任职资格的薪酬

这里的"任职资格"其实是将以上所涉及的技能、知识和胜任力等能力要素进行整合，建立能力等级序列。例如，人们通常所熟悉的"职称"，其实就是一种任职资格序列。除了国家或行业发布的标准化的职称或职业认证体系之外，用人单位往往也会根据实际需要开发自有的任职资格体系，并与职位体系一起作为人力资源管理的基础性平台。员工的培训、薪酬和职业生涯发展都可以与任职资格体系密切联系起来，形成一个综合的基于能力的开发、激励及职业发展的系统。

四、能力薪酬的表现形式

在执行能力薪酬的过程中，能力和薪酬两者之间通过什么样的方式联系起来，对很多企业来说都会面临着不同的选择。

1. 能力薪酬的三种基本形式

一般来说，能力与薪酬挂钩有三种基本形式。

第一种是在职位评价中体现能力，将薪酬同职位价值挂钩。这种方法在职位评价中加大了能力的权重，突出了能力的重要性。

第二种是将薪酬同任职资格挂钩，或者说将薪酬与个人角色挂钩，由角色来界定“要做什么事”和“需要什么能力”。

第三种是将薪酬直接地、完全地与个人能力挂钩。这是纯粹意义上的能力薪酬，这种方式并不计较员工应该做什么事情，而是完全依据员工的个人能力来确定薪酬。

无论是上述哪种挂钩形式都存在操作上的难点。其中，第一种形式必须准确确定能力的种类，并且给能力分配恰当的权重；第二种形式很难客观地将能力分等分级，员工认同性差，容易流于形式；第三种形式因为过于灵活，容易导致工资的膨胀，并且可能会与同工同酬的原则发生理念上甚至法律上的冲突，这些方面都是必须引起企业关注的。综合来看，能力应该在多大程度上影响薪酬，并没有固定的说法，薪酬设计是权变的，企业应该根据自身的情况来对这三种形式加以选择。

2. 能力要素与职位基础相结合的方法

对于很多中国企业来说，人力资源管理的基础平台要么尚未完善、健全，要么正处在全面推进基础建设的过程中。显然，相对于职位基础体系而言，能力基础体系的建设更加复杂，想要完全以能力为主线一气呵成，难度很大，加之职位薪酬的技术体系相对成熟，所以人们在实践中想出了很多以职位薪酬为基础和载体，来强化能力激励的捷径。下面三种在实务中经常使用的过渡性方法可供参考。

(1) 在进行职位评价时，增加报酬要素中有关能力要素的权重

这种方式思路简洁，在操作上难度也不大，但要注意的是在进行职位评价之前，要对增加能力要素权重的目的和设置做出明确的说明，并主动进行沟通，让人们更易于接受。

(2) 以职位评价定薪等，以能力评价入薪级

这种方式将职位评价和能力评价进行了结合，既可以基于职位体系来保持薪酬整体结构的稳定性，也可以通过能力评价来针对某些个人做出灵活的调整。但缺点在于这种方法的操作比较复杂，必须经过两次评价，以至于相应的技术成本、沟通成本也会相对

较大。

(3) 对应职位等级,开发基于任职资格等级的宽带薪酬

这里的任职资格等级也就是针对某些专业人员(如销售类、研发类人员)所建立的职业发展序列,每一级任职资格同时也就是一个宽幅的薪酬带,对应着相应的基准薪酬水平,并与层次相当的职位薪酬具有可比性。

五、能力薪酬水平的确定

建设和维护能力体系解决的是能力薪酬内部结构优化的问题,而有关能力薪酬水平的确定问题,也需要特殊处理。虽然美国 20 世纪 90 年代以来就有咨询机构在推动基于能力的薪酬数据调查,但很多企业仍对此持观望态度,因此很难从市场上寻找能力薪酬的参照系。但是对于一些专业性很强的职业或技术工种而言,美国基本上有其薪酬率的调查和发布机制(这往往是由一些专业技术协会等机构完成的),为能力定价提供了最为直接有效的参考。

目前,我国在这方面的市场数据还非常有限,当前确定能力薪酬水平的做法大致有两类:一是以基准职位转换法进行外部参照;二是以等价职位对应法进行内部参照。前者实质上就是给所需定价的能力找到一个职位的“壳”(这个“壳”就是所谓的基准职位),然后收集这些职位的薪酬数据,作为能力定价的参考。后者在思路上与前者是一致的,只是更加强调能力等级与组织内部职位等级的对应性,并以内部的职位价格作为能力价格的参照。

六、能力薪酬制度关注的“三个平衡”

从目前来看,能力薪酬制度的设计还不成熟,仍处于探索阶段。能力薪酬制度和其他薪酬制度一样是否能够发挥出作用,取决于能力薪酬制度的设计和管理是否合理。而企业在实施能力薪酬制度之前一般都必须非常谨慎地考虑一些问题,这些问题主要有以下两点:一是是否有必要实行能力薪酬制度;二是必须将能力薪酬制度作为整体人力资源管理领域内重大变革的一部分来实施。

能力的解析、开发、评估和定价,最终都是为了一个目的:让能力生效,促进从能力到绩效的实现。而这也是最大的难题,尤其是按能力付酬本身所具有的一些局限性,可能会对能力薪酬制度的生效产生负面的影响。因此,需要特别关注“三个平衡”,以保障员工能力的发挥。

(一) 关注能力与绩效的平衡

有能力、无绩效显然是失败的,而有绩效、无能力显然也难以持久。在能力薪酬制度

下，按能力付酬往往更加关注能力发展和行为导出的过程，较难严控绩效结果。因此，必须把握好能力与绩效的平衡，打通能力发展与绩效实现的通道。例如，在选择典型能力薪酬计划的基础上，一些绩效薪酬计划往往是必要的补充；或者将能力与绩效同时作为薪酬确定的两条主线。

（二）关注个人能力与团队绩效的平衡

按能力付酬可能会强调个体能力，弱化团队效能。尤其是在高竞争性的组织氛围下，能力激励可能会强化人们“独善其身”的倾向。此外，对于同专业的人来说，当这些人都在同一个能力序列中发展时，可能会产生能力的同质化问题，基于多样性的团队匹配就会受到影响。因而，必须把握个人能力与团队绩效的平衡，既要打造有能力的人，又要建设高绩效的团队。同样，各种团队激励计划（如收益分享计划、目标分享计划等）是典型能力薪酬计划的必要补充，而团队绩效指标也是可以考虑的一个选择。另外，能力标准的建设可以基于团队导向进行角色化的设计，不只是设置同质能力的序列层级，而且要关注个体角色的多样化设计和角色之间的相互匹配。

（三）关注当期开发投入与能力长期生效的平衡

由于人力资本投资是一项长线投资，因此能力的开发与生效往往也是一个相对长期的过程。在实施能力薪酬制度时，必须把握好当期开发投入与能力长期生效之间的平衡，这往往要求以能力发展作为主线来设计员工的职业生涯规划，并将能力薪酬与其职业发展路径进行连接。

七、能力薪酬制度的优点与局限性

（一）能力薪酬制度的优点

对于知识型员工来说，业绩是各种能力相互作用的复杂产物，并受到薪酬机制的驱动。能力薪酬制度使得员工不断获得与其工作相关的能力，并且这种能力受到企业的重视和应用，从而不管个人还是其所服务的组织都会从中受益。

一是员工获得了更多的发展机遇，而组织则获得了一支灵活性强的劳动力队伍。员工不会被特定的工作描述所束缚，能够方便地从一个职位流动到另一个职位，这样就提高了组织内部员工的流动性，而能做更多事情的员工对于一个组织而言也具有更大的价值。

二是支持扁平型组织结构。高能力的员工队伍要求较少的监督，因此可以削减管理层级。工作的设计可以强调员工在较大范围内的参与，而不仅仅考虑在狭窄的、确定的工作范围内的个人贡献。

三是鼓励员工对自身发展负责，使员工对自己的职业生涯有更多的控制力，为在组织内推行员工自我管理奠定了基础。能力薪酬制度增强了员工控制自己报酬的能力,因为员工知道要想获得薪酬增长需要做些什么,从而努力获得新的能力或者提高现有的能力水平。

四是对组织学习具有支持作用。组织学习的基础是个人学习,能力薪酬制度可以引导员工不断地、自主地学习,使得人力资源政策与组织学习匹配起来,并能够使企业不断地投资于学习能力的提高,为促进员工和组织的共同成长做出贡献,最终建立起学习型组织。

(二)能力薪酬制度的局限性

当然,能力薪酬制度也确实会给企业带来一定的风险。

首先,为了与能力薪酬制度相配套,需要为员工提供充足的培训机会,这可能会导致培训费用大量增加,而生产率的增长和成本的节约无法弥补这一费用的增加。

其次,除非员工有机会使用其所获得的所有能力,否则这些能力将变得毫无价值。因此,能力薪酬制度高度依赖基于能力的组织文化和人力资源管理的支持。

再次,当到达薪酬结构的顶端时,员工会感到受挫并离开企业,因为这意味着再也没有机会增长薪酬了,从而将导致员工流失率的提高。

最后,由于在控制和鉴定员工能力方面需要花费相当多的时间和人力,人力资源部门将变得臃肿和不灵活,而准确评价一种能力的价值可能是困难的,这也是人力资源管理需要面对的挑战。

总之,能力薪酬制度并不是包治百病的“仙丹妙药”。为了避免增加成本、造成员工不公平的感觉和构建高度复杂的系统,管理者必须仔细将能力薪酬制度与整体人力资源战略和组织战略相匹配。但对高科技公司和致力于建设学习型组织的公司而言,能力薪酬制度所带来的收益也许足以抵消其可能产生的麻烦。

八、能力薪酬制度与职位薪酬制度和绩效薪酬制度的比较

秉持着“人本主义的假设”、强调学习过程和关注能力的提升与激活,是能力薪酬制度区别于其他薪酬制度的重要特点。如果说职位薪酬制度遵循的是“在其位、取其酬”的支付逻辑,绩效薪酬制度强调的是“干多少(好)、得多少”的结果导向,那么能力薪酬制度则直接关注人本身的内在价值,并且相信“有好能力,就会有好绩效”。显然,这是一个充满善意的假设,相对于直接关注绩效结果的激励方式而言,能力薪酬制度更强调积累、发展和激活能力的过程,强调组织对人力资源进行投资,以激励员工通过不断学习来提高能力的重要性。

相对于职位薪酬制度关注职位价值等级的刻板、绩效薪酬制度关注绩效结果变现的苛刻来讲,能力薪酬制度似乎蕴涵了更多的善意和温情,并直指人自身能力的提高与发展,因而被认为是一种“以人为本”的激励方式。在能力薪酬制度的激励和引导下,员工不必一味地追求职位等级的升迁,也不用按照某种严格的绩效标准去“为绩效奋斗”,而是能

够更加积极地参与学习,并努力取得技能水平的提高(或者能力相应水平的认证)。因此,这种“为自我能力的提升而工作”的激励,便成为一种令人愉快的动力。当然,“能力”也必须以“绩效”作为最终的指向,这样才会具有现实意义。

第四节　能力分析与评价

正如职位分析和职位评价是设计职位薪酬制度的核心环节一样,对能力的分析与评价也是设计能力薪酬制度最关键和最困难的环节。

一、能力分析与评价的复杂性

基于职位体系的人力资源管理之所以具有较高的规范性,一个重要的原因就在于通过对职位的设定和分析,化解和规避了对人进行直接分析和评价的复杂性。而基于能力的薪酬制度的构建,在很大程度上直接涉及对人本身的评价,且人总是千变万化、难以捉摸的,这就不像评估职位那样简单和易于操作了。这主要有以下原因。

第一,每个人都具有自身的能力特征,且能力的独特性越高就越难加以模仿,企业的能力优势也才会越突出。因此,一个好的能力体系应该充分基于组织和个体的特点从内而生,生搬硬套对能力体系建设来说是最不可靠的。而怎样才能体现出能力的内生性呢?一个重要的基点便是强化组织的文化和战略因素对个人能力的内在要求和导向的功能性。例如,从当前胜任力模型的建设实践中可以发现这样的趋势:界定能力的源头,越来越要求与组织的文化和战略内涵一脉相承,而不是按照传统的方法从具体的职位要求中导出来。

第二,虽然诸如设定技能模块、构建胜任力模型、开发任职资格体系等技术都已经具备了一定的成熟度,但能力本身的发展特性往往对这些方法提出了更加动态的要求。例如,360 度的评估方法最初就来源于对能力和行为的观察,后来才发展成为一种绩效评估的方式,而现在实施能力薪酬制度的企业,都会对员工的能力状况进行 360 度的周期性评估与反馈,以保持对能力体系(包括能力的结构和等级标准)进行动态的维护和调整。

二、能力分析与评价的基本流程

从提炼组织的核心能力到确定能力分析与企业战略之间的关系,能力分析与评价要经过一系列环节,是一个较为复杂的过程,能力分析与评价主要流程和操作要点如表 4-8 所示。

表 4-8 能力分析与评价的主要流程和操作要点

主要流程	操作要点
能力分析,界定能力,构建能力等级体系	1. 明确能力的来源; 2. 界定能力要素的明确内涵; 3. 划分各个能力要素的层次,建立能力等级体系
能力开发、评估和认证,提供相关培训,进行能力鉴定与认证	1. 基于能力体系设计培训计划; 2. 基于能力等级体系设定能力认证标准; 3. 进行能力的评估和认证
能力定价与薪酬结构设定,将能力认证结果与工资挂钩	1. 从组织外部或内部获取有关能力价格的信息; 2. 给能力要素和各等级标准定价
调整机制及匹配性方案的设计	1. 建立能力体系的维护和调整机制; 2. 建立工资的调整和管理机制; 3. 设计其他匹配性的绩效激励计划、团队激励计划和职业生涯发展规划

(一) 提炼组织核心能力

尽管能力薪酬制度和技能薪酬制度存在若干共通之处,但对能力进行界定往往要抽象和困难得多。能力是员工先天应该具备的素质还是后天可以习得的技能?能力是企业对于实现绩效的最高要求还是最低要求?能力是特定企业的员工应该共同具备的特征吗?目前,研究领域对于这些问题都尚未形成定论。

从能力薪酬体系的实际操作情况来看,通常可以将员工所具有的能力划分为三个层面,即核心能力、能力模块和能力指标。首先,核心能力是指为了确保组织的成功,员工必须具备的核心技能和素质。核心能力通常是从组织的使命或宗旨陈述中抽象出来的,而这种陈述往往表明了企业的经营哲学、使命、价值观、经营战略和远景规划等。其次,能力模块着眼于将核心能力转换为可观察的行为。例如,对应于“经营洞察力”这一项核心能力,能力模块可能涵盖了解组织、管理成本、处理三方关系以及发现商业机会等多个维度。最后,能力指标是指可以用来表示每一能力群中能力水平的可观察行为。在一定程度上,能力指标反映的是工作复杂程度不同的职位所需要的特定能力在程度上的不同。通过能力指标,管理者可以比较直观地界定出特定职位所需要的行为密度、行为强度、行为复杂程度以及需要付出的努力程度。因此,在不同的情境下,可以根据这些能力指标来招募员工、评价工作和确定薪酬。

潘汉尔德和哈默(1990)将核心能力定义为“组织中的积累性学识,特别是关于如何协调不同的生产技能和有机结合多种技术流派的学识”。这些“学识、协调和有机结合”由于其价值性、异质性、无法模仿和难以替代而成为企业竞争优势的源泉。企业的核心能力有四个来源：流程、知识、技术和内外关系。而这四个来源无一例外地都与企业中的人有关。因此，可以说企业中的人力资源是核心能力的主要来源，这不仅是因为员工的核心专长与技能可以为客户创造独特价值，而且是因为企业特殊的人力资源是不可替代的，认同企业文化的员工所拥有的核心专长与技能是竞争对手在短时间内难以模仿的。

核心能力与人力资本的关系构成了人力资源管理支持企业战略目标实现的理论基础，并由此产生了这样一种逻辑关系：战略目标—核心能力—核心人才—相应的人力资源管理策略，即由企业战略目标得出企业应该具备的核心能力是什么，再由核心能力推导出与之相对应的核心人才的特点是什么、企业员工应该具备的核心专长与技能是什么，然后根据此特点和要求对企业人力资源管理政策进行选择，使人力资源管理活动对企业核心能力起到强有力的支持作用。企业人力资源管理活动的招聘与甄选、培训与开发、人员调配和薪酬设计等可以使企业的人力资本存量发生变化，可以通过整合企业的人力资本、客户资本，并通过有效的、系统的组织内部学习与创新活动，使得企业员工时刻处于知识创新的状态之中，不断将知识、技能转化或整合到企业的产品或服务中去，形成企业有价值的、异质的、无法模仿的和难以替代的智力资产，最终形成核心竞争力。

（二）实施能力分析

目前，学术界对于能力的界定尚未形成统一的认识。事实上，如何界定能力受到组织应用能力的方案的影响。由于能力分析的目标是统一整个人力资源管理体系，也就是在基于能力的战略和人力资源管理框架下，确定什么样的能力能够为组织做出贡献，从而成为付酬的对象，因此把能力界定在一个较广的范围内会更加恰当。

茨威尔(2002)认为能力是决定工作绩效的持久的品质和特征。因此，区分绩效出众者的标准不是知识或技能，而是能力。能力在决定人们工作表现中实际起着更大的作用。某咨询公司把能力定义为“那些优秀员工比普通员工表现更为一致的行为，同时也是那些不需推断、假设或解释的可观察行为(非单个行为)的集合”。米尔科维奇(2002)提出了“冰山模型”，即个人能力存在于以下五个领域：技能(专业知识的反映)、知识(信息的积累)、自我意识(态度、价值观、自我形象)、性格(处理问题的方法)、动机(驱动行为经常存在的思想)。其中，技能与知识是“冰山”的上部，浮在水面上，相对容易观察与评价，也提供了在一个给定的职位中，每个人高效工作所必需的特征。而其他特征则包括自我意识、性格和动机等，隐藏在“冰山”下面，是看不到的，必须由具体的行动才能推测出来。然而正是隐藏在“冰山”下面的这些特征造成了个体间差异的能力，并成为区分优异绩效与普通绩效的关键要素。因此，米尔科维奇将能力定义为任职者胜任其职位所需要的特征或特点，包括知识、技术及行为。对于个人和组织而言，这些能力都被认为是长远成功的更为重要的基础。

从以上对能力的定义可知，人们普遍认可的观点是能力必须是可测量、可观察因而是可以鉴定的。只有在这种原则下，能力薪酬设计才能够成为可能。同时，能力使员工获得掌握自身发展的权利,通过关注最佳绩效而不是普通绩效,有助于员工不断适应市场的需要,并向员工提供个人发展的机会。这些性质又使得基于能力的薪酬方案有助于实现组织的目标和员工的目标。由此可见,能力是指员工应该具备以下核心专长和技能。

1. 知识

知识包括专业知识、环境知识(与职位相关的法规政策、竞争态势、行业惯例等)和企业知识(公司制度与政策、组织结构、业务流程和企业文化等)。

2. 技能

技能包括业务变革能力、业务运作能力、人际关系能力等。

3. 专业经验与成果

专业经验与成果包括专业经验(员工在某专业领域工作时间长短和承担的专业活动与项目)与专业成果(在专业领域中取得的业绩)两个方面。

4. 专业规范

专业规范是指组织对任职者做事方式的要求,包括完成相应业务的关键步骤与关键行为。

(三) 进行能力分级

能力分级对应于组织经营管理的各个环节,首先将组织的所有职位分成若干个职系,通常划分为管理类、技术类、专业类和行政类。其次每一个职系又包括若干个职种,如专业类包括财务、人力资源、计划、采购等职种。最后将每一个职种划分为高、中、初三个职级。每一个职级划分为三个职等,职等则与薪等(薪酬等级)一一对应。例如,初级只需要员工具备基本的核心能力、关键能力和业务能力,工作相当熟练,并能够把知识、技术原理应用到工作中去;中级要求员工具备核心专长和技能,工作相当熟练,并能够把知识、技术原理应用到工作中去;高级要求员工具备完全可以胜任该职位工作的核心能力、关键能力和业务能力,如能够分析和解决工作中的问题。由此形成组织内职系—职种—职级—职等(薪等)的逻辑关系。以人力资源管理为例,专业职系中的职种可以分成 3 个职级、7 个职等,其中高级包含第 7 职等,中级包含第 6 至 4 职等,初级包含第 3 至 1 职等,这 7 个职等分别对应于 7 个薪等,且每一个职级和职等都对应有关能力要求,这就构成了能力薪酬体系的基础。

(四) 展开能力评价

能力评价是能力薪酬方案设计的关键一环。由于能力具有一般性,相对来说更抽象,这就决定了能力评价要远远难于技能鉴定。但这并不是说,能力不可评价。正如定义能力概念的原则是操作性、可测量的,能力所包含的四个方面是完全可以评价的,而且必须保证评价是有效度和信度的。

在企业能力评价的流程中,一位新员工的能力可以在招聘中加以测评,如符合组织要求,即为试用员工。当新员工通过试用期,则需要进行第一次能力评价,以确定员工的职等和薪等。以后每次定期的能力评价都会成为员工能力等级晋升的依据。如果没有通过能力评价,则需要确定教育或培训等级,及其他相应的能力开发计划。此计划完成以后需要再次进行能力评价,如此多次循环,不断推进能力评价过程。

(五)能力评价的方法

能力评价的具体方法主要包括以下几种。

1. 专业知识评价

专业知识评价实行学分制,如果员工要申请某一任职资格等级,则首先必须达到该等级的知识考核积分的要求。

2. 专业经验与成果评价

组织根据能力标准的要求,制定专业经验与成果评价细则,由员工本人提供专业经验与成果评价方面的资料,然后由专家小组进行集体鉴定。

3. 专业技能评价

组织根据技能标准的要求,制定专业技能评价细则,由员工本人提供专业技能方面的资料,然后由专家小组进行集体鉴定。

4. 行为评价

组织可将行为评价与绩效管理结合起来,由员工的直接主管对员工的行为进行评价,评价结果作为任职资格等级调整的依据之一。

此外,为了进行以上评价,组织需要组建任职资格评价小组,该评价小组由高级主管、业务专家和外部专家组成,最好是每一个职系建立起一个这样的评价小组,以便于完成本职系内的能力评价工作。

现以职位分析问卷(PAQ)为例,详细介绍能力评价的具体方法。美国普渡大学(Purdue University)的研究人员曾经研究出一套数量化的工作描述方法,即 PAQ。虽然 PAQ 的格式已定,但仍可用来分析许多不同类型的工作。PAQ 必须交由熟悉此项分析工作的工作分析员填写,有 194 个题目,共分为六个部分,具体如表 4-9 所示。

表 4-9 PAQ 的内容

问卷的六个部分	核心内容	举例	工作元素
信息输入	工作中从何处得到信息	文字信息	35 个
思考过程(中间过程)	工作如何处理信息并决策	推理难度	14 个
工作产出	设备使用、体力劳动	使用工具	49 个
人际关系活动	沟通、联系、监督、协调	指导他人、与公众接触	36 个

续　表

问卷的六个部分	核 心 内 容	举　　例	工作元素
工作状态和工作内容	物质、生理和社会方面的条件	是否在与他人冲突的环境下工作	19 个
其他方面	工作的安排、要求、责任等	时间安排、职务要求	41 个

其中，信息输入是指员工在进行工作时获取信息资料的来源和方法；思考过程即如何去推理、决策、计划及处理资料；工作产出即员工该完成哪些体能活动，使用哪些工作器材；人际关系活动是指与工作有关的人员的人际关系如何；工作状态和工作内容包括实体性工作与社交性工作；其他方面是指其他有关工作的活动、条件与特征。

使用 PAQ 进行能力评价，首先要对问卷及工作相当熟悉，然后才能约谈员工并填制问卷。一旦填妥所有工作项的问卷，就能够以五个尺度去度量和剖析组织内的所有工作。这五个基本尺度包括：① 具有决策、沟通与社交能力；② 执行技术性工作的能力；③ 身体灵活度；④ 操作设备与器具的技能；⑤ 处理资料的能力。

（六）确定能力分析与企业战略之间的关系

这一步骤要确定哪些能力是支持企业战略、能够为组织创造价值，从而应当获得报酬的。这一步骤实际上要求组织界定自己准备支付报酬的能力到底是哪些，因为在不同的战略导向和文化价值观氛围中以及在不同的行业内，作为企业报酬对象的能力组合很可能会存在差异。有时，即使不同的企业所使用的能力在概念上一样，但是同样的能力在不同的组织中却很可能有不同的行为表现。研究表明，最为常用的几种核心能力包括成就导向、质量意识、主动性、人际理解力、客户服务导向、影响力、组织知觉力、网络建立、指导性、团队与合作、人才培养、团队领导力、信息搜寻、分析性思考、观念性思考、自我控制、自信、经营导向和灵活性等。此外，在实行能力薪酬制度时，与技能薪酬制度相同的情况是，企业往往会根据职能领域的不同，分别确定在不同领域中的核心能力，例如，在供应链上的核心能力与在营销领域、人力资源领域、财务管理领域以及战略规划领域的绩效行为能力就是不相同的。

例如，某企业在人力资源管理领域的核心能力包括以下四种类型。

(1) 领导与变革管理能力，包括诚实性、效率性、客观性、前瞻性、风险承担性、决策能力、专业化、谈判能力、沟通能力、团队管理能力等。

(2) 经营能力，包括行业知识、战略管理能力、组织知觉能力、全员质量管理能力、通用管理技能、与直线管理团队建立合作伙伴关系的能力等。

(3) 人力资源职能的领导力，包括网络建设能力、确定人力资源远景的能力、人员甄选与开发能力、人力资源的价值增值观等。

(4) 人力资源技术能力，包括人力资源规划能力、沟通能力、管理劳动力队伍多元化的能力、甄选配置能力、培训开发能力等。

三、能力薪酬方案的设计流程

通常情况下，能力薪酬方案的设计一般要经过职位等级评定、能力指标制定等多个环节。

1. 职位等级评定

职位等级评定是员工工作确定和调整的基础，因此必须予以明确。

2. 能力指标制定

根据公司对员工的要求，将能力划分为若干个部分，同时根据每个部分的综合表现将能力评价分为不及格、及格、中等、良好、优秀。

3. 员工培训

因为在能力薪酬方案中，员工薪酬的高低很大程度上源自员工能力的高低。但是对于能力高低或强弱的判断，不同的员工是会有偏差的。例如，员工甲认为自己的能力较强，而员工乙也认为自己能力较强。也许两人都没有错，只是因为两人心中的评价标准各不相同。然而，企业在实施能力薪酬方案的时候，不可能让员工"各自为政"，让员工以自己的标准来评价能力。此时，企业就要让员工知道，企业是如何评价员工能力的，评价标准、评价内容以及评价方法是怎样的，这样就能够充分体现透明性，减少由员工主观因素带来的不公平感知。

4. 自检与证据整理

在该环节中，员工被要求对照职业化标准进行自我评价，填写自检表并整理有关资料。如果有条件的话，可以对不同职位上的员工实施相关的知识考试。例如，在物业管理企业内，对经理级别的员工实施物业管理法规知识的考核。

5. 评价

企业要组织相关管理人员和专家，组成评价小组，实施对员工能力的评价。

6. 结果反馈

在评价结果出来以后，人力资源部门对能力评价归档记录，供晋升、薪酬发放等人力资源管理工作参考之用。同时根据评价结果，调整员工的薪酬，体现能力考评的效果。

本章小结

技能薪酬制度是组织根据员工所掌握的与工作有关的技能、能力以及知识的深度和广度来支付基本薪酬的一种薪酬制度。这种薪酬制度的显著特征是，员工所获得的薪酬是与其所掌握的知识、一种或多种技能，而不是职位联系在一起的。

技能薪酬制度下的工作分析，目的是为了确定完成特定任务所需要的技能，而技能评价可以从技能深度、技能宽度和技能垂度三个维度进行。

员工技能的分析方法主要包括功能性工作分析、职位技能评级、弗莱希曼工作分析系统。

能力薪酬制度是企业根据员工所具备的能力或是任职资格来确定其基本的薪酬水平，包括技能薪酬、知识薪酬、胜任力薪酬和基于任职资格的薪酬。能力薪酬制度对人不对事，其中基于任职资格的能力薪酬占据了职位薪酬总额的绝大部分。

能力薪酬制度的实施要进行能力分析与评价，并在此基础上设计能力薪酬方案。

案例分析

1. 在引导案例中，X工程有限公司所推行的薪酬制度是科学、合理的。

2. X工程有限公司采用的是技能薪酬制度，这种薪酬制度主要有两个优点。一是技能薪酬制度有助于加强员工之间的互助与合作，能够激发员工提高技术水平、掌握多种技能的积极性，并使得员工之间能够更好地相互配合，以有效地完成工作。这是因为，获得更多技能的工人可以完成整个生产过程的各个部分，可以共同工作以解决瓶颈问题。二是掌握多种技能的员工可以扩大和丰富自己的工作内容。因为其他部门人员同样了解其正在做的事情，所以员工可以与生产或服务的其他部门人员进行更有效的沟通；因为对企业有着更为广泛的了解，所以员工可以更有效地解决问题；因为对整体运作有了总体上的认识和理解，所以员工也会更加致力于观察企业的有效运作过程。

3. 技能薪酬制度具有积极的激励效果，但也存在以下两个副作用。一是技能薪酬制度可能会引起员工的不公平感。如果两个员工正在做相同的工作，只因为一个人掌握更多的技能而得到更多的薪酬，就会使另一个人产生不平等的感觉。二是技能薪酬制度增加了组织的薪酬支出。在技能薪酬制度下，员工薪酬的增加主要取决于其不断学习并掌握的新技能，这就要求组织在员工培训上进行大量的投资，以使员工能够不断地提高自己的技能水平，并因此要付给员工更高的薪酬，从而增加了组织的人工成本。

思考题

1. 如何理解技能薪酬制度、能力薪酬制度的含义和特点？
2. 简述技能薪酬制度、能力薪酬制度与其他薪酬制度的区别。
3. 简述技能薪酬制度的设计流程。
4. 简述能力薪酬制度的类别。
5. 如何进行技能评估？
6. 如何进行能力评估？
7. 怎样理解能力薪酬制度的局限性？
8. 论述技能薪酬制度和能力薪酬制度与企业战略之间的关系。

第五章 基于任职者绩效的薪酬制度

引导案例

E公司的奖励风波

E公司是一家从事工业原材料研发、生产和销售的公司。该公司研发人员的薪酬由基本工资和提成奖金组成。公司基本工资偏低,按照研发人员个人开发出来的产品销售后毛利的一定的百分比进行提成奖励。公司成立后的几年,因为行业竞争不太激烈,产品毛利率比较高,公司研发人员较少,基本工资加上提成奖励的制度有一定吸引力。

2014年以来,市场竞争越来越激烈,同行纷纷提高工资待遇吸引优秀人才。E公司管理层也意识到市场正在发生变化,企业核心能力必须从生产和销售向产品和技术研发方向转变,必须构建自己的研发优势。所以公司不断引进人才,包括很多有经验的博士研究生、硕士研究生和应届本科生。但在不断引进人才的同时,公司内有经验的人才却纷纷流失。在此过程中,E企业坚信以产品毛利的一定比例对研发人员进行提成奖励的制度是合理的,不能更改,否则担心员工的研发活动会不以市场为导向。

同时,公司管理层发现研发部门的问题越来越严重。研发人员只是对自己开发的产品负责,对其他事情毫无兴趣;研发部门不像一个团队,各自单兵作战;老员工不愿意分享经验,每当员工离职都给公司带来重大创伤;公司想发展的产品没有人开发,开发难度大、销售量小的产品也没有人开发;因为不同产品的市场容量相差很大,导致员工之间的收入差距非常大;新的研发人员进入公司后只能自己摸索,从头做起,浪费大量的时间和试验材料,等等。

发现这些问题后,为了激励研发人员开发公司战略产品和难度大的产品,E公司管理层对重点新产品开发项目进行评估"定价",产品开发成功后按照"定价"进行奖励。反之,如果开发不成功,根据"定价"的一定比例进行处罚。但是政策实施后,不但没有提高新产品的开发速度,研发人员反倒越来越害怕开发新产品了。

对待目前的奖金分配制度,管理层和研发人员各执一词。管理层坚持认为研发产品的目的就是要在市场上取得成功,以研发人员开发产品的市场销售毛利的一定比例来进行提成奖励是天经地义的。否则,如何评价技术人员的表现,衡量研发人员的绩效呢?虽然研发人员之间的提成的确存在差距,但是如果研发人员有能力,未来的收入同样会很高。高收入要靠自己多开发新产品来争取。公司不赚钱,研发人员奖金从哪里来呢?

但是,研发人员认为不公平,开发什么产品是上级分配的,而产品在市场上的表现由市场容量和销售人员的努力决定,与研发人员关系不大。所以,提成是由产品分配决定,而不是研发人员的努力。并且,产品的毛利和产品开发难度没有对应关系。很多非常难以开发的产品市场容量很小,导致提成很少。很多研发人员,尤其是销量小的产品研发人员认为付出和收益不成正比,纷纷提出要开发其他市场容量大的产品,并放言说干到合同期满就辞职。

案例讨论题

1. 请剖析该公司的提成奖金激励制度,说明其不能起激励作用的原因。
2. 如你是领导,你认为怎样才能做到最合理、最有效?

第四章讨论了按员工的技能或能力付酬的问题,那么是不是具有较高技能或能力的员工就能够比其他的员工更为积极努力地工作、创造更多的绩效呢?也许事实并非如此。对于如何提高员工工作积极性,从薪酬管理的角度来讲,我们不但需要一份科学、合理而又公平的薪酬制度,而且这一薪酬制度还必须对员工具有一定的激励作用。

第一节　绩效薪酬制度的内涵

一、绩效薪酬内涵的界定

现如今对于如何使员工的薪酬具有一定意义上的激励作用,人们谈得越来越多的是关于按绩效付酬之类的话语。在现实中,很多企业也都采用了根据绩效支付薪酬的理念和做法。而绩效薪酬又是一个非常宽泛的概念,要正确理解它的内涵,还必须从什么是绩效这一概念谈起。

(一) 绩效的概念

绩效本身的概念也是极其复杂的。绩效,英文为"Performance",可译为"业绩、表现",学术界对于这一概念的解释也未达成统一的意见。目前对绩效这个概念有着三种不同的理解,分别认为绩效就是结果、绩效就是行为、绩效就是能力。①

---

① 曾湘泉. 薪酬:宏观、微观与趋势[M]. 北京:中国人民大学出版社,2006:269.

将绩效视为结果的观点认为,绩效实际上就是个体行为的结果。如伯纳丁等人将绩效定义为“在特定的时间内,由特定的工作职能或活动产生的产出记录,工作绩效的总和相当于关键和必要工作职能中绩效的总和(或平均值)”。

将绩效视为行为的观点认为,绩效是指个体在工作场所的行为。如墨菲将绩效的范围定义为“一套与组织或个体所工作的组织单位的目标相关的行为”“业绩不是行动的后果或结果,它本身就是行动”。

将绩效视为能力的观点认为“能力是一种明显的、能使个体胜任地完成某项工作的行为”。①

实际上,据目前的研究而言,薪酬的概念仍然是模棱两可的,它既可以包括结果,也可以包括行为和能力。在这里,将绩效作为理解绩效薪酬的基础,我们把绩效看成是一个综合性的指标,不仅包括员工劳动的结果,具体指员工生产的产品数量和质量,还包括员工其他的贡献。

(二)绩效薪酬的概念

绩效薪酬是近年来西方比较流行的一种员工薪酬管理计划,被称为“与绩效相关的收入”。从性质上讲,绩效薪酬既是企业的一项薪酬管理制度,也是企业设计的薪酬激励项目。

绩效薪酬作为一种奖励工资,可以较为灵活地反映员工的实际劳动差别,将员工的实际贡献与其应得的报酬联系起来。

对于如何正确界定绩效薪酬的内涵,目前与绩效相关的薪酬概念有业绩奖金、可变薪酬、绩效加薪、激励薪酬等。

业绩奖金通常是指根据员工工作绩效的完成情况所给予的一次性奖励,但它也是通过衡量员工过去的工作绩效,并根据工作绩效给予一定的薪酬方面的奖励;可变薪酬即变动薪酬,是指根据绩效或者结果而变动的薪酬,实际上是指员工工资中可以变化的部分薪酬,是一种根据薪酬完成情况所支付的薪酬;绩效加薪通常是指基本工资随着业绩的变化而增加,是在对员工过去绩效认可的基础上所给予的奖励,而且这种奖励是永久性的,不管以后员工的绩效如何变化,这部分已增加的薪酬会一直给予员工;激励薪酬更多地着眼于提高员工未来的工作绩效。

从以上不同的定义中我们可以看出,绩效薪酬的含义非常广泛。通常认为与绩效相关的薪酬即为绩效薪酬,是与工作绩效完成情况相联系的一种薪酬形式,它是由一系列与绩效相关的报酬形式组成的。从广义上理解,绩效薪酬是个人、团队或企业的业绩与薪酬之间的明确联系,是依据个人、团队和企业业绩的变化而变化的一种薪酬形式。从狭义的角度来理解,绩效薪酬是指企业对员工过去行为和已取得成就或者达到某种既定绩效的认可。

---

① 曾湘泉. 薪酬:宏观、微观与趋势[M]. 北京:中国人民大学出版社,2006:269.

二、绩效薪酬制度的演变

（一）早期的理论基础

将薪酬与员工所完成的工作绩效联系起来的思想最早可以追溯到泰勒制。因此泰勒的科学管理理论是绩效薪酬制度的第一大理论基础。早在20世纪40年代，泰勒已经提出金钱是对员工的一种主要刺激因素。他主张为了实现经营和产出的最大化，应从组织的角度建立一种报酬体系，使员工的收入随着个人产出的不同而有所差异。他建议通过组织和文化氛围，利用收入机制激励员工为企业多做贡献。这些思想是早期绩效报酬管理的理论思想。

但是按照泰勒的观点，员工的贡献只能通过提高劳动强度和延长劳动时间来实现。随着行为科学被引入企业薪酬管理实践，激励理论开始引起人们的关注。

任何一种激励理论，从本质上来讲都是围绕着如何满足员工的需要展开的。员工有各种各样的需要，满足这些需求就会促使员工按照组织的规定行事，而员工要得到这些需要的满足，其前提条件是付出一定的劳动。付出的劳动越多，得到的奖励越多，就越能满足自我的这些需求，这就是激励的问题。因此了解激励理论有助于我们更好地认识员工激励的过程，更有利于通过绩效薪酬制度调动员工的积极性，使员工在满足自我需求的同时，促进组织目标的完成。

最早的激励理论是马斯洛的需要层次理论。他把人类的五个层次的需要进一步分为两大类：第一类为生理需要和安全需要，是人类的基本需要；第二类为社会需要、自尊需要和自我实现需要，是人类的成长性需要。他认为过度满足人类的基本需要没有激励作用，只有满足人类的成长性需要才会对员工有激励作用，并且激励作用的时间也更为持久。

在马斯洛需要层次理论的基础上，随后又出现了许多激励理论，如赫兹伯格的双因素理论。赫兹伯格认为，传统的激励手段如为员工提供一个良好的工作环境、增加一些工资、具有和谐的人际关系等保健因素不能真正激励员工，想要真正激励员工，必须满足其成长的需要，强调员工的责任和认可，这些激励因素才能长远地激励员工。

弗洛姆的期望理论认为，当某个特殊的结果对某人的价值非常高，并且此人认为他有较大的把握去完成这个任务以获得期望的结果时，激励就会产生作用。而亚当斯的公平理论是从报酬的角度提出，当员工感觉自己在工作上的投入（如努力程度、工作行为等）和产出（如工资）对等时，将会受到激励，反之，员工将会产生不满。

（二）当前的发展趋势

早期的绩效薪酬制度只是简单地将绩效与员工的工作效率相结合，采用单纯的个人激励薪酬形式。这是因为在当时工厂制的条件下，只要个人多生产质量好的产品，企业绩效就会提高。但这种方式愈发不适合现代企业的发展环境。

随着高科技的广泛应用、组织的快速变革以及知识在提高组织绩效中的显著作用，出现了如利润分享、收益分享、股权激励等多种形式，使得绩效与薪酬的形式呈现多样化的趋势。

越来越多的企业管理实践证明，一方面，员工工作的积极性、主动性和创造性可以提高企业绩效，即其工作绩效可以直接提升组织绩效；另一方面，员工绩效的各种形式，如团队合作等，反过来也影响组织绩效。因此要求企业通过相应的薪酬形式对员工的所有绩效维度给予激励，这种发展本质上是全面薪酬管理与总薪酬管理的有机结合，也是当前绩效薪酬制度的发展规律与趋势。

三、绩效薪酬制度的意义

如今，绩效薪酬制度越来越受到广泛的重视。大多数企业都认为将绩效与薪酬相联系，是激励员工的最有效的方法。使员工的部分薪酬随组织的经营状况变化而变化，能促使员工从自身的利益出发去关心企业的利益，双方共享企业的成功，共担企业的风险。绩效薪酬制度的这种积极作用具体表现在以下几个方面。

1. 体现公平和公正

传统薪酬体制下，员工拿基本统一的工资，表面看似公平，实质上这种不分业绩好坏的“大锅饭”严重挫伤了员工工作积极性，造成员工出工不出力等现象。而绩效薪酬制度在员工的收入与其可量化的绩效目标实现状况之间建立起关系，尤其是与可精确计量的实物产出相联系，而不是以主观的绩效评价结果为基础，可以促使员工关心自己工作的结果。因此与传统薪酬制度相比，绩效薪酬制度更具公平和公正性。

2. 激励与约束并存，同时可降低监督成本

一方面，绩效薪酬制度与绩效改善直接联系在一起，高绩效员工可得到较高数额的绩效奖励，以此来激励高绩效员工的工作积极性；而对业绩不佳的员工不给予奖励，或者少奖励，这可看作是对低绩效员工的一种鞭策和“负激励”，从而实现激励与约束的并存。

另一方面，与根据工作时间支付固定报酬的计时薪酬制度相比，绩效薪酬制度不再需要为了维持一定的生产水平而对员工进行过多的直接监督，员工在绩效薪酬制度下会受到一种内在激励而对工作进度和工作质量进行自我控制，大大降低了企业的监督成本或代理成本。

3. 注重个人目标与企业目标的统一

绩效薪酬制度往往都有明确的绩效目标，它能够把员工的努力集中在企业认为重要的目标上，从而有利于企业通过灵活调整员工的工作行为来达成企业的重要目标，使得员工个人的目标与企业的目标结合起来；同时，绩效薪酬制度突出了一种关注绩效的企业文

化,使员工认识到薪酬与自我努力的关系,可以促使员工将其个人努力投入实现企业目标的重要活动中去。

4. 降低企业的固定成本

绩效薪酬制度是根据员工的实际工作绩效来支付薪酬的,这种方式可以有效避免出现员工生产率很低,但员工的薪酬却固定不变的情况。因此它的实施减轻了企业在固定成本开支方面的压力,有利于企业根据自身经营状况灵活调整自己的支付水平,可以缓解固定成本过高的问题。

四、绩效薪酬制度的分类

绩效薪酬制度在具体实施中,基于不同的划分标准有不同的类别,例如,按照时间维度,可将绩效薪酬制度分为短期绩效薪酬制度和长期绩效薪酬制度;从对象维度上,可分为个人绩效薪酬制度和团体绩效薪酬制度,如表 5-1 所示。

表 5-1 绩效薪酬制度的分类

<table>
<tr><td colspan="2" rowspan="2"></td><td colspan="2">对 象</td></tr>
<tr><td>个人绩效薪酬制度</td><td>团队绩效薪酬制度</td></tr>
<tr><td rowspan="2">时 间</td><td>短期绩效薪酬制度</td><td>计件绩效薪酬制
标准工时绩效制
一次性奖金制</td><td>小组奖励制
收益分享制
利润分享制</td></tr>
<tr><td>长期绩效薪酬制度</td><td colspan="2">股票所有权计划
(股票持有计划、股票期权计划、期股计划)</td></tr>
</table>

其中,个人绩效薪酬制度是指针对员工个人的工作绩效提供奖励的一种薪酬制度,它将员工的薪酬收入与个人绩效挂钩,重在奖励员工的个人工作绩效,做到了给予员工差别化的薪酬。同时个人绩效薪酬制度是最古老的一种绩效奖励计划,而其中计件绩效薪酬制是最为典型的个人绩效薪酬制度,它集中反映了个人绩效薪酬制度的特点。

团队绩效薪酬制度是指根据部分员工群体进行奖励的一种薪酬制度。现实中很多工作并不是基于一个人的力量就能够完成的,需要以团队的形式来进行,如流水线作业、部门业绩的实现等。团队绩效薪酬制度包括小组奖励制、收益分享制、利润分享制等薪酬形式。

长期绩效薪酬制度是指根据超过一年的绩效周期来评定员工业绩并据此对员工进行激励的一种薪酬制度。长期绩效薪酬制度把员工的收益与组织的长期绩效联系在一起,激励员工为组织长期绩效考虑,避免员工的短期行为,主要包括股票持有计划、股票期权计划和期股计划等各种激励形式。

当然这种划分也不是绝对的。例如，计件绩效制同样可以针对团队，而股票所有权计划虽然更多地体现在针对个人的层面上，但并不代表这种绩效激励计划没有针对团队。为了叙述方便，下面将按照个人绩效薪酬制度、团体绩效薪酬制度和长期绩效薪酬制度来分别介绍。

第二节　个人绩效薪酬制度

一、个人绩效薪酬制度的内涵

个人绩效薪酬制度就是以员工个人的工作绩效为标准而对员工个人实行的一种薪酬制度。由于个人绩效薪酬制度是根据事先确定好的客观的绩效标准来支付薪酬的，因此所有的个人绩效薪酬制度都有一个共同的特点，即找到一个可以用来与之进行比较从而确定工资金额的既定绩效标准。

二、个人绩效薪酬制度的形式

个人绩效薪酬制度主要是用来激励员工个人为实现其绩效目标而运用的一种奖励方式。个人绩效薪酬制度的形式非常多，下面介绍常见的几种。

（一）计件绩效薪酬制

计件绩效薪酬制是指根据劳动者生产的合格产品的数量和完成的作业量，按预先规定的计件单价支付给劳动者劳动报酬的一种工资形式。计件绩效薪酬制主要是针对生产工人而言的，他们工作的一个明显特点就是其结果(产量)较容易度量。计件绩效薪酬制包括直接计件薪酬制、泰勒的差别计件绩效制、梅克里多计件绩效制等。计件绩效薪酬制的计算公式为

$$E = n \times w$$

式中，E——员工所得工资；

n——完成的产品或工作的数量；

w——计件单价。

1. 直接计件薪酬制

直接计件薪酬制是最古老的激励形式，也是使用最广泛的形式。它是通过确定每件

产品的计件工资率，将工人的收入和产量直接挂钩。按照直接计件薪酬制，每生产一个单位的产品就会得到事先规定好数目的工资，工资直接随产量函数变动。大多数计件薪酬都有一定数量的产量基数，即劳动定额。而且大多数工资中都规定了一个必须保证的最低工资保底额。

其具体计算公式为

$$E=(n-m)\times w+r$$

式中，E——员工所得工资；

n——实际完成的产品或工作的数量；

m——劳动定额标准（与最低工资保底额相关联的必须完成的产品或工作的数量）；

w——计件单价；

r——最低工资保底额。

直接计件薪酬制也是一种应用最广泛的薪酬制。它简单易行，且员工容易理解，激励效果明显。但其最大的不足在于难以确定合理的标准。标准太高，会导致劳动纠纷；标准太低，员工就非常容易达到，会导致企业过高的劳动成本。很多企业让管理层和员工共同决定这个标准，在有工会的企业中，绩效标准往往通过谈判以合同文本的形式得到确认。对于个人贡献很难区分和衡量的工作，或者那些员工无法对其产出加以控制的工作，都不适合用直接计件薪酬制。另外，计件工资主要从产品数量上反映劳动成果，难以反映在优质产品、原材料节约和安全生产等方面的超额劳动。

2. 泰勒的差别计件绩效制

泰勒提出了工作定额管理（或科学管理）的原则，即先确定一个科学的（只按一流工人的水平）劳动定额（或标准工作量），然后让工作人员去完成这一定额。根据工人完成标准的情况，有差别地给予计件工资。其计算公式为

$$E=n\times w_L\text{（产量在标准 100\%以下时）}$$

$$E=n\times w_H\text{（产量在标准 100\%以上时）}$$

式中，E——员工所得工资；

n——完成的产品或工作的数量；

w_L——低于劳动定额件数的计件单价；

w_H——高于劳动定额件数的计件单价。

3. 梅克里多计件绩效制

梅克里多计件绩效制是指根据员工的工作绩效，将员工分为三个等级，随着等级的变化，绩效工资递增 10%。表现中等的员工将得到标准报酬，表现优秀的员工将得到额外的报酬，表现劣等的员工将得到低于标准的报酬，如表 5－2 所示。

表 5-2　梅克里多计件绩效制计算示例

等　级	判　定	工　资
表现劣等的员工	在标准产量的 83%以下	$0.9\times r$
表现中等的员工	在标准产量的 83%～100%	$1.0\times r$
表现优秀的员工	在标准产量的 100%以上	$1.1\times r$

注：r——额定的标准报酬。

（二）标准工时绩效制

标准工时绩效制是指以完成单位产量所消耗的时间为绩效标准来支付激励工资水平的形式。实行这种制度首先要确定以正常的技术水平完成工作所需的时间(标准工时)，当员工的生产工时低于标准工时的时候，企业按节省的百分比给予不同比例的奖金。

标准工时绩效制具有直接计件薪酬制的各种特征，它的优点在于计件报酬率不必随着每一次报酬率变化而重新计算。对于那些生产过程不是很容易具体控制、技巧要求较高和工作周期较长的工作和职位来说，标准工时绩效制要比直接计件薪酬制更为实用。尽管标准工时绩效制可以鼓励员工生产更多的产品，但是雇主必须确保设备的运转和产品的质量不会由于员工为了得到额外的收入就更快地工作而降低。这种制度的科学运用必须保证员工始终以相同的努力程度和工作质量进行工作。

（三）一次性奖金制

一次性奖金制也称为绩效奖金制，这是一种主要而又普遍的绩效奖励方式，也是根据员工的绩效情况进行奖励，但一般不以员工的基本薪酬作为计奖基数，也不会将这部分奖金累加到基本薪酬中去。

从严格意义上讲，一次性奖金制针对的对象并不限于个人，也可用于部门和团队。一次性奖金制具有单一性、灵活性、针对性、及时性和荣誉性等特点，它能够多样而又灵活地反映严格实际劳动的差别，可以弥补计时、计件工资的不足，特别是对员工在生产过程中提供优质产品，节约材料、经费，进行技术革新等方面所做的贡献，用奖金作为补充就显得尤为重要。

一次性奖金制主要有以下几种表现形式。

(1) 节约奖。这是对工人在生产过程中节约特定的能源、原材料所实行的奖励。

(2) 安全奖。这是为奖励安全生产而实行的一种单项奖，主要是在那些生产过程中需要十分注意安全的员工中实行。

(3) 超产奖。当工人完成的工作量超出劳动定额或工作目标时，按照超额数量发给奖金。实行超产奖，必须制定科学合理的劳动定额和严格的产品检验、计量制度。

(4) 质量奖。其分为产品质量奖和工作质量奖。产品质量奖是工人在完成其本身职责范围内的生产任务前提下,超过国家规定的产品质量标准或降低废品率,根据其工作性质和提高产品质量的难易程度,按规定支付一定数量的奖金。工作质量奖是当工人较好完成规定的工作任务或操作指标时,所给予的奖励。

(5) 发明创造奖。这是对做出了发明创造的研究开发人员所给予的奖励。根据其发明创造或新产品的商业价值来给予相当数额的奖金。

(6) 全勤奖。这是最常见的企业单项奖金形式。如月内无迟到、缺勤,即可获得一定数额的奖励。

三、个人绩效薪酬制度的优点和缺点

(一) 个人绩效薪酬制度的优点

1. 促进员工个人绩效的提高

个人绩效薪酬制度加强了个人绩效与个人收入的联系。员工为了获得更多的薪酬,将会更加努力地工作,而个人绩效通常与企业绩效是一致的,从而带来企业整体绩效的改善。

2. 更具公平与公正

个人绩效薪酬制度对于员工的奖励通常是以客观的产出(如数量和质量)为依据的,而不是以主观评价结果为基础的,在其绩效标准制定合理的前提下,就容易被员工所接受,显得更为公平与公正。

3. 降低企业监督成本

个人绩效薪酬制度会激发员工去控制自己的工作速度与质量,将一部分外部监督内部化,可以节约企业的监督成本。

(二) 个人绩效薪酬制度的缺点

虽然个人绩效薪酬制度会对员工的工作行为产生积极的激励效果,但在具体的实践中也存在一定的问题和弊端。

1. 降低员工之间的团队合作

个人绩效薪酬制度显然不利于团队工作方式的形成,这是因为个人绩效薪酬制度旨在将个人收入与其努力程度联系起来,员工能否获得高额的奖励,只取决于个人努力所创造的绩效。在企业奖励金额有限的情况下,容易造成员工之间开展不良竞争,这种竞争无形中阻碍了员工之间相互交换和学习他人的有益经验,导致合作水平较低,严重时甚至会在员工之间造成强烈的妒忌或敌对情绪,并暗中采用一些不正当的手段破坏竞争对手的各种努力,由此产生内耗,损害企业整体竞争力。

2. 弱化奖励的激励效果

个人绩效薪酬制度的激励作用主要是依靠建立客观公正的绩效付酬指标,将员工的努力与绩效联系起来进行奖励才能实现。而事实上,很多企业往往很难建立其准确可靠的指标来衡量员工单个所产生的绩效,尤其对于一些需要相互协作完成工作任务的企业,其成果往往是集体行为和表现的结果,使得员工个人对自己的绩效很难拥有单独的控制能力,无形中导致个人绩效的下降,削弱了个人绩效薪酬制度对员工的激励作用。

3. 损害企业的长期利益

个人绩效薪酬制度在衡量员工个人绩效时,往往侧重的是其可量化的绩效,如产量、销售量等,容易造成员工只关心上级所考核的指标,很可能只做那些有利于他们获得薪酬的事情,而忽视其他有价值的但又与奖励回报没有直接关系的工作。例如,销售人员只顾完成销售额指标,而对售后服务缺乏兴趣;努力追求产品的数量而不主动改进产品的质量等。员工的这种只顾自己眼前利益、忽视企业长期利益的行为在一定程度上会导致企业整体绩效的下降。

第三节　团队绩效薪酬制度

一、团队绩效薪酬制度的内涵

团队绩效薪酬制度也称团体(群体)奖励计划,它是指将员工的薪酬与其所在的团队(部门或企业)的绩效相联系并以团队(部门或群体)为主要激励对象的一种绩效薪酬制度。

现实中很多工作并不是单靠一个人的力量就能够完成的,需要以团队的形式来进行,如流水线作业、部门业绩的实现等。以员工的集体绩效而不是每个员工的个人绩效作为考核对象,这是团队绩效薪酬制度的一个重要特点。除此以外,实施团队绩效薪酬制度有两个主要的前提条件:一是企业目标或工作本身要求团队成员之间相互协作配合;二是团队内每一个员工的贡献难以精确度量。

二、团队绩效薪酬制度的形式

团队绩效薪酬制度通常包括小组奖励制、收益分享制和利润分享制三种形式。

(一)小组奖励制

小组奖励制是指人数较少的一个班组的成员在达到具体目标之后分享一笔奖金。在小组奖励制中，公司是在小组达到事先设定的绩效标准，如顾客满意度、安全记录、质量和生产记录后，才给组内的每个员工发放奖金。

组内的奖金分配有如下三种方式。

1. 组员平均分配奖金

组员平均分配奖金可以加强组员的合作，但有时候组员会认为个人贡献或绩效不同步，此时此方法就不太适用。

2. 组员根据其对小组绩效的贡献大小得到不同金额的奖金

区别奖励的方法在一定程度上根据个人绩效来分配奖金。这种方式可能会导致的一个结果是，一些员工为了增加收入会只重视自己的绩效而不考虑集体绩效。因此，有的企业采取一种折中的办法，即把一部分奖金根据个人绩效来发放，剩下的一部分根据小组绩效来发放。

3. 根据每个组员的基本工资占小组所有成员基本工资总数的比例确定其奖金比例

这种方法是假设基本工资高的员工对公司的贡献大，给组员的奖金数额与其基本工资成正比。

小组奖励制可以鼓励组员学习新的技术，并且承担更重要的工作责任。在小组中工作的员工不再只是服从主管的命令，他们必须为实现小组的生产目标而制订计划。在小组奖励制中，无论组员绩效完成情况怎样，每个组员只有在实现小组目标后才能得到奖金。这就要求强调团队内部和团队间的合作，奖励员工作为组员而承担的额外义务和他们必须获得的技术和知识，并鼓励组员达到小组事先设定的目标。

（二）收益分享制

收益分享制是指将一个部门或整个企业在本期生产成本的节约或者人工成本的节约上与上期的相同指标进行比较，然后按照某一个事先确定的比例把节约额度在这一部门或整个企业中的全体员工之间进行分配。

收益分享制要求企业有配套的建议体系，鼓励员工为生产的改进、成本的节约出谋划策。这样就使所有员工都能从建议体系所带来的生产效率的提高中得到货币性奖励的好处，以薪酬为纽带将员工个人的目标和组织整体的目标连接起来，同时强调组织绩效的改进是员工个人和团队共同努力的结果。

这种激励薪酬制度主要有两个优点。第一，那些从事间接服务的、个人业绩不容易观察的员工可以得到奖励。第二，使员工看到对组织整体的贡献，提升团队本身的成就感。

收益分享制的缺点是可能引起小组之间的恶性竞争。另外，生产效率低的员工在工作团队中有“搭便车”的现象，会对生产效率高的员工产生消极的影响。一旦达不到目标收益，容易使团队内部员工之间产生矛盾。

收益分享制不仅是一种集体激励计划，而且也是企业整个管理方式和管理理念的组成部分。大多数收益分享制除了作为一种补偿工具之外，它还反映了强调雇员参与的管理哲学。这意味着只有组织中存在良好的员工关系，组织重视员工参与在决策中的作用，收益分享制才能够具有真正的意义。

（三）利润分享制

利润分享制是指企业在向员工支付了劳动报酬之后，再拿出一部分利润或超额利润向员工进行分配的制度。利润分享虽然不具有劳动报酬的性质，它与劳动者的劳动数量和质量没有直接的关系，只与企业经营收益有关，是劳动者以资本所有者的身份参与的分配，但它属于员工收入的一部分，也是员工总薪酬的一个组成部分。

利润分享制旨在为员工提供通过为企业的发展做贡献而增加收益的机会。这些贡献可以与产品质量的提高、成本的降低、工作方法的改进、产量的提高等直接相关。它还鼓励员工思考，感觉自己更像企业的合伙人，将对自己利益的关注放到企业整体利益中考虑。因而该制度的目的是使员工致力于推动企业发展的各个方面。

利润分享制可在一定程度上增强对员工的激励，促进劳动生产率的提高。由于利润分享制将员工利益与企业的发展联系在一起，使员工对组织和组织的利润目标有更高程度的认同感，这样员工对公司的发展更加关心，并更加努力工作，提高生产率，减少浪费。同时使得企业的人工成本具有可变性。如果企业没有利润，那么就不会发生员工激励费用。

尽管利润分享制有许多优点，但它也不乏不足之处。企业利润受外部影响较大，并不仅靠员工的个人努力就能达到。如果经济不景气、气候变化、国家的突发性事件等员工无法控制的因素使得企业利润水平没有超过预定的目标，那么即使是最优秀的员工也无法得到奖励。如果连续几年不能支付这一奖励，它将对企业生产率和员工积极性产生相反的效果。此外，在实行利润分享制的情况下，绝大多数企业的做法是使每个员工得到的利润份额都相同或者与每个员工的基础工资成比例，因此员工所得到的奖励与个人的工作绩效之间可能缺少明确的联系。

利润分享制的形式多样，从支付特点的角度来看，主要包括现金支付方案和延期支付方案两种形式。

1. 现金支付方案

现金支付方案是指将当年的一部分利润直接在期末以现金方式向员工支付，这种方式比较简单明了，员工当年就可以拿到这部分收入。

2. 延期支付方案

延期支付方案不以现金的方式支付当年的利润收益，而是保留在员工个人名下，待若干年后或在员工离开企业之时再一次性或分几次支付给员工。

延期支付方案是一种比较流行的利润分享形式，具体做法是企业推迟发放员工的分红或者其他现金收入。例如，将员工现有收入的10%作为延期薪金，预计5年后支付。员工如果达到企业的要求，就可以在5年之后得到相当于半年的工资和增值部分。如果员工在规定时间内离开企业，就会失去这部分延期薪金。因此使用这种方法可以较长时间留住员工，特别是对企业有价值的员工，通过这种方法可以使他们提高对预期收入的期望。

近年来，很多公司通过利润分享制，把现金奖励存在员工账户中，延期至员工退休后支付，作为他们退休后的收入。这种奖金类似于养老保险，将奖金延迟支付，可以累积到较高的金额，为员工增添一份保障。在某些国家，员工离开公司时假如尚未退休，则这笔奖金不会发给员工。这对员工跳槽形成了一定的约束。当然，在以延期支付的方式发放奖金时，员工获得这一奖金与自己的努力之间的时间间隔比较长，容易使工作绩效与激励之间的关系减弱，会脱离激励的初衷。

虽然收益分享制与利润分享制都属于团队绩效薪酬制度的形式，但两者存在本质的区别。

第一，实施范围大小不一。收益分享制通常是在企业各个部门的范围内来实施的。而利润分享制通常是在整个企业的范围内实施的。

第二，对绩效的衡量角度与激励力量不尽相同。收益分享制并不使用整个组织层次上的绩效衡量指标(利润)，而是对某一群体或部门的绩效进行衡量，与达成生产率提高、质量改善、成本有效性等方面的既定目标联系在一起，容易被员工理解和控制。而利润分享制中不但要涉及目标利润的确定、管理阶层的决策质量，还要涉及当期利润的核算以及经济周期等企业外部各种因素的影响，使员工对利润的增加或减少难以观察和控制，减弱了利润分享制的激励效果。

第三，奖励支付的周期不同。收益分享制的奖励支付周期通常比利润分享制的奖励支付周期更短。在很多企业中，收益分享制的分配依据是月绩效，并且通常不采取延期支付的方式，与利润分享制相比支付较为及时。

三、团队绩效薪酬制度的优点和缺点

（一）团队绩效薪酬制度的优点

1. 提高员工的团队意识

团队绩效薪酬制度的最大优点就是加强了企业员工之间的交流与协作，它可以防止个人绩效薪酬制度中员工过分关心个人绩效，而忽视团体利益或整体组织目标这一现象，也可避免因上下级之间由于工作差距过大而导致的下层人员的心理不平衡，从而引导员工相互合作，共同完成组织的整体目标。有利于培养员工协作配合和集体主义精神，有效提高团体成员的团队意识。

2. 降低绩效管理成本

对大多数企业来讲，团队的数量明显要比个人数量少，那么开发衡量团队的考评体系也可相对减少。一般来说，团队绩效指标要比个人绩效指标的总和少得多，而且团队绩效比个人绩效更容易衡量，这就从一定程度上减少了绩效考评的成本。

（二）团队绩效薪酬制的缺点

1. 降低员工的个人努力程度

团队绩效薪酬制度最大的缺点是，它在一定程度上淡化了员工个人努力、贡献与报酬之间的关系，一些团队成员可能会不付出或付出很少努力，就能坐享团队其他成员努力的成果，而且这种现象随着团队规模的扩大，产生的可能性就越大。这是因为个人投入与团队产出之间的关系模糊，使得员工认识不到自己的努力会对团队绩效产生多大影响，导致个人责任心的丧失。

2. 影响员工的人际关系

当团队的规模增大时，提高了团队中管理协调的复杂性，人际关系会有意无意受到影响，从而产生内耗。例如，团队中表现出色的员工可能不愿意看到其他员工影响自己的收入，而对团队中后进成员心存怨气，从而可能引发对团队奖励制度的不满。

第四节　长期绩效薪酬制度

一、长期绩效薪酬制度的内涵

长期绩效薪酬制度又称长期激励计划，主要是指根据超过一年(通常是 3～5 年)的绩效周期来评定员工业绩并以此对员工进行激励的薪酬制度。

长期绩效薪酬制度把员工的收益与组织的长期绩效联系在一起，激励员工为组织长期绩效考虑，避免员工的短期行为。长期绩效薪酬制度的最初目的是激励和引导企业高层管理人员的行为。随着这项制度的发展，越来越多的企业开始将这项制度运用到中层管理人员甚至是普通员工的激励当中。

长期绩效薪酬制度的主要形式是股票所有权计划，主要包括股票持有计划、股票期权计划和期股计划。其中股票持有计划包括经营者持股计划和员工持股计划，股票期权计划和期股计划主要是针对高层管理人员的。

二、长期绩效薪酬制度的形式

（一）股票持有计划

1. 经营者持股计划

经营者持股是指经营者按照与资产所有者约定的价值出资购买一定数额的本企业股票，并享有股票的一切权利，股票收益可在当年足额兑现的一种激励方式。

经营者通过持有一定份额的企业股票，获得企业的部分剩余索取权，从而凭借低股份的拥有可以获得资本收益。这样就使高层管理人员的个人利益与企业利益紧密地联系在一起，使企业高层管理人员从关注自身利益的角度出发，关心企业的经营绩效。

按其性质，经营者持股计划可以分为股票购买、股票奖励、后配股、虚拟股票、业绩单位 5 种类型。

(1) 股票购买

股票购买是指企业根据一定的条件为经营者提供各种优惠贷款，经营者购买一定数量的公司股票，从而使公司利益与经营者利益紧密地联系在一起，促进经营者搞好企业的生产经营。

(2) 股票奖励

股票奖励方式不要求经营者支付股票款项，由公司将股票无偿奖励给经营者。按照股票的发生时间可以将股票具体划分为期初奖励股票和业绩股票两种。期初奖励股票，是指在合约期初奖励给经营者一定数量的公司股票；期末按预定的公司业绩标准，经营者不归还或部分归还或全部归还所奖励的公司股票。但不论是否归还股票，经营者都享有期内股利并不予归还该股利。业绩股票实际是指期末奖励股票，即在合约规定的期限结束时，若经营者业绩达到合约规定的标准，经营者将获得一定数量的股票奖励，业绩越好，奖励的股票越多。

(3) 后配股

后配股是指以后按规定条件可转为普通股的一种特殊股票。在转为普通股之前，后配股也享有股利，但仅为普通股股利的一半。后配股激励方式是指在期初，经营者一次性按很优惠的价格购买一定数量的公司后配股。在期末，如果完成了预定业绩目标，后配股按 1∶1 的比例转为普通股；如果没有完成预定业绩目标，后配股将失去价值而使经营者遭受损失。这种股票对经营者的风险性比较大，对经营者的激励作用也比较明显。

(4) 虚拟股票

虚拟股票是指经营者在名义上享有股票，而实际上仅享有其相当于持有这些股票的部分收益。其具体可分为三类：股利收入型虚拟股票、溢价收入型虚拟股票和市场价值型虚拟股票。股利收入型虚拟股票是指公司期初在名义上授予经营者一定数量的股票。

在规定期限内，经营者仅享有股利收入权。溢价收入型虚拟股票是指公司期初在名义上授予经营者一定数量的公司股票，价值按期初市场公平价计算；期末时若股票价值高于期初价值，则经营者享有这部分股票的期末与期初价值差额，否则经营者将一无所有。市场价值型虚拟股票是指公司在期初名义上授予经营者一定数量的公司股票，期末则按这部分股票的市场价值奖励给经营者现金。

(5) 业绩单位

业绩单位激励方式是指公司期初奖励给经营者一定数量的名义股票，经营者并不享有股利或溢价收入。如果期末业绩达到规定标准，经营者将获得期末每股收益；若期末业绩未达到规定标准，将按规定视业绩完成情况，以比例扣减现金奖励额直至为零。

2. 员工持股计划

员工持股计划是长期薪酬激励的一个重要手段，它是指企业内部员工出资认购本公司的部分股权，并委托员工持股会管理运作，员工持股会代表持股员工进入董事会参与表决和分红的一种新型股权形式。

员工持股的思想源远流长，早在19世纪初法国的空想主义者圣西门等已经提出了员工持股计划的设想。美国是最早实施此计划的国家。19世纪60年代，美国律师凯尔索在原有理论与实践的基础上，提出了自己的观点，他认为只有让员工成为企业的主人或所有者，才能真正协调劳资关系，提高劳动生产率，使经济持续平稳地发展。此后，在美国的许多企业中，员工手中的股票迅速增长，一些企业建立了员工个人股票账户制度。但是在20世纪20—30年代，经济萧条带来了股票大幅度贬值，员工持股计划受到了沉重打击。

20世纪50年代，随着经营者年薪制的兴起，员工持股计划开始恢复，一些企业实施员工持股计划主要是为了激励企业高层经营者向管理层和高级员工提供多样化的股票奖励。在此之后，该计划实施范围又逐步放宽，开始向普通员工发放本公司股份。通常情况下，该计划由公司或其他金融机构的信托部门掌握，经理阶层以股票的形式得到相应的奖励。20世纪80年代中期，美国政府开始对员工持股给予参与者税收方面的优惠。

如今在欧美国家，员工持股计划已经非常普遍。调查显示，美国有50%以上的企业都在推行各种形式的员工持股计划；在法国工业部门，员工持股率达50%以上，有的金融企业甚至达到90%以上；英国90%以上的非国有公司有员工持股；日本上市公司中的绝大多数实行了员工持股计划；德国更是员工持股计划发展比较好的国家。许多著名的跨国公司如百事公司、沃尔玛、宝洁等，都已经将股票期权由高层管理者推广到全体员工。

我国员工持股计划主要是伴随企业股份制或股份合作制改造而产生的，具体做法是股份制企业依照有关政策法规，委托工会作为社团法人或单独注册为社团法人成立员工持股会，对员工自愿认购的本企业股份进行统一监管和运行，并代表员工股东进入董事会和监事会，参与企业重大决策和分享股息红利。

员工持股的资金来源一般有两个渠道：一是员工按照自愿原则出资认购；二是由员工劳动积累形成的公益金、集体福利基金、工资基金、奖励基金等提取一定比例向职工个人配发股权或股份。

（二）股票期权计划

股票期权就是给予经营者在未来一段时间内按预定的价格(行权价)购买一定数量本公司股票的权利。

股票期权并不是股票,而是一种权利。股票期权的受益人在规定时间内决定购买股票,则公司必须卖给他们;若他们决定不购买股票,则公司或其他人不能强迫他们购买。股票期权只有在行权价低于本公司股票的市场价时才有价值。股票期权是公司无偿赠与经营者的。经营者获得股票期权是免费的,但实施股票期权时,必须按行权价购买股票。

股票期权的赠与计划必须是一个成文的计划,包括股票期权的受益人、股票期权行权所需股票来源渠道、股票期权的赠与时机和数目、股票期权行权价的确定、股票期权的授予和行权、股票期权的权利变更及丧失、股票期权的执行方法、对股票期权计划的管理等。该计划的制定与实施必须经过股东大会的批准,其中参与计划的人不能享受股票期权。股票期权计划施行若干年后(一般为 10 年)自动结束,如果要继续施行,需要再次得到股东大会批准。

期权方案应规定受益人范围,一般仅限于公司决策层成员和技术开发人员。具体人员由董事会选择,董事会有权在有效期内任一时间以适宜的方式向其选择的雇员授予期权,期权的授予数目和行权价格均由董事会决定。

股票期权行权所需股票来源渠道有两个：一是公司发行新股票;二是通过库存股票账户回购股票。库存股票是指一个公司将自己发行的股票从市场购回的部分,这些股票不再由股东持有,其性质为已发行但不流通在外。公司将回购的股票放入库存股票账户。当期权持有人在行使期权时,公司利用发行新股或出售库存股票,根据股票期权或其他长期激励机制的需要,留存股票,在未来某时再次出售。

经理人一般在受聘、升职和每年一次的业绩评定的情况下获赠股票期权,一般受聘时与升职时获赠股票期权数量较多,股票期权的赠与速度通常没有下限,但有些公司规定有上限。

股票期权行权价的确定一般有三种方法：一是现值有利法,即行使价低于当前股价;二是等现值法,即行使价等于当前股价;三是现值不利法,即行使价高于当前股价。由于我国股票期权还处于探索阶段,加上公司经营的体制环境不太宽松,经理人无法完全行使应有的控制权,因此适宜实行现值有利法。

通常情况下,股票期权不可在赠与后立即执行,公司将股票期权赠与受益人时,并没有授予他们行权的权利。受益人只有在股票期权的授予期结束后,才能获取行权权。股票期权的行权权一般是按照授予时间表分批进行,行权权的授予时间表可以是匀速的,也可以是加速的,公司授予时间因受益人身份不同而异。公司的董事会有权缩短经理人持有的股票期权的授予时间,在某些特殊情况下,甚至可以在当日将所有不可行权的股票期权变为可以行权的股票期权。

当受益人发生下列情况时，其拥有的尚未行使的股票期权须相应变更：如果经理人结束与公司的雇佣关系，股票期权可能提前失效，股票期权计划中一般对此有特殊规定。如果经理人是因为退休而离职，可享受一定的优惠权利，如他持有的所有股票期权与授予时间表和有效期限不变，享受与离职前一样的权利。但如果股票期权在经理人退休后一定时间(通常为 3 个月)内没有执行，则成为非法定股票期权，不享受税收优惠。如果经理人在事故中永久性地完全丧失民事行为能力，因而中止了与公司的雇佣关系，则可享受相应的优惠权利。如果经理人在任期内死亡，股票期权可以作为遗产转至继承人手中。

当授予公司发生下列情况时，发行在外的尚未行使的股票期权应做相应调整：如果公司发生并购时，股票期权计划中的授予时间表会自动加速，使所有的股票期权都可以立即行权，或者也可由母公司接管股票期权计划或将股票期权计划转为基本等值的现金激励计划。当公司的控制权发生变化时，股票期权计划执行要相应地调整。如果公司的资本结构在期权仍可行使时出现变动，就尚未行使的期权、行使价和期权行使方法而言，期权计划涉及的股份数目或面额均需做相应调整。当公司发生送红股、转增股、配股或增发新股等影响公司股本的行为时，需要对尚未赠与尚未行使的股票期权在期权数量行使价格上进行相应的调整。如果股东在期权仍可供行使期间提出将公司自动清盘有效决议案，有关权利要做出相应的规定。

股票期权的行使一般有现金行权、无现金行权和无现金行权并出售三种方法。现金行权是指个人向公司指定的证券商支付行权费用以及相应的税金和费用，证券商收到付款凭证后，以行权价格执行股票期权。证券商为个人购买股票，并将股票存入经理人个人蓝图账户(个人在指定的证券商开设的经纪人账户，用以支付权费用、税金、佣金和其他费用，存放股票，行权受益也可存入蓝图账户)。无现金行权是指个人无须以现金或支票支付行权费用，证券商以出售部分股票获得的收益来支付行权费用，并将余下股票存入经理人个人的蓝图账户。无现金行权并出售是指个人决定对部分或全部可行权的股票期权行权并立刻出售，以获取行权价与市场价的差价带来的利润。

对股票期权一般实行两级管理。首先公司通过董事会来管理实施股票期权计划，董事会有权决定每年的股票期权赠与额度、授予时间表以及出现突发性事件时对股票期权计划进行解释并做出重新安排。当税法变更或者股票期权计划规模过大，董事会有权在未获得股东同意的情况下变更股票期权计划中的部分或全部条款，甚至中止该计划。董事会有权中止股票期权计划或者中止董事会对股票期权计划管理权限。但是，即使股票期权计划已经被中止，经理人持有的可行权的股票期权仍然可以执行。

（三）期股计划

期股是指公司所有者预留一定数量的股票锁定在经理人员的个人账户中，公司经理人员在达到预期业绩或预约时间后予以兑现。只要经营业绩达标，不用花钱或花很少的钱即可获得约定的股份。但在兑现前，期股只有分红、转让、继承等部分权利，股票收益将在中长期兑现。期股制的核心是股票，它具有强制性，一旦经理人员选择了期股就必须承担购买股票的义务。如果公司经营不善造成股票价格下跌，经理人员就会遭受很大损失。

期股计划的显著作用就是使经理人员分享一定的剩余索取权，并承担风险，故对其激励具有长期性和行为的约束性，有利于企业资产增值和发展。

期股计划主要由五个要素构成：① 实施激励主体，即期股计划的决策者，一般应是企业资产所有者或其授权机构；② 期股受益人，即期股的购买及拥有者，一般是具有经营决策权的高层经理人员；③ 期股的有效期，即选择权的有效时间，超过此期限则失去此项权利；④ 期股协议购买价格，即施权价；⑤ 期股的购买数量，此数量因企业而异，既要考虑发挥其激励与约束作用，又不能损害所有者权益。

从激励的角度来讲，股票期权与期股对经理人员的激励效果是不一样的。在股票期权激励方式中，经理人只承担很小的风险，因此期权数量设计中不受其风险承担能力的限制。通过增加期权的数量，可以产生很大的杠杆激励作用。这种激励方式一方面将鼓励经理人员创新与冒险，另一方面也有可能使经理人员过度冒险。而期股激励的基本特征是“收益共享＋风险共担”，即经理人员在获得股权增值收益的同时，也承担了股权贬值的风险。因此这种激励方式将引导经理人员努力工作，并以较为稳健的方式管理企业，避免过度的冒险。由于受经理人员承担风险能力和实际投资能力的限制，这种股权形式下股权的数量不可能很大，可能会影响相应的激励效果。因此，一般来讲，股票期权激励的效果要大于期股激励的效果。

三、长期绩效薪酬制度的意义

1. 有利于吸引和留住优秀人才

长期绩效薪酬制度通过让员工参与利润分配，不仅肯定了员工对企业的贡献，而且可以增强员工的归属感和认同感，激发员工的积极性和创造性，对员工的激励作用非常大。另外由于这种激励方式的着眼点在长期，很多企业对各种激励计划的实施条件进行了各种各样的规定。这样一来，员工只有长期留任才能获得丰厚的回报，这也有助于留住优秀人才。

2. 提高企业长期效益

股票持有计划把经营者的收入与企业长期业绩更为紧密地联系在一起，使经营者的决策更具科学性和合理性。传统体制下，由于经营者不需要对决策后果承担直接责任和从中获得利益，其决策的随意性比较强，经常出现不计风险的盲目决策或刻意规避风险的保守决策。而长期绩效薪酬制度可以促使经营者更多关心企业的长期价值，对防止其短期行为、引导其长期行为具有较好的激励和约束作用。

本章小结

绩效薪酬，也就是人们通常所说的按员工的绩效付酬，是全面薪酬体系中的一个重要组成部分。绩效薪酬实质上是根据员工的工作绩效支付薪酬的一种工资形式。它与固定薪酬相比，属于薪酬中可变的部分，对员工的激励作用更为明显。

绩效薪酬制度可以从个人和团队、短期和长期等不同角度进行分类，包括计件绩效薪酬制、标准工时绩效制、一次性奖金制等个人绩效薪酬制度，小组奖励制、利润分享制、收益分享制等团队绩效薪酬制度以及股票持有计划、股票期权计划、期股计划等长期绩效薪酬制度。

不同的绩效薪酬制度对员工的激励作用是不一样的。个人绩效薪酬制度有利于提高员工工作热情；团队绩效薪酬制度有利于培养员工之间的团队合作精神；长期绩效薪酬制度有利于提高企业长期效益。

案例分析

1. 提成奖金是单位为了鼓励员工提高劳动效率和工作质量而付给员工的货币奖励，在整个薪酬体系中奖金的激励作用较大，具有灵活和针对性较强等特点。从本案例中我们可以看到，在低工资加提成奖金的薪酬制度下，员工对提成奖金将非常关注，如果提成奖金设计不合理，会导致员工的不满。E公司正是处于这样的情况之下，拿到高提成的员工在庆幸自己运气好的同时，也担心万一自己开发的产品毛利低了或领导安排开发另外一个市场容量小的产品，收入会减少，而这些都不是自己可以控制的。提成很低的员工怨声载道，自认命运不公，希望开发另外提成更高的产品，或公开宣称只要合同期一到就离职。

2. 作为领导，要使激励制度发挥作用，首先，要保证努力和报酬之间存在直接关系。对于基层研发人员，其研发项目是由公司或者上级指定，其任务主要是按照流程实施。一般来说，无法决定要进行的项目，更不能决定所开发产品的销售毛利。对于公司管理层和产品经理(负责整个产品的生命周期管理)，可以将产品的总毛利作为考核的主要指标，但作为唯一指标来决定只负责研发工作的研发人员提成奖金就太片面了。其次，对知识员工的激励，尤其是对研发人员的激励，应当以奖励为主。E公司在制定重点新产品的奖励政策时，规定一旦开发失败要扣除研发人员的奖金，这样显然会抑制研发人员的创新和冒险，因为这些活动都是有风险的，惩罚制度会进一步导致研发人员避开难度大和开发风险大的产品的开发，其结果势必造成公司的巨大损失。

思考题

1. 如何正确理解绩效的含义?
2. 什么是绩效薪酬制度?它可以分为哪些类型?
3. 什么是计件绩效薪酬制?其具体形式有哪些?计件绩效薪酬制有哪些优缺点?
4. 什么是团队绩效薪酬制?其优点和缺点主要表现在哪些方面?
5. 收益分享制和利润分享制各有哪些形式?两者有什么异同点?
6. 了解实施长期绩效薪酬制度对企业和员工的重要意义。
7. 什么是股票持有计划?股票持有计划包括哪些内容?
8. 掌握股票期权计划与期股计划的含义,并说明两者在激励效果上的区别。

第六章 薪酬水平的确定

引导案例

核心员工为何纷纷离职?

小王是A公司的业务骨干。最近,小王感到有些苦恼和迷茫,因为自己曾经最好的朋友和搭档小刘跳槽去了另一家同业公司,而且这段时间已经有好几位同事先后跳槽。事实上,A公司是一家高成长高盈利行业的重量级企业,为员工支付的薪酬在同业中处于较高水平。公司的薪酬主体包括两部分:每月发放的为固定工资,年底为业绩奖金。小王暗自思量,自己已经到公司四年多了,但基本工资还是刚转正时的水平,年底奖金数量倒是不少,但对于到底能发多少奖金,完全无从判断。这是因为该公司的薪酬实行保密制,员工只知道自己固定工资的绝对水平,却不知道自己在公司的整体薪酬体系中处于什么样的位置,还有多大的发展空间;对于年底究竟可能拿到多少业绩奖金也完全不清楚,奖金的多少似乎同工作业绩的好坏没有明显的关联,不是个人所能够控制的;而且公司的薪酬已经多年没有调整过,一成不变的薪酬体系让人看不到希望。小王觉得自己似乎只是在原地踏步,是不是也该像伙伴们那样挪挪窝了呢?

案例讨论题

1. 该公司核心员工流失的主要原因是什么?
2. 你认为采用哪些方法才能改变公司现状?

怎样为一家企业确定适当的薪酬水平,制定既公平而又具有一定竞争力的薪酬水平呢?这就需要进行薪酬水平的调查。薪酬不能仅凭一个人或几个人的想象来确定,薪酬不能太高,也不能太低。薪酬太高了,会增加企业的成本、降低企业的利润;薪酬太低了,又缺乏竞争力,不能有效地吸引人才、留住人才。只有通过调查,了解劳动力市场的供给状况,明晰地区及行业内的薪酬水平情况,掌握各类人才的价格行情,才能以此确定正确的薪酬策略，有效控制组织的人力成本。因此薪酬调查是薪酬设计中的重要组成部分，薪酬调查的报告能够帮助企业达到个性化和有针对性地设计薪酬的目的。

第一节 薪酬调查

一、薪酬调查的概念

（一）薪酬调查概念的界定

对于什么是薪酬调查，不少国内外学者都从不同的角度对这一概念进行了阐述。美国著名薪酬管理专家乔治·T. 米尔科维奇教授从管理过程的角度，把薪酬调查看作是一个系统的过程。他认为："薪酬调查是采集、分析竞争对手所支付薪酬水平的系统过程。"而我国国内许多薪酬管理的著作中一般都是从薪酬调查的内容、方法和目的的角度对这一概念进行界定，通常认为："薪酬调查，就是通过一系列标准、规范和专业的方法，对市场上各职位进行分类、汇总和统计分析，形成能够客观反映市场薪酬现状的调查报告，为企业提供薪酬设计方面的决策依据及参考。"

（二）薪酬调查的发展现状

薪酬调查最早起源于美国，并在美国和欧洲等西方发达国家的企业中被广泛采用，大多数企业是通过薪酬调查来了解其他企业对各种具体职位的薪酬支付水平。据统计，美国企业有 93%的雇主通过薪酬调查来确定企业薪酬水平，50%以上的雇主认为薪酬调查是一项非常重要的工作。

近几年来，薪酬调查受到国内外企业的广泛关注，大多数企业在制定自己的薪酬水平决策、确保薪酬外部竞争性时，都是以市场薪酬调查数据为依据的。国内企业也开始关注薪酬调查，有的企业聘请专业的咨询机构帮助其设计薪酬体系，有的企业则从专业的调查机构处购买薪酬调查报告。由此，薪酬调查开始受到了越来越多企业的重视。

企业的竞争归根结底是人才的竞争，人力资本将成为企业更为关注的焦点。通过薪酬调查获得竞争对手和行业内的薪酬水平信息，可以合理地制定自身的薪酬体系，确保企业长期稳定的发展。企业想吸引人才、留住人才，其薪酬水平必须与市场同一职位的薪酬水平相近。因此，若要发挥薪酬的激励作用，首先要做好薪酬调查工作，这也成为现代人力资源管理的一项重要工作。

二、薪酬调查的目的

薪酬调查不可能对企业内部所有职位进行逐一调查，因此，在大多数情况下，薪酬调查只是旨在确定基准职位的薪酬水平，其他职位的薪酬水平可以根据其相对价值和基准职位的薪酬水平进一步确定。通过薪酬调查还可以增强企业对竞争对手的了解，有助于企业及时调整自己的薪酬战略。此外，薪酬调查的结果对于企业实现薪酬在效率、公平、合法等方面的目标也会有重要的影响。具体说来，企业一般都希望通过薪酬调查达到以下几个方面的目的。

（一）调整薪酬水平

大多数企业都会定期对自己的薪酬水平进行调整，而调整的依据一般包括生活成本、员工的绩效、企业的经营状况与支付能力，或者是随着竞争对手的薪酬水平有所变化而进行调整。及时掌握竞争对手的薪酬水平变化和市场环境的变化，可以有针对性地制定自己的薪酬水平调整对策，以免在人力资本市场和产品市场的竞争中处于不利地位。因此，薪酬调查有时比企业内部的岗位评定更为重要和有效。

（二）调整薪酬结构

以往许多企业在制定薪酬结构时，通常以岗位的工作内容、工作技能的复杂性为基础，这样就容易忽视薪酬结构的外部竞争性。现在大多数企业开始同时重视薪酬水平与薪酬结构的外部竞争性，而这些企业的薪酬结构往往更依赖于薪酬调查的结果，通过调整薪酬结构以保持其外部竞争性。

（三）评估竞争对手的劳动力成本

一些企业，特别是那些竞争激烈行业中的企业，如商业零售企业、快速消费品企业，通常运用薪酬水平调查结果来对其竞争对手的产品定价和生产制造进行财务分析，进而评估其人力成本总额。人力成本从一定程度上反映了企业的获利能力和利润率，它可以作为本企业制定竞争战略的依据。

（四）制定薪酬预算和控制人力成本

薪酬水平调查结果是进行薪酬决策的重要依据之一，最终会通过薪酬体系的实施影响企业在公平、公正、合理等方面的薪酬目标。企业的人力成本和产品的竞争力往往会受到薪酬水平调查结果的影响，因为企业总会根据这一调查结果来确定自己的薪酬预算，进而确定本企业的人力总成本。只有制定了薪酬预算，并有效地控制人力成本，才能较为准确地预测企业的利润率，从而制定更为合理的竞争战略。

（五）了解其他企业薪酬管理的发展新趋势

薪酬调查中所要了解的数据除了基本薪酬这些简单的信息外，还包括奖金、福利、长期激励、休假等各种福利以及加班时间、各种薪酬计划等方面的信息，甚至包括其他企业的员工流动率、加薪频率等。因此，企业可以借此了解某些新型的薪酬管理实践在企业界的流行情况，有助于企业判断自己是否有必要顺应潮流，来实施某种新的薪酬管理实践。

三、薪酬调查的具体操作步骤

在决定进行薪酬调查以后，如果能想办法联合一些同样有此打算的企业共同出资进行的话，就可以分担费用、节约成本，还能使信息资料搜集等工作在不同的组织之间顺利地开展。不管是否能找到合作者，组织在薪酬调查的计划阶段都应当成立一个委员会或调查工作小组，让他们来计划、协调、控制和负责整个调查工作的进行，这对调查的顺利实施和保证结果的有效性是非常有帮助的。以下是薪酬调查的具体操作步骤。

（一）确定调查的目的

只有确定调查的目的后才可能决定要调查的工作内容、范围大小、要涉及的其他公司以及需要获得的信息等。也就是说，确定调查目的是以下各个步骤的前提。如果调查的目的只是要了解一两项工作的信息，那么调查的实施就不必过于讲究，以适当节约成本。如果薪酬调查的目的锁定为调整某一职位的薪酬水平，那么就只需要对某一职位的市场薪酬进行调查就可以了；如果薪酬调查的目的锁定为控制人工成本，那么可能就需要对企业中某些职位或所有职位进行薪酬调查。

（二）确定调查所涉及的市场范围

由于组织中不同种类工作的员工来源不同，如大多数白领和蓝领员工来自本地，而技术人员、管理者和专家们的流动性就较强，他们可能在多个地方工作过。因此这些工作的调查对市场范围的要求就很不一样。前者在本地区内开展调查已足够，后者则最好能涉及全国或周边多省市，这样的调查才有实际效果。如文员、一般技术人员和半技术人员，所调查的区域应该是与公司在地理位置上比较接近的地方。对于中高级职位而言，如市场部经理、人力资源副总等，所调查的区域应该更大。同样，调查所包括的行业也是应该考虑的一个问题，对于低层级的职位来说，行业之间的差别并不大，而对于中高级管理人员和技术人员来说，最好是选择可能与公司存在竞争的行业。

（三）确定要调查哪些组织

选定开展薪酬调查的地理区域范围后，下一步就可以在这一市场范围内选定调查所要牵涉到的公司。在进行选择时可以依据以下几个标准。第一，同行业的其他公司。它们和进行调查的公司一般都有相同种类的工作以及相似的工作等级结构，调查它们的工资水平最能反映同行业的市场情况。第二，雇用有相似技能的同种劳动力的公司。第三，组织的大小规模。因此，可以选取规模适中的一些公司，再兼顾大小两头。在调查中，需要调查的公司数目是根据调查目的而定的一个因素。如果组织只在有限的市场范围内有为数不多的竞争对手，那么以这些公司为调查对象就可以了。但如果需了解全国的情况，就必须采取分层随机抽样的调查方法，选取足够代表全域的样本，数量可能非常大。在实际操作中应根据具体情况和要求确定调查规模，不能因怕麻烦或节约成本而不遵守调查的原则。

（四）确定要获得的信息

这个问题仍然需要由调查的目的来决定。虽然大家都希望用一次调查就获得有关工资、福利以及薪酬政策等所有信息，然而实践表明一次调查这么多信息的效果并不理想。比较适合的方法是对工资、福利等分别进行调查。薪酬调查中一般要得到的信息包括特定工作的报酬、基础工资标准、最高和最低的工资标准与工资数额、上一次调查到现在的工资涨幅变动情况等。

（五）设计并制定调查问卷

决定了要获得哪些信息以后，下一步就可以设计和制定相应的调查表来搜集信息。对调查表的要求一般是要尽可能方便和清楚地记录信息，并且能适用于迅速制表和分析数据。通常需要准备两种调查表格，一种是调查组织基本情况、薪酬政策和实施程序，另一种是调查具体的薪酬信息。对于前者，所有被调查的公司都可以使用同样的一份，但对于后者，则需要根据被调查的公司的具体情况而决定其内容和格式。

（六）确定调查方法

调查常用的方法一般有电话访问、信件调查、访谈调查等。电话访问一般用于获取诸如有关薪酬政策及少数几个工作岗位的薪酬信息等，由于电话访问受到时间和交流上的限制，因此，双方最好都对工作有非常清楚的了解，这样就不至于浪费时间或表述不明白。信件调查对被调查者的回答没有时间约束，可以思考清楚后再回答。然而它所花费的时间较长，且调查表不一定保证能被收回。一般公认最有效率的调查方法是对合适人选进行直接访谈。调查者应是经过训练、对被调查工作有一定了解的人，他们往往应具有较好的人际沟通技巧和能力，能取得被调查者的配合，很好地控制调查的进行。当然，由于现在互联网和移动通信的普及，所以很多调查也可以利用网络工具进行。

（七）整理和统计调查问卷

调查问卷被收回来后，需要尽快进行检查、核对等一系列的整理工作。在问卷整理过程中，尽管使用的都是标准问卷格式，但由于被调查者在理解题意上可能存在一定的差异，会造成问卷上答案也存在各式各样的问题，因此在问卷整理过程中一定要注意以下三点。

1. 统计口径要一致

严格按照工资、奖金、福利等定义来区分不同的问卷，以保持统计口径的一致性。

2. 统计要准确且全面

统计时不仅要关注数字信息，还要注意问卷中被调查者的文字信息。统计者在统计时，一定要仔细分析这些文字的真正含义，并同相关数字联系起来，以确保信息的准确性。

3. 采用专门的数据库软件进行统计

这样做一方面可以减少误差，另一方面便于进行数据处理与分析。

（八）分析调查结果

完成数据统计后，接着就是对统计结果进行分析，来确定我们所需要的信息。薪酬数据的分析方法一般分为频度分析、趋中趋势分析、离散趋势分析和回归分析等。

1. 频度分析

频度分析是一种简单而又直观的方法，即将调查所得到的与每一个职位相对应的薪酬数据从高到低进行排列，然后统计落入每一薪酬范围内的企业数量。哪一个薪酬范围内企业的数量越多，表示这个薪酬范围就是越接近目前市场的薪酬水平。例如，假定财务总监一职的薪酬调查数据经过频度分析之后，得到表 6－1 所示的频度分布表，可以看出该职位的薪酬浮动范围为 3 751～4 750 元，这也是大部分企业为之支付的薪酬范围。

表 6－1　频度分布表

薪酬浮动范围/元	平均薪酬在此范围内的企业数量/家
3 000～3 250	0
3 251～3 500	1
3 501～3 750	2
3 751～4 000	4
4 001～4 250	5
4 251～4 500	6
4 501～4 750	7
4 751～5 000	2

续 表

薪酬浮动范围/元	平均薪酬在此范围内的企业数量/家
5 001～5 250	1
5 251～5 500	1
5 501～5 701	0

2. 趋中趋势分析

趋中趋势分析通常有三种方法：算术平均数、加权平均数和中位数。

算术平均数是其中最为普遍的方法，它不考虑不同企业中某职位员工数量多少的差异，给予调查中的每家企业的薪酬数据的权重都是相同的。通过将与特定职位对应的所有数据简单相加，再除以参与调查企业的个数，从而求出其平均值。

与算数平均数不同的是，采用加权平均数这种方法时，不同企业的薪酬数据将会被赋予不同的权重，而权重的大小则取决于每一企业中在同种职位上工作的员工人数。当在某企业中从事某种职位的员工人数越多，则该企业所提供该职位的薪酬数据对于其最终平均薪酬数据的影响也就越大。由于加权平均数反映的是供求规模，因此它更能准确地反映劳动力市场的状况，是一种比较科学的方法。

把收集到的薪酬数据按从大到小或从小到大的顺序进行排列，而后取位于中间职位上的那个薪酬水平数值，就是中位数。这种方法得到的数值比用算术平均数得出的数值更具有代表性，因为它的计算不受每个指标大小的影响。但是这种计算比较粗略，只能显示当前市场平均薪酬水平的大致情况。

3. 离散趋势分析

描述离散趋势的指标主要有标准差、四分位和百分位。

标准差反映的是薪酬离散的程度，标准差越大说明该职位的市场薪酬数据分布与平均值越分散，即偏离平均值越大。

四分位是将所有的薪酬数据从小到大排列，以 25%、50%和 75%三个百分比将这些数值分为四组，表明处于第一四分位数的薪酬数据位于最低的 25%以下范围内；处于第二四分位数的薪酬数据位于 25%～50%；处于第三四分位数的薪酬数值数据位于 50%～75%；而处于第四四分位数范围内的薪酬高于均值，并在薪酬数据排列中位于 75%以上。

百分位类似于四分位的薪酬数据排列方法，也是将所有薪酬数据按低到高依次排列。百分位所代表的是有百分之多少的企业的薪酬水平是低于位于该百分位上企业的薪酬水平的，其中第 50 个百分位是中间值。如果某企业薪酬水平是处于市场的第 75 个百分位，说明有 75%的企业的薪酬水平等于或低于该企业的薪酬水平，只有 25%的企业的薪酬水平超过这一薪酬水平。

4. 回归分析

统计学上用回归分析的相关系数来测试两个或多个变量之间的相关关系，即使用可以得到的其中一个变量的值(如销售额)来预测另外一个变量的值(如销售主管的薪酬)。两个变量之间的相关系数越接近于1.0，则表明这两个变量之间的相关性越强，可预测的准确性就越高。

(九) 撰写薪酬调查报告

薪酬调查报告是对薪酬调查结果的最后总结，也是对前一步所得到的数据进行进一步的分析，其结果对企业制定薪酬策略具有重要的参考价值。通过薪酬调查报告可知晓不同地区、不同规模或不同行业的薪酬状况，了解被调查地区企业薪酬与福利的现状；也可选定参加薪酬调查的企业中具有一定竞争性的对手进行对比分析，得到针对性、指导性更强的专项薪酬调查报告，获得更多更有价值的薪酬信息。

第二节　薪酬水平确定的影响因素

不管我们对薪酬是如何理解的，事实上，各企业的薪酬水平常常都不一样，员工的收入也是千差万别，这说明确实存在许多的可变因素影响企业薪酬水平的确定。一份科学而又合理的薪酬，必须满足薪酬的外部竞争性、内部公平性及激励性等诸多要求，否则就会留不住人才，也难以调动企业员工工作的积极性，更谈不上形成企业的向心力和凝聚力了。

在现代社会和市场经济环境中，企业要吸引人才、留住人才，在确定薪酬时就必须考虑到各种因素的影响。一般来说这些因素大致可被分为三大类，即外部宏观环境因素、内部组织微观环境因素及个人内在因素。具体如表6-2所示。

表6-2　薪酬水平确定的影响因素

影响薪酬水平确定的因素	外部宏观环境因素	社会经济发展水平
		市场经济体系
		政府的政策与相关的法律法规
	内部组织微观环境因素	企业的性质
		企业的经济效益
		企业的管理哲学和企业文化
		企业的生命周期

续 表

影响薪酬水平确定的因素	个人内在因素	工作表现
		资历水平
		工作技能
		岗位责任轻重
		工作年限
		工作量
		工作环境

一、薪酬水平确定的外部宏观环境因素

薪酬与社会经济发展水平、市场经济体系、政府的政策与相关的法律法规都存在十分复杂的关系。在市场经济条件下，薪酬水平受外部劳动力市场供求关系的影响越来越大，因此在经济转型和全球化之后，薪酬水平的宏观环境变得日益复杂化和多元化，我们需要站在更大的视角来审视影响薪酬水平确定的宏观环境。

（一）社会经济发展水平

薪酬作为对社会劳动成果的分配，当社会越富裕时，用于劳动报酬的数额就越大；薪酬作为一种生产成本，当一个社会经济越富裕、文明程度越高时，这种要素的价格也就越高。一个国家的经济发展的过程，同时也是社会薪酬水平提高的过程。

一般来说，社会经济发展、财富的增加，主要表现为社会劳动生产率的提高，因此，社会劳动生产率水平是衡量社会薪酬水平及控制社会薪酬水平的手段。

世界各国经济发展的基本经验表明，薪酬水平与劳动生产率水平的相互关系是，薪酬水平随着社会劳动生产率水平的增长而增长，但薪酬水平的增长幅度应低于社会劳动生产率水平的增长幅度，当然，薪酬水平的增长速度也不能明显低于社会劳动生产率水平的增长速度。如果薪酬水平的增长速度明显低于社会劳动生产率水平的增长速度，就会使劳动者付出的劳动得不到相应的补偿，影响社会劳动力的再生产；劳动者薪酬水平过低，也会减少自身发展、人力资本投资，不利于劳动者素质的提高等。因此，从总体上看，薪酬水平的增长要与全社会劳动生产率水平的增长保持合理的比例。

（二）市场经济体系

1. 劳动力市场的供求状况

在其他条件不变的情况下，薪酬水平由劳动力市场的供求状况所决定。劳动力市场

的供求状况的变化，决定企业对劳动力成本的投入，从而影响员工薪酬水平的变化。一般情况下，当劳动力供过于求时，企业的薪酬水平就可能低一些；当劳动力供不应求时，企业的薪酬水平就相应提高。

2. 竞争对手的薪酬水平

这是影响薪酬水平最直接、最主要的因素。企业在生存与发展的过程中，时刻关注其竞争对手的一言一行，并针对性地调整自身的政策、战略等，以免在竞争中处于不利地位，薪酬政策也不例外。如果竞争对手提高其薪酬水平，而本企业对薪酬方面却没有做出及时回应的话，在吸引和招聘员工方面，本企业可能因相对较低的薪酬而导致关键人才的流失，招募不到足够数量的优秀员工，在人才的竞争中处于不利地位；在留用员工方面，核心员工因本企业的薪酬低于竞争对手企业，因而觉得自身的价值在企业中没能得到应有的尊重和认可，继而产生不公平感，降低忠诚度、归属感，造成企业人才流失和生存危机。

3. 地区居民的生活水平

对绝大多数员工来讲，薪酬就是他们最主要的经济来源。可以说薪酬与员工生活息息相关，如果员工连最基本的生活都得不到保障，那他们还会有什么精力投入工作中呢？根据马斯洛需要层次理论可知，员工只有在最基本的生理需要得到满足后，才会有追求更高层次的需要。随着人们生活水平的提高，员工也不再满足于生理方面的需要，而是追求更高层次的需要，对个人生活的期望也提高了，这些都无形中会对企业的薪酬决策产生压力。同时，生活水平的提高也意味着物价指数的持续上涨，为了确保员工生活不至于恶化及购买力不会降低，企业往往也不得不考虑调整其薪酬水平。

（三）政府的政策与相关的法律法规

薪酬是社会再生产过程中的一种分配形式，其实质是劳动者的劳动报酬，薪酬水平的高低对社会再生产有着极为重要的影响：薪酬水平过高，只能维持甚至无法维持简单社会再生产，那么社会就不能发展，甚至倒退；薪酬水平过低，社会再生产也将难以维持。因此，任何一个国家都十分重视薪酬这一问题，很多国家都制定了与薪酬有关的法律法规。

同样，我国也制定了许多与薪酬有关的法律法规和政策。到目前为止，我国政府制定的影响薪酬管理的主要法律法规和政策为《中华人民共和国宪法》（以下简称《宪法》）、《劳动法》、《中华人民共和国个人所得税法》（以下简称《所得税法》）、社会保险制度和住房公积金制度等。这些法律法规和政策规定了我国薪酬管理的基本内容，如《劳动法》中明确规定了工资分配原则、最低工资、工资支付方式、节假日工资和加班工资等。此外，劳动法律法规还对各种保险、经济补偿做出了规定。因此，薪酬管理与法律法规和政策有着密切联系，法律法规和政策是薪酬管理的依据，对企业的薪酬管理行为起着标准和准绳的作用。反过来，薪酬管理是贯彻实施法律法规和政策的具体行为活动，两者相互依存、密不可分。

二、薪酬水平确定的内部组织微观环境因素

（一）企业的性质

企业的业务性质和其所处的行业都对薪酬确定有着一定程度的影响。如果是传统的、劳动密集型的企业，则其员工所从事的主要是简单的体力劳动，且在总成本中，劳动力成本所占的比重相当大，于是企业会想方设法地降低各种成本，又因从事此类工作的员工在劳动力市场中供大于求，企业随时可招募到相当数量的员工，而且此类行业的边际利润很低，因此企业在进行薪酬决策时就会考虑到这些因素，尽量把员工的薪酬定得很低，以求降低劳动成本，把节省的资金用于扩大企业规模等方面。

相反，如果是高新技术或资本密集型企业，由于其对技术或资本的投资要求较高，会对新企业的进入造成一种限制，易于形成卖方垄断的结构；高新技术或高资本投入企业的工作大都是复杂的、技术性很强的脑力劳动，往往要求从业者具有较高知识技能，以便熟练和充分利用这些资本或技术，产生巨大的经济收益。因此，这类企业更为关注薪酬成本可能会给自己带来的收益，只要高薪吸引来的优秀员工能够创造出高水平的收益即可，而且其也完全有能力支付高薪。对于这类企业，人才远比资金重要得多。

（二）企业的经济效益

在市场经济条件下经济效益是决定微观薪酬水平及其变动的最重要因素。经济效益对薪酬水平的影响决定着组织对员工薪酬的支付能力。如果一个组织生产的产品能适销对路、质量上乘，且能根据市场变化，及时开发、试制新产品，其经济效益就能在激烈的市场竞争中稳步提高，薪酬水平的提高也就有稳定可靠的资金来源；否则，薪酬水平的提高便是无源之水。

（三）企业的管理哲学和企业文化

企业管理哲学和企业文化的核心要素反映的是企业领导对员工本性的认识和态度。把员工视为“经济人”的企业领导认为，员工工作的唯一动机就是金钱，是“金钱至上主义者”，只有物质上的刺激才能让他们努力工作。因此，在确定员工的薪酬时，企业会简单地把收入与绩效相互挂钩，企业与员工是纯粹意义上的雇佣与被雇佣关系，企业根本不会考虑员工福利等长期性激励因素，反过来，员工也不关心企业的发展。

把员工视为“复杂人”的企业领导认为，员工在本性上有很多的追求，金钱并非唯一的动力，他们喜爱有趣的、富有挑战性的工作，且有自觉性，故把员工当作合作伙伴，因此在员工的薪酬构成中长期性激励因素所占的比重很大。例如，向员工提供更好的福利，实行利润分享制、股票期权等多种形式，在薪酬政策上更富有人情味，设身处地地为员工着想。

（四）企业的生命周期

企业的生命周期即企业生存发展所经历的不同阶段。一般而言，任何企业的发展必须经历创业、发展、成熟和衰退（或再发展）四个不同的发展时期。不同时期对薪酬形成模式及形成策略的设计有着不同的要求。在创业阶段，要求员工队伍稳定、团结一致，薪酬分配宜采用稳定模式，强调基本形成的安全功能；到了发展阶段，希望调动员工的工作积极性，激发各种潜能，薪酬分配就应该采用弹性模式，强调奖金、津贴的激励功能；到了成熟阶段，各项管理制度已健全，企业也步入了正轨，薪酬分配则宜采用折中模式，根据不同岗位、不同职务设计不同的分配方案，充分发挥薪酬的综合功能；到了衰退阶段，为了让企业重新振兴，薪酬分配也应与之相适应，重新设计有利于鼓励创新、促进企业重新振兴的薪酬分配模式，提高对创新有贡献的员工的薪酬水平。

三、薪酬水平确定的个人内在因素

（一）工作表现

员工的薪酬都是由个人的工作表现决定的，因此在同等条件下，个人绩效决定其取得的薪酬水平。最常见的绩效薪酬形式是年度奖金，它可能与公司的整体业绩、下属各经营单位的业绩、管理者的个人业绩或者三者的有机结合相关联。此外，公司还要提供比基本薪酬增长更多的奖金，这不仅可以激发员工取得更好的工作业绩，而且可以限制固定费用的增长，从而使公司的业绩获得极大的改善。总之，基于绩效支付薪酬可以提升员工工作满意度，提高生产效率，减少无故缺勤现象，提高员工工作质量。

（二）资历水平

一个员工在一个组织或一项工作中工作的时间长度，称为资历。一般来说，资历与工作经验和技能呈一定的正相关。资历一般与工作绩效结合起来影响薪酬水平，一个令人满意的工作绩效和资历相结合的方案，能够让员工根据其资历得到他们在这一薪酬级别的平均增长幅度，甚至使绩效优异者获得这一薪酬级别的最高薪酬增长幅度。

（三）工作技能

员工所从事的工作是他们将要得到多少薪酬的一个主要决定因素。组织按照员工所从事工作的价值、责任以及其他与工作相关的因素（如工作技能等）来决定其薪酬，一般来说，工作技能要求越高，薪酬水平就越高。如今，随着科技的不断进步，企业之争便是人才之争，掌握关键技能的人才已成为企业竞争的利器，这类人才自然成为企业高薪聘请的对象。

（四）岗位责任轻重

岗位既包含着权利，同时也负有相应的责任，有时对员工的心理乃至生理都会产生一定的压力。因此，企业要根据岗位的责任轻重、员工承受各种压力的大小来为其确定薪酬水平的高低。通常岗位越高、承受责任越大的人，其薪酬也就越高。

（五）工作年限

正式的员工薪酬通常高一些，主要是为了补偿员工过去的投资并减少人员流动。连续计算员工工龄工资的企业，通常能通过工资起到稳定员工队伍、降低流动成本的作用。

（六）工作量

不管按时、按件还是按绩效计酬，通常工作量较大时，薪酬水平也较高。薪酬水平差别的基本原因是工作量差别。

（七）工作环境

即使是两个承担同样职责的岗位，其薪酬也会因工作环境的不同而不同。假设一个员工是在安全宁静的环境下工作，而另一个员工是在危险喧闹的环境下工作，由于两者工作环境的不同，各自的薪酬水平也会不同。

第三节　竞争性薪酬水平的确定

一、竞争性薪酬水平内涵的界定

（一）传统意义上薪酬水平的理解

薪酬水平是指在一定时期、一定领域内员工薪酬的高低程度。薪酬水平的高低具有一定的相对性，可以在不同层次间进行比较。它既可以指某一国家、地区、行业、企业、部门、职位或员工个人等不同层次的薪酬水平，也可以指某一特定领域职位的薪酬水平。

在传统的薪酬水平概念中，人们更多关注的是企业中所有员工的平均薪酬水平。因此薪酬水平是企业中的几种薪水或年薪的平均值，该平均值可以是单个职位的个体薪酬等级，也可以是若干职位的薪酬平均值。在评价两家企业外部竞争力大小时，常常是简单地将一家企业中所有员工的平均薪酬水平，与另一家企业的全体员工平均薪酬水平进行比较。

（二）现代竞争性薪酬水平的理解

随着市场竞争的日益激烈，薪酬水平的外部竞争力已不再是一个笼统的概念，而更多地落实到某个具体的职位上，也就是说比较职位与职位之间或者不同企业中同类工作之间的薪酬水平。在现实生活中，将一家企业所有员工的平均薪酬水平和另一家企业全体员工的平均薪酬水平进行比较的意义越来越小，也就是说，企业整体的平均薪酬水平高，并不意味着它在所有职位上都具有竞争力。如果其内部各职位薪酬水平差距很小，重要职位和不重要职位之间的薪酬水平没有太大差异，那么它在重要性职位上的竞争性可能还不如平均薪酬水平低的企业。例如，我国一些处于垄断或新兴行业的国有企业整体薪酬水平较高，但内部收入差距过小，给予劳动力市场激烈竞争的高素质人才的报酬不足，而低技能的员工报酬过高，结果使那些对自己薪酬不满的高素质员工另谋高就，造成人才流失。

因此薪酬水平决定了企业薪酬外部的竞争力，一家企业所支付的薪酬水平高低无疑会直接影响到其在劳动力市场上获取劳动力的能力强弱。在这里，薪酬水平的外部竞争力，可以理解为一家企业的薪酬水平的高低以及由此产生的该企业在外部劳动力市场上人才的竞争能力的大小。

外部劳动力市场的供求关系常常是影响薪酬的外部竞争性的重要因素，因此企业为了招募到市场上一些短缺的人才，不得不提高其薪酬水平，使企业对这一重要职位所支付的薪酬水平远远高于其他并不重要职位的薪酬水平，这样做虽然在一定程度上增加了劳动力成本，也会与内部一致性要求之间产生矛盾，但可以确保它在这一重要职位上的外部竞争性。因而，对于现代竞争性薪酬水平的理解，应该是指给予那些具有核心竞争力的人才的平均薪酬水平。

在实践中，薪酬的竞争力通常是通过选择高于竞争对手(领先型薪酬策略)、低于竞争对手(滞后型薪酬策略)和与竞争对手相同(跟随型薪酬策略)的薪酬水平来实现的。事实上，许多企业不只采用一种薪酬策略，其根据不同的职业类别制定不同的薪酬策略，也就是说对企业中的关键员工如高级管理人员或技术人员等，实行领先型薪酬策略；对普通员工实行跟随型薪酬策略；而对那些在劳动力市场上随时可以找到替代者的员工实行滞后型薪酬策略。这种混合型薪酬策略具有灵活性和针对性的特点，可以保证企业在劳动力市场上的竞争力，同时有利于合理控制成本。

二、竞争性薪酬水平的重要性

薪酬水平外部竞争力对组织的生存和发展都起着十分重要的作用，主要体现在对员工和企业两个方面的影响。

（一）对吸引、留住和激励员工的作用

薪酬水平对企业的重要性首先体现在吸引、留住和激励员工这一方面。无论是过去还是现在，大多数员工都把薪酬视为第一位的就业要素，这种现象不但在西方发达国家中存在，而且在一些当前经济发达程度不高、员工收入水平普遍偏低的发展中国家，薪酬对于吸引劳动力的作用更是不言而喻。一个组织如果薪酬水平太低，将会很难招募到合适的员工，即使勉强能招到员工，其结果也往往不尽如人意。

一个组织想要留住员工，对薪酬水平是否满意是其中直接相关的因素。一般来说，薪酬水平越高，则员工的满意度就越高；薪酬水平过低，则会导致组织中原有员工薪酬的满意度下降，进而影响员工对组织的忠诚度，使员工的流动性增大，导致离职率上升，这对组织保持在市场上的竞争优势和进一步发展都是非常不利的。

另外，较高的薪酬水平还能激励员工努力工作。如果员工工作不努力或者有对组织不利的行为，这种现象一旦被发现并因此而被解雇，员工就可能很难在劳动力市场上找到类似的高薪职位，给自己带来很大的损失。因此较高的薪酬水平有利于防止员工这种短期行为，同时可以降低组织管理监督的费用。

（二）控制劳动力成本的作用

对任何一个组织来说，薪酬都是一种费用，因此，薪酬水平会直接影响到劳动力成本的支出，尤其是在一些劳动密集型的行业和以低成本作为竞争手段的企业中。在其他条件类似的情况下，薪酬水平越高，组织的劳动力成本就会越高；而相较于竞争对手的薪酬水平越高，则提供相同或类似产品、服务的相对成本也就越高。较高的产品成本会导致较高的产品定价，在产品差异不大的情况下，消费者自然会选择较为便宜一些的产品。

当今绝大多数产品市场已经由卖方市场转为买方市场，即大多数商品和服务是处于供大于求的状态，在这种市场竞争日益激烈的状况下，劳动力成本控制对组织有很大影响，因此企业采用竞争性薪酬水平就显得格外重要。

三、竞争性薪酬水平的确定

要使企业的薪酬达到真正具有一定竞争性的水平，可以从员工和企业两个方面进行解决。

（一）给予核心员工具有个性竞争力的薪酬

翰威特咨询公司曾对中国不同行业做了一份调查，结果表明，薪酬仍然是留住人才的第一要素。给予人才具有竞争力的薪酬，从某种意义上讲，既是人才满足基本物质需求的需要，同时也是对人才价值在物质层面的认可，无形之中将会增强人才的荣誉感和组织归

属感。

什么样的薪酬才能被称为具有竞争力的薪酬？所谓薪酬水平的竞争力，不仅是指薪酬的绝对水平，而且更是指薪酬的相对水平。这就是说，薪酬水平的竞争性，并不意味着薪酬越高，其激励效果就一定越好。有竞争性的薪酬水平应该是与竞争对手相比较的相对薪酬水平，应该是能保证有效吸引和充分激励核心员工的最恰当的薪酬水平。

由此可见，薪酬水平的竞争性与平均主义是格格不入的，企业经营者必须明确，拉开薪酬差距并不一定会导致公司士气低落，关键是拉开差距的依据是否充分，并将这些依据以制度方式予以明确。

为了降低成本，企业可以只对战略目标贡献大的岗位实施高薪酬策略，而对于其他相对次要的岗位则采取较低的薪酬水平。在企业面临薪酬资源紧张的情况下，采取这种策略一方面能够吸引并留住对组织至为关键的核心人才，另一方面也不会导致过高的人工成本。美国联合航空公司就是采用这种方法的典型案例。在美国联合航空公司中，对于最为关键的岗位大型飞机机长的薪酬水平基本上处于同行业的领先地位，比其竞争对手西南航空公司高出 40%；而对于相对次要的岗位小型飞机副机长的薪酬水平则只有其竞争对手的 80%。

同样，在一些外资企业，薪酬待遇因职位而异的个性化支付形式，就日益显示了强劲的竞争力和诱惑力，而个性化的前提是薪酬待遇的规范性和普遍攀升的趋势。除了国家规定的“五险一金”外，企业自己制定的“软性”福利待遇得到了推崇，如培训、保险之类的待遇受到了员工的欢迎和追逐，还包括为员工购买住房公积金，提供带薪休假，并与保险机构一起大力推销各类保险和员工持股计划。据悉，这种企业和保险机构一起安排员工保险的策略正逐渐成为外企争夺人才的制胜法宝，也为企业吸引和留住优秀人才发挥了积极的作用。

总之，富有竞争力的薪酬是核心员工薪酬设计的重要原则，在广泛开展薪酬调查的基础上，科学地对核心员工的薪酬水平进行定位，使企业员工尤其是核心员工素质提升与薪酬水平提高以及企业持续发展之间呈现互动式的良性循环，这样才能使企业在激烈的市场竞争中立于不败之地。这也充分说明，市场环境竞争越激烈，薪酬设计越应该侧重于外部的公平性。

（二）根据企业的生命周期制定具有整体竞争力的薪酬水平

所谓企业生命周期，是指企业像生物有机体一样，也有一个从生到死、由盛转衰的过程，其间大致要经过创业、成长、成熟和衰退的过程。

许多学者将企业视为一个系统，它不断地从外界吸收能量来丰富和充实自己，同时将不适合自身发展的产物淘汰，所以企业的生存和发展受系统内外各种因素的影响。随着企业规模的扩大，企业的组织机构和分支机构会不断增加，而且在激烈的竞争环境中企业时刻面临着挑战。企业这种自我更新和发展的内在特征与生物所具有的特征非常相似。

自19世纪以来,这个特性逐渐被人们所认识。

企业要在激烈竞争中不断生存与发展,就必须在进行薪酬设计时尽量做到其薪酬水平与企业生命周期各阶段相适应。目前,有关薪酬水平的完整资料搜集难度大、准确性差、针对性不强,企业在选择各阶段薪酬水平策略时,一般应以标杆企业(选定的竞争对手)的薪酬状况为依据。

例如,企业在创业阶段,员工人数少,企业利润少,员工这时不会有什么过高的要求,唯一的愿望是企业能够生存下去,这时可以采用低于标杆企业薪酬水平的策略,即滞后策略,做到福利和基本薪酬尽量降低,奖金尽量与市场持平,以此来降低企业的人工成本,将有限的资金用于扩大生产经营。到了企业成长的第二个阶段时,企业应选择薪酬水平领先策略,支付高于标杆企业的薪酬,以激励员工和吸引所需的大量高素质人才,做到基本薪酬与标杆企业薪酬水平持平,结合更高的奖金,并让员工享有较好的福利,从而使企业的薪酬水平高于市场竞争对手。当企业处于成熟平稳发展阶段时,员工考虑更多的是长远、稳定的工作和由此带来的长期收益,所以此时企业可以选择薪酬水平跟随策略,即与市场竞争对手薪酬水平相当,以维持企业员工享受与标杆企业员工同等的待遇。做到基本薪酬仍然与市场持平,而奖金绩效和激励薪酬可以调整到适当偏低或与市场竞争对手薪酬水平持平状态,保持较高的员工福利薪酬水平,以增加员工的企业认同感和归属感。企业应着重处理好员工薪酬的内部公平性,调动员工的积极性,提高企业生产率,维持企业健康发展,尽量减少人工成本,创造更多的利润。在衰退阶段的企业,产品滞销,利润下降,企业应尽可能让员工知道企业所面临的处境,争取员工的理解和认同,选择薪酬水平滞后策略。奖金仍沿用成熟平稳阶段的薪酬水平,这样会自然地降低企业的奖金支出,从而使企业薪酬水平降低。从长远、大局出发,争取员工自觉地与企业同舟共济,接受企业的薪酬水平调整策略,以适应企业经营战略目标的快速转移。

第四节　浮动薪酬与宽带薪酬

一、浮动薪酬

(一) 浮动薪酬的内涵

一般情况下,薪酬中的固定收入部分可保证员工的日常生活,使之产生安全感。但如果固定收入过高,就可能使员工产生惰性,不思进取,削弱薪酬的激励功能。因此企业对员工工作表现与成绩的认可、对员工的激励,主要来自薪酬中浮动的部分。同样,竞争性的薪酬也要求企业的薪酬具有上下浮动的特征。

薪酬的本质,在现代意义上是一种交换,具体而言,薪酬是劳资双方互相进行交换的砝码:一方将劳动力出售给另一方,另一方则出资购买,双方一旦达成合意,即可成交,也就是所谓的彼此确立劳动关系;反之则视为不能成交。因此,从广义上说,薪酬不仅是有形的货币,而且是劳动者根据劳动获得的所有报酬。因此,薪酬还可分为固定薪酬和浮动薪酬。其中,固定薪酬是指在法律的保障范围内,依靠劳资双方达成的契约,劳动者明确可知的、固定获得的报酬。它通常包括固定工资、津贴和福利等。另外,明确可知的稳定增长的薪酬也在固定薪酬的范畴内。

浮动薪酬是指相对于固定薪酬而言具有风险性的报酬,包括奖金、佣金等短期激励和期股,以及期权等长期激励。它通常是非固定的和不可预知的,与劳动者的具体工作表现密切相关。例如,时下比较流行的绩效薪酬就是一种浮动薪酬的形式。同样,不定期和不定式的物质奖励及精神奖励都是浮动薪酬的形式。

因此浮动薪酬就是把职工基本工资的部分或全部与奖金结合在一起,依据企业效益、职工工作表现和工作绩效来支付薪酬的一种薪酬制度。一般来说,基本工资中与奖金一起浮动的部分可多可少。可以是职工基本工资的大部分固定,小部分浮动;也可以是一半固定,一半浮动;还有的企业或组织甚至将全部基本工资都作为浮动部分。

但是如果浮动的弹性过大,又会使员工缺乏安全感和保障感,不利于吸引和留住员工。因此在薪酬设计中,应使固定薪酬和浮动薪酬的比例与岗位的特点相结合。一般情况下,岗位对企业总体经营业绩的影响越大,则该岗位薪酬中的浮动比例也越大,反之则越小。

(二)浮动薪酬的实施条件

在实行浮动薪酬之前,组织往往需要先确定一个生产指标或基数,超过这一生产指标或基数的职工工资可以上浮,即可以拿到全部的基本工资和奖金;不能超过这一生产指标或基数的职工工资下浮,即只能拿到一部分基本工资甚至连基本工资也拿不到。在保持其他因素稳定的情况下,职工工资高低与该生产指标或基数的高低有密切关系,因此,制定合理的生产指标或基数,是顺利实行浮动薪酬的关键。如果生产指标或基数过高,多数职工都完不成任务,必定使员工怨声载道,损害了劳动者的工作积极性;如果生产指标或基数太低,所有的劳动者都能完成,又会失去浮动薪酬的激励意义。所以,在确定生产指标或基数之前必须先经过大量的调查和论证,在实施时还应有比较健全的劳动定额管理和人事考评制度,才能保证浮动薪酬的合理性。

浮动薪酬要取得预期的效果,还必须具备其他一些条件。例如,企业的生产任务应既明确又比较饱满,职工不会因拿不到任务而失去工资上浮的机会。此外,生产任务的完成程度应便于量化测量,且具有可比性。在这样的前提下,职工是否能拿到浮动薪酬就完全取决于其个人工作努力程度,而量化可比的生产任务指标又可以保证浮动薪酬发放的合理性和公平性。

浮动薪酬具有风险性和未知性,这是因为在现代企业管理制度下,任何单个劳动者的工作行为都对企业产生整体性的影响。例如,生产人员的生产活动应考虑到产品的销售情况,否则过量的生产必将是对企业资源的浪费。也就是说,浮动薪酬不是简单的“多劳多得,少劳少得,不劳不得”的情况。同时,风险性的高低对不同的人的激励效果是不同的,有的人喜好高风险,而有的人偏向低风险。所以,企业应根据总体利益的需要,结合劳动者的需求差异,针对不同的人设置不同的浮动薪酬。一般情况下,设定原则如下:第一,劳动者对于获得浮动薪酬是有需求的;第二,劳动者通过努力能够获得浮动薪酬;第三,劳动者获得浮动薪酬并不是一帆风顺的,而是要付出相当的努力并经历一定的风险。

浮动薪酬具有收入效应和替代效应,即劳动者接受浮动薪酬所承受的风险对劳动者的积极性起“双刃”的作用。例如,假设某人收入中等且固定,其收入可以满足家庭正常生活需求及一定社会交往的需要,这时他对薪酬的需求曲线的弹性是一定的。那么,如果针对他设定风险性适当的浮动薪酬,他将认为只要付出可以承受的努力就能获得可观的报酬,这种付出是值得的,即以后可以生活得更好。所以,这时他对薪酬的需求就发生了变化,就会选择劳动而不是闲暇。这就是收入效应。

如果设定的风险性较大,作为一个理性的人,他会考虑到目前的所得已经可以满足其一定的需求,而不愿意冒风险去追求浮动薪酬,他将选择保持以前的劳动量(数量和质量),那么,针对本应在合理风险性下为浮动薪酬而付出的劳动而言,过高的风险使得劳动者选择闲暇,替代了劳动。这就是替代效应。那么这个浮动薪酬的设定就是失败的,它没有起到应有的激励作用。

二、宽带薪酬

(一)宽带薪酬的内涵

宽带薪酬制最早出现于20世纪80年代末、90年代初的美国。那时美国及西方国家的经济经历了很长时间的衰退,企业破产倒闭的数目不断扩大,失业率不断上升,美国的传统企业面临着重大的转型压力。在这样的背景下,许多美国公司为了摆脱困境,提高市场应变能力,开始改革原有的众多层级的机械式组织结构,追求整个组织结构的扁平化和柔性化。

在这种趋势下,传统等级薪酬结构出现了一些问题:① 传统等级薪酬制有很强的等级性,有时不能适应企业或个人需求的变化;② 传统等级薪酬制将不同的职位划分为不同的等级,给予不同的待遇,这对于需要一起合作的工作团队来说,显然是不适合的;③ 传统等级薪酬制对于个人能力的增强和职位职能的变化反应比较迟钝;④ 传统等级薪酬制以职位为基础，忽略了员工个人因素。在这种情况下，只有当员工的职位职能发生变化引起地位变化时，才会调整其相应的工资，而员工个人技术和能力的增长不能引起其工资的增加，影响了员工工作的积极性。

在这种背景下，宽带薪酬的出现正是迎合了企业组织的这种变化趋势，并在国内外企业中得到普遍运用。

所谓宽带薪酬，是指对薪酬等级和薪酬变动范围进行重新组合，从而形成相对较少的与行政职位或岗位相对应的薪酬等级，以及相对应的薪酬变动范围，将原来的十几个甚至几十个薪酬等级压缩到七八个甚至更少的等级，相应的每个薪酬等级的变动范围也大大提高的薪酬管理模式。

（二）宽带薪酬的特征

宽带薪酬是伴随着企业组织扁平化和柔性化、团队导向和能力导向等新的管理模式而产生的一种新型薪酬管理模式，并对传统薪酬结构中的各个等级进行了合并，如图 6－1 所示。因此与传统等级薪酬制相比，宽带薪酬具有以下特征。

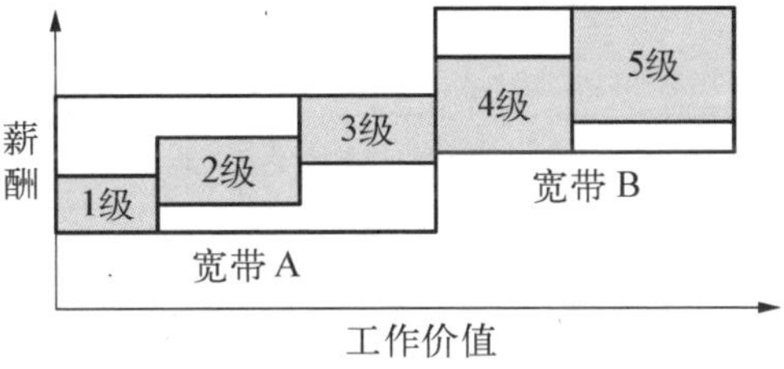

图 6－1　宽带薪酬模式

1. 宽带薪酬打破了传统薪酬结构的等级观念

传统等级薪酬制下，企业的薪酬设计强调效率，决策和信息在企业自上而下地传播。一个来自基层的信息通过层层汇报，到负责该信息处理的部门或员工那里可能需要经过七八层审核。企业内部很容易出现层层推诿、相互扯皮的官僚作风。而在宽带薪酬体系下，减少了工作与工作之间的等级差别，有利于企业提高效率以及创造学习型的企业文化，同时有助于企业保持自身组织结构的灵活性和有效地提升适应外部环境的能力。

2. 宽带薪酬引导员工重视个人技能的增长和能力的提高

在传统等级薪酬制下，员工的薪酬增长往往取决于个人职务的提升而不是能力的提高，因为即使能力达到了较高的水平，但是在企业中没有出现职位的空缺，员工仍然无法获得较高的薪酬。而在宽带薪酬体系下，即使是在同一个薪酬宽带内，企业为员工所提供的薪酬变动范围可能会比员工在原来的五个甚至更多的薪酬等级中获得的薪酬范围还要大，这样，员工就不需要为了薪酬的增长而去斤斤计较职位晋升等方面的问题，而只要注重发展企业所需要的那些技术和能力就可以获得相应的薪酬。

3. 宽带薪酬有利于职位轮换，培育新组织的跨职能成长和开发

在传统等级薪酬制中，员工的薪酬水平是与其所担任的职位严格挂钩的。同一职位级别的变动并不能带来薪酬水平的变化，但是这种变化使得员工不得不学习新的东西，从而导致工作的难度增加，付出更多的时间成本，这样，员工不愿意接受职位的同级轮换。而在宽带薪酬体系下，由于薪酬是由能力而不是职位决定的，因此员工乐意通过相关职能

领域的职务轮换来提升自己的能力,以此获得更大的回报。这有利于提升企业的核心竞争优势和整体绩效。

4. 宽带薪酬能增强组织的灵活性和创新性

在宽带薪酬体系下,上级对下级的薪酬有更大的决策权,有利于提高企业适应外部环境的能力。同时,宽带薪酬模式通过将薪酬变化与员工的能力和绩效表现挂钩,向员工传递一种以绩效和能力为导向的企业文化,来引导员工之间的合作和知识共享,以此培育积极的团队绩效文化,从而大大提升了企业的凝聚力和竞争力。

表 6-3 是传统等级薪酬制与宽带薪酬制的比较。

表 6-3　传统等级薪酬制与宽带薪酬制的比较

比 较 因 素	传 统 等 级	宽带薪酬制
薪酬战略与企业发展战略的关系	难配套	易配套
与劳动力市场的关系	市场是第二位的	以市场为导向
直线经理的作用	几乎没有参与	更多参与
薪酬调整的方向	纵向	横向与纵向
组织结构的特点	层级多	扁平
与员工工作表现的关系	松散	紧密
薪酬等级	多	少
级差	小	大
薪酬变动范围	窄	宽

尽管宽带薪酬制具有很多优点,但并不是每家企业都适合采用宽带薪酬制,因为宽带薪酬制也存在自身的局限性: ① 要求管理者更加注重员工个人的发展与培训,对沟通管理要求较高;② 结构形式过于宽泛,缺乏明确的职位界定,因此很难把握确切的薪酬水平,市场薪酬调查技术很难得到应用;③ 要求宽松管理,从而赋予了直线经理更大的薪酬决策和管理权限,这样有可能造成人工成本难以控制;④ 加大了绩效管理的难度。

本章小结

薪酬调查是企业确定薪酬水平的第一步。通过薪酬调查可以了解竞争对手以及企业内部各职位的薪酬状况。薪酬调查分为计划阶段、实施阶段和分析结果三个具体步骤。

影响薪酬水平确定的因素有很多,主要包括外部宏观环境因素、内部组织微观环境因素及个人内在因素三大方面。

要使企业薪酬水平真正具有竞争性，第一，必须给予核心员工具有个性竞争力的薪酬；第二，根据企业的生命周期制定具有整体竞争力的薪酬水平。

宽带薪酬是对多个薪酬等级及薪酬变动范围进行重新组合，从而形成相对较少的与行政职位或岗位相对应的薪酬等级。它是企业薪酬制度发展的新趋势。

案例分析

1. 企业若想留住关键员工，具有竞争力的薪酬起着至关重要的作用，但薪酬的竞争力不只体现在水平上，因为“高薪”却留不住“高人”的现象时有发生。上述案例中，虽然该公司的薪酬水平有竞争优势，但却不能“虏获”员工的“芳心”，主要原因包括：一是其实行的保密薪酬制，其对与薪酬相关的所有制度都保密，甚至薪酬结构及薪酬计算标准方面的规定也向全员保密，这导致员工难以判断报酬与绩效之间的关系，使得薪酬的激励效果大打折扣；二是薪酬水平多年来一成不变，没有及时根据市场状况、公司经营情况等进行调整。

2. 针对以上这些情况，公司首先要把薪酬保密制更改为薪酬透明制，包括薪酬政策的透明、薪酬管理操作过程的透明以及相关信息传递的透明，使得员工对关系切身利益的事情拥有知情权与参与权，员工可以看到自己的努力方向和发展前景；同时，也能让员工了解薪酬是如何与绩效挂钩的，使得员工的工作目标和企业目标更加趋于一致。其次对薪酬水平及时进行调整，通过一定的市场调查和分析，制定新的薪酬方案，这样才能激发员工工作积极性和创造性，同时使企业在市场上保持一定的竞争力。

思考题

1. 什么是薪酬调查？具体包括哪些实施步骤？
2. 分析影响薪酬水平确定的外部宏观环境因素。
3. 分析影响薪酬水平确定的内部组织微观环境因素。
4. 分析影响薪酬水平确定的个人内在因素。
5. 如何使薪酬具有外部竞争性？实施竞争性薪酬的重要性体现在哪里？
6. 怎样根据企业的生命周期选择与之相适应的薪酬水平？
7. 如何理解浮动薪酬制？
8. 什么是宽带薪酬制？请分析宽带薪酬制与传统等级薪酬制的不同之处。

第七章 薪酬设计及其调整

引导案例

A 公司的薪酬制度改革

A 公司是一家成立不久的装饰设计公司，主要业务是为商场、酒店以及房地产开发商提供设计服务，以大项目为主，定位较高，目标是在 10 年内成为国内同行业前 5 名。2018 年，A 公司的业务量趋于饱和，但到年底却发现全年利润仅有 11%，而且公司年初承诺给员工的提成及奖金尚未扣除。

对此，A 公司老板非常震惊，认为是目前的薪酬制度没有起到很好的激励作用，让员工变得懒惰。于是，其提出 2019 年要改革薪酬制度，对设计人员一律实行低底薪、高提成的薪酬管理办法，并与回款率挂钩。A 公司要求每名设计人员每个月至少完成 15 万元的项目，底薪一律为 3 000 元（目前为 5 000～6 000 元），完不成者降职为设计助理，底薪为当地最低工资保障线；同时实行自动淘汰机制。

案例讨论题

1. 你认为 A 公司制定的薪酬改革方案是否可行？为什么？
2. 针对上述问题，你认为 A 公司应对其薪酬制度如何改革？

一套科学合理的薪酬体系可以使企业吸引和留住人才，同时又能适当控制成本。在现实生活中，有些企业建立的薪酬体系能留住人才，调动员工工作的积极性。但有些企业的薪酬体系却使员工怨声载道、满意度下降，这说明必须遵循一定的薪酬原则和要求进行薪酬体系的设计。

薪酬设计是指在薪酬调查和系统分析的基础上，对复杂而又多因素的薪酬管理体系进行逻辑分析和综合判断并进行合理设计的过程。设计合理的薪酬体系不仅可以充分体现岗位和员工的工作价值，还能发挥良好的激励作用，有助于企业战略目标的实现。

第一节 薪酬设计的原则

企业设计薪酬时应遵循一定的原则,这些原则包括战略性原则、合法性原则、经济性原则、激励性原则、公平性原则、竞争性原则等。

一、战略性原则

近年来,伴随着人力资源战略管理的兴起,战略性原则在薪酬设计诸多原则中的地位和作用日益凸显。这一原则强调企业设计薪酬时必须站在企业战略的角度展开分析,制定的薪酬政策和制度必须体现企业发展战略的要求并支持企业战略的实现,力求做到薪酬战略化管理。

从性质上讲,企业薪酬战略是一种管理战略,具体是指建立与企业战略一致化的薪酬管理过程。在管理过程中,通过薪酬管理行为最终实现企业的战略。换而言之,企业薪酬战略管理的最终目标就是通过对企业员工的薪酬管理行为来实现企业的战略目标。例如,企业如果选择了成本领先的经营策略,那么人力资源的一些管理行为都应围绕着成本节约的宗旨进行,企业薪酬管理也应据此确定薪酬制度、薪酬激励机制和薪酬各要素及其组合。具体可以通过薪酬管理确定员工的角色,激励员工的行为,降低每一个员工的产出成本,或者增强员工核心竞争力,从而实现企业的战略目标。

因此,薪酬战略是企业战略的重要组成部分。在薪酬设计过程中,一方面要时刻关注企业的需求,通过薪酬设计反映出企业的战略,从战略的角度来分析哪些因素重要、哪些因素不重要,并通过一定的价值标准,分别给予这些因素一定的权重。另一方面也要把实现企业战略具体转化为对员工的期望和要求,然后把对员工的期望转化为对员工的薪酬激励,最后将这些遵循战略性原则的综合性因素具体体现在企业的薪酬设计中。

二、合法性原则

合法性原则是建立在遵守国家相关法律法规、相关政策和企业一系列管理制度基础之上的合法性,尤其是国家有关强制性规定。例如,我国在 2003 年已发布《最低工资规定》,以保障工人基本权益和基本生活需要;还有关于职工加班工资的发放问题,等等。总之，在薪酬设计中，国家的政策、法律和法规都必须遵守，不能违背，这是薪酬设计中的最低要求。

因此对企业来说，做到薪酬的合法性是必不可少的，这是建立在遵守国家相关政策、法律法规和企业一系列管理制度基础之上的合法性。如果企业的薪酬系统与现行的国家政策和法律法规、企业管理制度不相符，则企业应该迅速进行改进使其具有合法性。

三、经济性原则

薪酬设计的经济性原则强调企业设计薪酬时必须充分考虑企业自身发展的特点和支付能力。它包括两个方面的含义：从短期来看，企业的所有收入在扣除各项非人工费用和成本后，必须能够支付得起企业全体员工的薪酬；从长期来看，企业在支付所有员工的薪酬及补偿所有非人工费用和成本后，要有盈余，这样才能支撑企业追加和扩大投资，实现企业的可持续发展。

虽然一些企业为了吸引和留住人才，不顾一切代价提高其薪酬标准，以高薪来吸引优秀人才，但这种做法是不可取的。要留住优秀人才还要结合其他条件，因为仅有高薪不能满足员工所有的需求；而且最主要的是，还要对人力成本的投入产出比进行计算，如果仅仅用高薪吸引了优秀人才，却没有让其发挥出应有的价值和作用，无法创造出与之相匹配的绩效，这不仅会加重企业人力资本的负担，还会造成一定的人力资源浪费。因此经济性原则从另一个角度提出了劳动力资源的合理配置问题，劳动力资源数量过剩或配置过高，都会导致企业薪酬资源的浪费。只有当企业对劳动力资源的数量需求和配置保持一致、学历技能等方面的需求与配置大体相当时，这些资源的利用才具有经济性。

从表面上看，经济性原则与下面即将讨论的激励性原则和竞争性原则是相矛盾和对立的。因为激励性原则和竞争性原则提倡较高的薪酬水平，而经济性原则主张较低的薪酬水平，但在实践中三者并不对立也不矛盾，它们是统一的。当三个原则同时作用于企业的薪酬体系时，激励性原则和竞争性原则都要受到经济性原则的制约。在这种情况下，企业管理者首先要考虑其经济承受能力的大小、合理的利润积累等问题，然后才能考虑其薪酬体系的激励性和竞争性。

四、激励性原则

激励性原则就是强调企业在设计薪酬时必须充分考虑薪酬的激励作用，即薪酬的激励效果。对大多数企业来说，通过薪酬系统来激励员工是最常见也是最有效的方法。一个科学合理的薪酬体系能够对员工产生最持久也最根本的激励，因为科学合理的薪酬体系解决了人力资源所有问题中最根本的分配问题。在企业中，个人的能力是有差别的，因而其贡献也是不一样的，若贡献大者与贡献小者得到的报酬一样，则表面上看似平等，但实质上是不公平的。

有效的薪酬制度不仅要得到员工的赞同和认可，还要强化他们的劳动行为，并引导和推动他们的行为向着更高的目标迈进。为了达到这一目标，企业常常运用经济性或非经济性的手段，促使员工的行为始终朝着与组织一致的方向前进。

激励的要点在于确定哪些因素可以作为激励的诱因。单纯的高薪并不能有效地激励员工，只有构建一个能让员工充分发挥自身能力、承担自身的责任和通过自身的努力就能获得一定回报的薪酬体系，才能有效地激励员工。因此，为了从根本上解决企业的激励问题，企业在进行薪酬设计时要充分考虑各种各样的因素，使薪酬的支付获得最大的激励效果。

五、公平性原则

公平性原则是亚当斯公平理论在薪酬设计中的运用，它强调企业在进行薪酬设计时要“一碗水端平”。这种公平并不是我们在传统意义上讲的对员工的薪酬实现无差别地支付，而是从员工个人感受的角度出发，只有当员工觉得薪酬设计是公平的，他们才会产生认同和满意感，才能产生薪酬的激励作用。

公平性原则本质上是一个心理原则，也是一个感受原则，它涉及的是一个人的心理主观感受问题。员工对公平的感受主要来自以下几个方面：一是与外部同类企业(或行业)相比较所产生的感受；二是与本企业同类岗位(或类似工作量)的薪酬相比较所产生的感受；三是对企业薪酬制度在执行过程中所体现出的公正性、严格性和公开性所产生的感受；四是对最终获得薪酬多少的感受。

比较的结果能否让员工感觉到公平，会直接反映在员工的工作态度和努力程度上。当员工感觉薪酬公平时，他们就会受到良好的激励并保持旺盛的工作热情和积极性；当员工感觉薪酬不公平时，他们的工作积极性就会下降，同时还会采取一些消极的应对措施，如减少对工作的投入、降低责任心甚至辞职等。

公平性原则包括内在公平与外在公平两个方面的含义。内在公平是指企业内部员工对其表示认可，让他们觉得自己所获得的报酬相对于企业内部其他员工来说是公平的。为了做到这一点，必须了解员工对企业薪酬体系的意见，采用透明、竞争、公平的薪酬体系，这对于激发员工工作积极性有重要的作用。外在公平是指与同行业其他企业尤其是具有竞争性质的企业相比，本企业向他们所提供的薪酬具有竞争力，这样才能确保招募到优秀人才，并且留住优秀员工。为了达到这一目的，管理者往往要进行各种形式的薪酬调查。

六、竞争性原则

尽管企业的薪酬设计属于其内部薪酬管理范畴，但是现代企业薪酬管理不可能将内部管理与外部管理完全割裂开来，因此，在企业薪酬设计中，也应该体现外部的竞争性。竞争性原则具体表现为按照市场价格付薪的原则，尤其是对某些关键岗位和核心员工的薪酬设计，必须参考劳动力市场薪酬水平的变动情况，即在体现内部公平性的同时兼顾外部竞争性。

企业想要获得具有竞争力的优秀人才，就必须制定一个对人才具有吸引力并在行业中具有竞争力的薪酬体系。如果企业制定的薪酬水平太低，不仅会使本企业在与其他企业竞争中处于劣势地位，而且还会使本企业的优秀人才流失。企业在设计薪酬时必须考虑到同行业和竞争对手的薪酬水平，以保证所提供的薪酬在人才市场上具有一定的竞争力。

那么企业的薪酬水平到底应该在市场上处于什么样的地位，怎样才有吸引力呢？这就要求薪酬设计在遵循竞争性原则时必须考虑两个方面的因素：一是视该企业的财力、所需人才的可获得性等条件而定；二是考虑劳动力市场的供求状况。对于在劳动力市场上比较稀缺的资源，如专业技术人才和高级管理人才等，他们不仅有较高的货币性需求，同时也有较多的非货币性需求和其他类型的需求。这就要求企业在薪酬设计时要充分考虑这些独特的需求。

因此，一个具有竞争力的薪酬体系，除了要有较高的薪酬水平和正确的薪酬价值取向之外，还需要有灵活多元的薪酬结构，它也越来越引起员工的兴趣与重视，特别对于一些知识性员工来说，单一的工资制越来越失去了吸引力。

第二节　薪酬设计的流程

薪酬是劳动成果的体现，直接关系到员工的工作积极性；更是成本意识的体现，直接关系到企业的利润率。一项薪酬设计，不仅影响企业的前景和目标，更关系到企业的生死存亡。因此对企业而言，只有建立一个行之有效的薪酬体系，科学合理地确定员工的薪酬，才能使企业充满生机与活力，最终实现企业的发展目标。

做好薪酬设计，除了遵循薪酬设计的六项原则以外，还必须规范薪酬设计的基本流程。一个典型的薪酬设计的流程由七个环节和步骤构成，如图 7－1 所示。

在图 7－1 中，左边的实线方框表示流程各个步骤的名称，右边的虚线方框则说明各步骤对应的主要内容与活动。

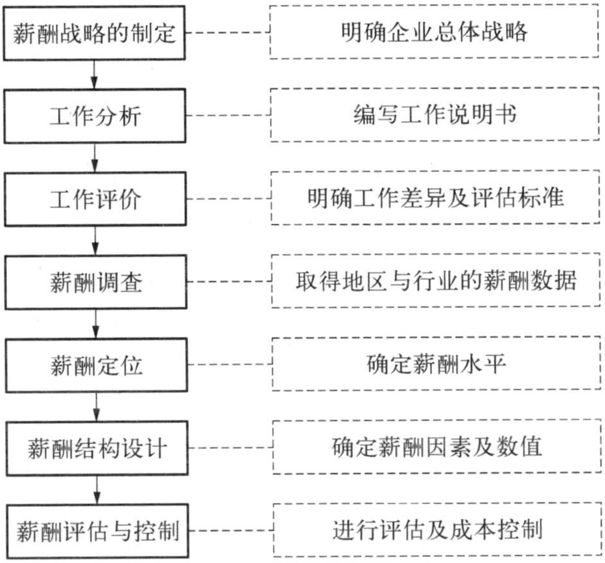

图 7－1　薪酬设计的流程

一、薪酬战略的制定

人力资源管理是一项系统工程，无论是薪酬管理还是招聘、培训等其他人力资源工作，其目的都是帮助企业实现战略目标。因此，在进行具体的薪酬系统设计之前，有必要从战略的层面进行分析和思考。一般来说，企业的总体薪酬战略，就是结合企业的不同发展阶段来制定其具体的薪酬战略。

处于不同发展阶段的企业必须实施不同的经营战略，相应地也需要有差异化的薪酬战略。例如，对于正处在迅速成长阶段的企业，其经营战略是以投资促进企业的成长，因此薪酬战略也相应设计成高报酬与高绩效相结合的薪酬计划，体现出风险越大、报酬越高的付酬机制，以此鼓励员工敢于承担风险，多做贡献；对于处在成熟阶段的企业，应采取以保持利润和市场为主的经营战略，使员工更多地掌握企业所需要的技术，同时在薪酬激励力度和福利方面也控制为中等水平；而对于已经处于衰退期的企业，则要实现投资目标的转移，此时企业的薪酬水平应低于市场平均水平。例如，企业实行了成长战略，那么相应采取的薪酬策略就侧重于对薪酬成本的控制，从而将薪酬水平保持在与竞争对手大致持平或者略高的水平上；企业在短期提供给员工相对较低水平的固定薪酬，同时实行力度较大的奖金或股票选择权等计划，以激励员工降低成本，提高生产率，从而确保产品的低成本和竞争力。

薪酬战略作为薪酬设计的纲领性文件，要对以下内容做出明确规定：对员工本性的认识,对员工总体价值的认识,对管理骨干即高级管理人才、专业技术人才和营销人才的价值估计等核心价值观的认识;企业的基本工资制度和分配原则;企业的工资分配政策与策略,例如,工资拉开差距的分寸和尺度,工资、奖金、福利的分配依据及比例标准,等等。当然,企业薪酬策略的制定必须在企业总体战略的指导下进行,集中反映企业各项战略的要求。

二、工作分析

工作分析又称职位分析,简单地说就是对与职位相关的整体信息和关键信息进行系统整理和准确描述的过程。这个过程包含了对职位信息进行搜集、分析、界定和综合等一系列活动,进而明确规定职位所包含的任务及任职者成功完成工作所需的技能、知识、能力和责任,并最终形成规范化、标准化的书面描述文本,即工作说明书。

工作分析是确定薪酬的首要工作和基础,是全面了解工作并提取有关信息的基础性活动。只有对各项工作有了客观性的认识,企业才能发现、挑选、培养和奖励员工,在对其确定考核标准时,才具备强有力的支持。工作分析需要各部门负责人和人力资源管理部门、员工及其主管上级共同努力和合作来完成,产生的工作说明书和工作规范为薪酬设计搭建了一个良好的框架,使薪酬设计有的放矢。

在进行工作分析时,所要研究的对象是职位自身的特征及其职责要求,具体包括工作内容、工作职责、知识和技能、经验、适合的年龄、作业环境、劳动强度、特殊心理品质要求等。概括来说,工作分析所要解决的基本问题通常用“6W1H”表示。“6W”即做什么(what)、为什么做(why)、由谁来做(who)、何时做(when)、在哪里做(where)、为谁做(for whom);“1H”即如何做(how)。

工作分析的信息来源主要有四种渠道,即组织中原有的书面资料、任职者的报告、同事的报告、直接的观察。此外,工作分析的资料还可以来自该职位的下属、顾客和用户等。搜集信息时要合理甄选可靠的信息来源,以免信息失真,同时要确保信息的完整性。

三、工作评价

工作评价建立在工作分析的基础上,重在解决薪酬对内公平性的问题,同时也是薪酬结构内部一致性过程的重要组成部分。薪酬结构所关注的是企业内部薪酬水平等级的数量和不同薪酬水平之间级差的大小。这就需要系统地确定各项工作的相对价值。在工作分析的基础上,划分工作类别,参照工作说明书,以工作内容、所需技能、对组织的价值以及外部市场为基础,对工作进行综合测定评价,弥补了传统工作评价中简单地与职务挂钩的缺陷,通过综合评价各方面因素得出工资级别,有助于解决薪酬等级差异问题。例如,高级研发工程师并不一定比技术研发部经理的等级低,因为前者注重技术难度与创新能力，后者侧重于管理难度与综合能力。

工作评价的核心是给工作标定级别，因此它针对的是岗位而不是岗位上的员工，工作评价的目的是实现同工同酬。

工作评价的方法很多，按建立的时间顺序依次为职位排序法、职位分类法、要素计点法、因素比较法等。前两种被认为是非数量的评价体系，后两种被认为是数量的评价体系。第二次世界大战以来，在西方工业发达国家中，首先最广泛采用的是要素计点法，其次是因素比较法。从 20 世纪 50 年代开始，西方国家一些大型管理咨询公司在上述评价方法的基础上，又创造了一些混合型的评价方法。这些混合型的评价方法大多使用的是定量分析技术，这为确定可与外部劳动力市场相比较的薪酬水平提供了便利，但缺点是使用起来较为烦琐，著名的海氏评价法便是其中之一。

四、薪酬调查

社会经济环境、地区和行业水平、劳动力价格水平等外部因素对与企业的薪酬设计有重要的影响。在市场经济条件下，外部市场已成为企业薪酬设计的一个重要影响因素，它强调的是薪酬支付与外部组织薪酬之间的关系，特别是指与其他竞争对手相比薪酬水平的高低。

薪酬调查是采集和分析竞争对手所支付薪酬水平的系统过程，它能提供设计与竞争对手相关的薪酬策略所需的数据，并把该策略变成实际操作中的薪酬水平和薪酬结构，在薪酬体系的建立中发挥着重要作用。因此，薪酬调查是着重解决薪酬的外部竞争力的问题。企业在确定工资水平时，需要参考劳动力市场的薪酬水平。

薪酬调查的对象，一般首选与自己有竞争关系的企业或同行业的类似企业，重点考虑员工的流失去向和招聘来源。只有通过广泛调查、深入研究并对所得到的信息进行整理和分析，才能得到市场上的工资水平数据，在此基础上对薪酬体系进行基本定位。

企业薪酬调查的内容具体包括以下三个方面。一是对本地区社会生活水平、员工期望以及企业的目标、经济效益和支付能力等方面的调查与分析。二是对其他企业的薪酬状况调查。通过对本地区、本行业，特别是竞争对手的薪酬情况进行调查，以此作为参照标准来设计、制定和调整本企业相应岗位的工资。三是对人力市场的供求分析。当企业所需的某种类型的员工在劳动力市场上供不应求时，企业就会提高这一类型的薪酬水平以此吸引所需人才。

例如，某企业除购买薪酬调查公司的薪酬报告数据外，还参考社会公布的统计资料，并与员工的薪酬访谈和企业自身的薪酬历史数据相结合，以此分析企业目前在市场上所处的薪酬水平。分析认为，企业的薪酬水平较本地区的市场平均水平略高；与本地区的类似企业持平，但企业发展更稳定，企业前景更好；与国内的主要竞争对手相比，薪酬水平稍低。考虑到该企业所处地区的消费水平和跳槽的机会成本，基本上没有员工想另谋高就。

五、薪酬定位

在分析同行业的薪酬数据后，需要做的是根据企业状况确定不同的薪酬水平，薪酬水平对企业吸引和留住员工的能力有积极的影响。大多数企业通过调查其他竞争对手的薪酬水平来制定自己在市场上具有竞争力的薪酬水平。在综合考虑产品市场、劳动力市场和其他因素的前提下，企业可以采取不同的策略来定位自己的薪酬水平。这些薪酬决策在不同企业是不一样的，甚至在同一企业的不同职类中也存在很大的差异。

影响企业薪酬水平的因素有多种。在企业外部，国家的宏观经济政策、通货膨胀、行业特点和行业竞争、人才供应状况甚至外币汇率的变化，都对薪酬定位和工资增长水平有不同程度的影响。在企业内部，盈利能力和支付能力、人员的素质要求是决定薪酬水平的关键因素。企业所处发展阶段、人才稀缺度、招聘难度、企业的市场品牌和综合实力，也是重要的影响因素。企业可以根据自身的实际状况选择不同薪酬策略，以适应不同的发展阶段。通常情况下，当企业处于成长阶段时，往往会采用领先型薪酬策略；到了成熟阶段，则采用跟随策略；而到了衰退期，薪酬也相应调整为滞后型策略。

不同的企业会根据其自身状况制定不同的薪酬水平，但这并不意味着企业中所有员工的薪酬都处于同一水平。事实上，在同一企业中，由于员工所从事的工作性质不一样，其薪酬水平也有所差异。例如，宝洁公司的薪酬水平定位在领先行列，具体表现为基本薪酬水平与市场水平线保持一致(定位在市场水平线的 50 分位)，薪酬总额(包括福利和绩效薪酬)定位在市场水平线的 75 分位。而微软公司的竞争性薪酬战略是建立在人人尽力而为、从而共享公司成功的基础之上的，其基本工资比竞争对手同类职位的更低，激励工资与竞争对手的相同，而长期激励工资(持股权)则远远高于竞争对手。

六、薪酬结构设计

薪酬结构设计是对同一企业内部的不同职位之间的工资率所作的安排，涉及职位等级的数量、不同职位等级之间的薪酬差距以及确定差距的标准等。一个完整的薪酬结构应包括薪酬的等级数量、同一薪酬等级内部的薪酬变动范围(最高值、中间值和最低值)、相邻薪酬等级之间的交叉与重叠关系。

例如，某企业现有的组织结构是直线职能制，运行情况良好，因此职位等级的数量不宜过少，过少会导致员工的晋升机会减少；当然也不宜过多，过多的话可能会增加管理的难度(如职位内部流动困难)，导致公司的薪酬成本快速攀升。经过企业管理层的讨论后，决定将职位等级的数量设为 10 个。确定了职位等级的数量后，还要确定每一个职位等级的最低点数和最高点数。该企业的职位等级的覆盖范围采用的是恒定的级差比例。此外，还要确定相邻职位等级点值区间的重叠。一般来说，相邻的职位等级点值区间可以设计成有交叉重叠的，也可以设计成无交叉重叠的。该企业点值区间的设计采用了前一种方法，即各个相邻的职位等级的最高点值和最低点值之间有一段交叉和重叠的区域，低等级职位的优秀员工有可能获得高等级职位的薪酬，而高等级新员工的薪酬有可能低于技术熟练的低等级的资深员工。这样设计的好处在于，一定程度上缓解了员工职位晋升要求与职位晋升数量有限的矛盾，有利于配合绩效考核激励员工，也有利于职位轮换和交流。

七、薪酬评估与控制

薪酬设计是一个需要反复推敲的过程。薪酬方案草拟结束后，不能立即执行，而是要对方案进行认真的测量和评估。

薪酬体系及绩效考核作为管理的工具，并非一成不变的。当企业的内外环境发生变化时，职位的调整、员工技能水平的变化都会影响已经建立起来的薪酬体系的平衡。为此，一方面，必须建立薪酬管理的动态机制，要根据企业经营环境的变化和企业战略的调整对薪酬方案适时地进行调整，使其更好地发挥薪酬管理的功能。另一方面，在薪酬方案具体落实过程中，需不断地收集来自各个方面的反馈意见，修正方案中的偏差，使薪酬方案更加合理和完善。

薪酬的评估与控制环节应当贯穿薪酬管理的始终。薪酬管理就是评估、控制并调整薪酬水平和薪酬比例。只有先评估目前的薪酬制度的合理性，才能明确其存在的问题。在执行薪酬方案时，更应注重其实施的效果。

第三节　薪酬设计的方法

薪酬设计要以组织战略、组织结构、职位体系为基础，首先要解决企业内部公平性或一致性的问题，可以通过职位评价进行职位相对排序来实现；其次应尽量做到薪酬水平具有外部竞争性，主要通过薪酬调查确定企业薪酬政策来解决。由于行业的性质、企业的特点和管理方式的不同，企业在具体薪酬设计方式上也各不相同。

一般情况下，无论企业选择哪种薪酬设计方法，都必须围绕三个方面的因素，即岗位价值、个人价值和业绩贡献价值，与此相对应的是以职位为导向的职位薪酬设计、以个人能力为导向的能力薪酬设计以及以绩效为导向的绩效薪酬设计（在第 1 章已有所叙述）。但在实际运用过程中，完全基于职位，或完全基于能力，或完全基于绩效的薪酬设计是非常少见的，无论是国内还是国外企业，在进行薪酬设计时大多以一个因素为主，兼顾另外一个或几个因素，由此产生几种薪酬设计的组合，如岗位技能薪酬制、岗位绩效薪酬制、能力绩效薪酬制等多种类型，下面一一作具体介绍。

一、岗位与技能相结合的薪酬设计

岗位与技能相结合的薪酬设计也称岗位技能薪酬制，它是以按劳分配为原则，以劳动技能、劳动责任、劳动强度和劳动条件等基本劳动要素评价为基础，以岗位和技能工资为主要内容的基本薪酬制度，是组合薪酬中最常用的形式，具有较强的适应性。各种行业、各种所有制企业，不论大小，均可采用岗位技能薪酬制，特别是对于生产性企业和技术含量较高的企业，采用岗位技能薪酬制更能显示其优越性。

岗位技能薪酬制主要由岗位薪酬与技能薪酬两大部分组成，设计岗位技能薪酬制大致要经过以下几个步骤。

（一）建立岗位劳动评价指标体系

岗位劳动评价是将各类岗位（职位）对劳动技能的要求和影响归纳为劳动技能、劳动责任、劳动强度、劳动条件四个基本要素，通过测试和评定不同岗位的基本劳动要素，对不同岗位的规范劳动差别进行评价，并把它作为确定薪酬标准的主要依据。将四个基本要素进行分解、细化后就成为便于具体测评的若干子要素，即岗位劳动评价指标。

劳动技能要素评价，主要反映不同岗位（职位）、职务对员工整体素质和专门技能的要求，评价指标包括学历、实践经验和实际工作能力等。根据不同岗位的需要，还可以再将指标进行细分，例如，学历可分为研究生、本科、大专、中专、高中等不同层次。

劳动责任要素评价，主要反映不同岗位（职位）、职务对员工工作责任的要求，评价指标主要是指工作对企业经营的影响程度，包括产品质量、数量、成本以及安全卫生等方面。

劳动强度要素评价，主要反映不同岗位（职位）、职务的繁重程度，主要通过劳动紧张程度、劳动疲劳程度、劳动姿势和工时利用率等指标衡量。

劳动条件要素评价，主要反映不同岗位（职位）职务的危险程度、危害程度以及自然地理环境和不同工作班次对员工生理、心理的损害程度。

（二）确定各要素的比重及评分标准

各要素的比重可以根据企业具体情况而定，一般情况下，员工岗位劳动评价四个基本要素的评分比重为：劳动技能占30％、劳动责任占35％、劳动强度占20％、劳动条件占15％。根据评价比重确定各子因素的分值，并规定各子因素的详细评分标准。

（三）确定岗位薪酬标准

岗位薪酬（职务薪酬）是根据员工所在岗位或所任职务、所在职位的劳动责任轻重、劳动强度大小和劳动条件好坏并兼顾劳动技能要求高低确定的薪酬。实施岗位测评时，一般采用技术测评和经验测评相结合的方法，将企业内所有的岗位分成若干个等级，然后确定每个岗位的薪酬标准。确定薪酬标准的方法一般参照劳动力市场情况，依据合理的薪酬指导价确定岗位薪酬标准和标准薪酬差距，合理制定基本薪酬的最低和最高标准。但各企业在具体执行岗位薪酬标准时，还要与企业实际效益和个人贡献相结合。

（四）确立技能薪酬标准

技能薪酬是根据不同岗位、职位、职务对劳动技能的要求，同时兼顾员工所具备的劳动技能水平而确定的薪酬。

一般来讲，企业在确定技能薪酬时，可将员工分为技术工人、非技术工人以及管理与专业技术人员三类。技能薪酬的等级和档次设置可采取纵横结合的形式，即技术工人等级纵向可按初级、中级、高级、技师、高级技师设置。

非技术工人(普通工、熟练工等)的技能薪酬视其岗位对劳动技能程度的要求原则上参照初级技术工人的技能薪酬档次确定。为鼓励普通工、熟练工刻苦钻研，以提高技能水平，其技能薪酬最高可延伸到中级技术工人的技能薪酬档次。

管理与专业技术人员可按初级、中级、高级技能要求区别设级。各级横向可设若干档次。如何进一步细划等级、档次，由行业、企业根据需要确定。技术等级考试考核合格者可择优纵向晋升，常规考核合格者可横向晋档。

（五）确定岗位薪酬与技能薪酬的比重

从行业生产经营特点出发，对于技术要求较高，以劳动技能为主要劳动因素的行业、企业，其技能薪酬的比重可以大一些；而对于劳动强度大、劳动条件差的行业和企业，其岗位薪酬的比重可以大一些。

（六）辅助薪酬设置

实行岗位技能薪酬制时，除了岗位薪酬与技能薪酬这两个基本薪酬单元外，各企业还可以根据实际需要，设置一些辅助薪酬单元，如激励员工的相应福利单元和工龄薪酬单元等。

经过以上六个步骤，岗位与技能相结合的薪酬设计基本完成，主要由岗位薪酬、技能薪酬和与之相适应的辅助薪酬组成。

二、岗位与绩效相结合的薪酬设计

基于岗位的薪酬设计是最为常见的薪酬设计。随着我国企业管理水平的逐步提高，绩效管理和绩效考核的应用已越来越普遍，基于岗位的薪酬设计与绩效考核的结合也越来越紧密，由此产生了一种新的岗位与绩效相结合的薪酬设计形式，即岗位绩效薪酬制。岗位绩效薪酬制是指将岗位薪酬与绩效考核相结合，员工的部分薪酬要在绩效考核后，根据绩效考核的成绩计算并发放薪酬的一种制度。

岗位绩效薪酬制适用的范围较广，如果说岗位技能薪酬制更多适合于生产性岗位的话，那么岗位绩效薪酬制对于行政管理类职位、支持服务类职位是非常适合的。

岗位绩效薪酬制主要由岗位薪酬与绩效薪酬两大部分组成，设计岗位绩效薪酬制大致要经过以下几个步骤。

（一）建立岗位劳动评价指标体系

这与设计岗位技能薪酬制的第一个步骤相同，在此不再赘述。

（二）确定各要素的比重及评分标准

这与设计岗位技能薪酬的第二个步骤相同，在此不再赘述。

（三）确定岗位薪酬标准

这与设计岗位技能薪酬的第三个步骤相同，在此不再赘述。

（四）确定绩效薪酬标准

首先确定绩效考核的方法，其次确定不同岗位的绩效考核指标和具体考核标准，实际上就是将绩效薪酬与效益、工作任务完成情况等相挂钩，结合岗位特点，确定不同岗位的绩效薪酬标准。最后将薪酬标准与岗位薪酬的考核发放相结合，形成完善的岗位绩效薪酬制。

（五）确定岗位薪酬和绩效薪酬的比重

从行业生产经营特点出发，对于以服务为主、以客户为主要导向、以销售业绩或生产业绩为主要考核指标的企业，绩效薪酬的比重相应会大一些，从而更能激励有能力的员工获得更高的绩效薪酬；而对于劳动强度大、劳动条件差的行业和企业，其岗位薪酬的比重可以大一些。

（六）辅助薪酬设置

实行岗位绩效薪酬制时，除了岗位薪酬与绩效薪酬这两个基本薪酬单元外，各企业还可以根据实际需要，设置一些辅助薪酬单元，如激励员工的相应福利单元和工龄薪酬单元等。

经过以上六个步骤，岗位与绩效相结合的薪酬设计基本完成，主要由岗位薪酬、绩效薪酬和与之相适应的辅助薪酬组成。

三、能力与绩效相结合的薪酬设计

能力与绩效相结合的薪酬设计即能力绩效薪酬制，是指将能力与绩效作为薪酬设计时考虑的两大要素，主要适用于员工的能力与组织和个人的绩效有直接关系的职位，这种职位的工作过程往往难以控制，结果也较难衡量，如企业技术骨干、主要研发人员等。一般情况下企业在进行能力与绩效相结合的薪酬设计时，需要经过六个操作步骤。

（一）界定能力的内涵

要以能力等级确定员工的底薪，应先科学合理地界定和评价员工的能力，这是一件比较复杂的事情，目前国内企业对于人才素质的评估还处于摸索阶段。因为不同行业、不同战略导向和文化价值，企业对于能力的理解可能存在差异；即使不同的企业所定义的能力在概念上一样，但是同样的能力在不同的组织中却很有可能有不同的表现。由此企业在具体实施中，往往根据职能领域的不同，分别确定不同领域中的核心能力。例如，某企业在人力资源领域的核心能力为领导与变革能力、经营能力、人力资源职能的领导力和人力资源技术能力。

（二）确定能力的等级及能力薪酬

能力等级可以根据不同岗位或职位来确定，如生产工人的能力薪酬是根据生产工人所具备的工作技能确定的，如果生产工人按照工作技能从高到低分为九级工、八级工、七级工……二级工、一级工、学徒工等几个等级，这些不同等级的生产工人的技能薪酬是各不相同的，等级越向下技能薪酬越低，等级越向上技能薪酬越高。

（三）实行绩效考核并设定绩效考核系数

设定绩效考核的标准时，对于生产工人一般实行计件薪酬，这是因为计件单位的产品或作业数量能够单独准确计量，或者可以准确衡量，并且产品数量能够准确反映劳动者付出的劳动量；在为销售人员制定绩效考核标准时，要掌握企业关注的重点，是销售额、净利润，还是其他因素。最后将绩效考核结果折算成考核系数，该考核系数会影响到以能力为依据的薪酬总额的发放。

（四）确定绩效薪酬及增加奖金单元

将绩效考核结果折算成考核系数后，再根据前面设定的考核目标把考核系数转化成绩效薪酬。为了提高绩效薪酬的激励力度，企业还可以设立月度、季度或年度个人奖或团队奖，奖金数额根据绩效考核结果确定。工作能力强、绩效好的员工可以获得较多的奖金；工作能力弱、绩效差的员工只能得到较少的奖金或者没有奖金。

（五）确定能力薪酬与绩效薪酬的比重

从行业生产经营特点出发，对于技术要求较高、以劳动技能为主要劳动因素的行业、企业，其能力薪酬的比重可以大一些。但对于以服务为主、以客户为主要导向、以销售业绩或生产业绩为主要考核指标的企业，绩效薪酬的比重相应会大一些。

（六）辅助薪酬设置

实行能力绩效薪酬制时，除了能力薪酬与绩效薪酬这两个基本薪酬单元外，各企业还可以根据实际需要，设置一些辅助薪酬单元，如激励员工的相应福利单元或工龄薪酬单元等。

经过以上六个步骤，能力与绩效相结合的薪酬设计基本完成，主要由能力薪酬、绩效薪酬和与之相适应的辅助薪酬组成。

四、多元组合薪酬的设计

多元组合薪酬的设计即多元组合薪酬制，也称结构薪酬制或分解薪酬制，是根据薪酬的不同组成要素和不同作用，将薪酬划分为几个部分，通过对各部分薪酬数额的合理确定，构成员工的全部薪酬。一般由基本薪酬、职位薪酬、技能薪酬、绩效薪酬和辅助薪酬五个部分组成。

（一）确定基本薪酬

基本薪酬是保障员工基本生活需要的薪酬，其主要功能是保障和维持劳动力的简单再生产，一般由生活消费品物价指数来确定。对于标准工资过低者，国家还规定了最低基本工资标准。

（二）确定职位薪酬

职位薪酬是多元组合薪酬制的主要组成部分，它是按照员工所担任的职位或岗位的技术业务要求、劳动强度、劳动条件、责任大小等要素而确定的劳动报酬。担任什么职务或处于什么岗位，就相应确定什么样的薪酬标准。职务或岗位一旦变动，职务或岗位薪酬也随之变动。

（三）确定技能薪酬

技能薪酬是通过对员工的技术水平考核来确定其薪酬。在这里将技能薪酬与岗位或职务薪酬区分开来独立设置，可以更准确地对员工的劳动量进行全面考核和评定，起到更好的激励作用。

（四）确定绩效薪酬

绩效薪酬也称业绩工资，一般根据企业的经济效益及员工个人业绩来确定其薪酬，这部分薪酬在总体薪酬中所占的比例有日益增长之势，常以计件薪酬或奖金的形式出现。具体计算方法各企业、事业单位有较大差别，有的规定几个等级，每个等级有确定的工资额，也有的与个人业绩挂钩，上不封顶，下不保底。

（五）确定辅助薪酬

对于设置相应的辅助薪酬，比较常见的有激励员工的相应福利单元或工龄薪酬单元。工龄辅助薪酬是根据员工参加工作的年限和在本企业中工作的工龄而确定的薪酬。虽然其在总体薪酬中所占的比例较小，但能对员工的长期劳动积累进行补偿，从而有利于鼓励员工长期安心于本职工作。

多元组合薪酬制是一种较为优秀的薪酬制度，较好地体现了薪酬各个组成部分的不同功能，反映出劳动所包含的潜在、流动和凝固三种形态。工龄、学历、职务等反映劳动的潜在形态；劳动（工作）态度、劳动条件主要反映劳动的流动形态；劳动成果（贡献）和工龄（积累贡献）主要反映劳动的凝固形态，而职工的最低工资标准则保障了劳动者的基本生活需要。多元组合薪酬制全面反映了这些因素，并且其比例也较为合理。

五、年薪制的设计

年薪制是以年度为单位计算和支付员工薪酬。员工大部分薪酬与其工作绩效有密切相关，但它又与一般基于绩效的薪酬设计不同。年薪制主要是针对企业中的高级管理者、重要岗位的骨干员工等，在设计中必须坚持报酬与绩效挂钩、固定收入与风险收入相结合、长期与短期业绩奖励相结合等原则，以共同维护员工和企业的利益。

年薪制的设计一般包括以下四个步骤。

（一）确定月工资

月工资即月基本工资，属于员工的固定收入，在员工整个薪酬结构中所占的比例一般不会太大，主要是为了保证员工及其家属日常生活的基本费用。但是这部分收入也并非固定不变的，随着员工的工作年限、工作能力以及物价等的变化，月工资也会做适当的调整。

（二）确定年终奖金

年终奖金也称绩效奖金，是对年薪制员工工作业绩的年度奖励，是不固定的风险收入，也是员工的中短期报酬。年终奖金与企业年度经营管理状况、本人的年度工作业绩挂钩，有较强的激励作用。

年终奖金在年薪制薪酬中占有相当比例，是年薪制薪酬的重要组成部分。虽然年终奖金能刺激员工的工作积极性，但有时候它会助长员工的短期行为，当企业的长期利益与员工的短期利益发生矛盾时，由于年终奖金的刺激，员工可能会过多关注自己的短期利益，而忽视企业的长期利益。

（三）确定长期报酬

长期报酬也称股权激励，同时也是一种风险收入。股票期权是长期报酬的主要形式，因为股票期权具有持续性或长期性等约束条件，通常要在一年以上的时间内方可有效实行，并且企业的股价是企业长期盈利能力的反映，因此股票期权具有长期激励的特点。长期报酬对年薪制员工可以起到长期激励作用，通过让员工参与企业长期发展后的价值分配，激励其关心企业的长远利益，是西方发达国家普遍采用的激励方法。

（四）确定各种福利制度

年薪制中的福利主要包括各种津贴、养老计划、住房公积金和在职消费等。福利与津贴可为年薪制员工提供良好的条件，解除员工的某些后顾之忧，有利于提高员工的工作效率。但福利与津贴跟员工的工作业绩关系不大，属于保健性因素，因此就总体而言，其激励效果并不大，在设计时这部分薪酬的比重不宜太大。

第四节　薪酬的调整

薪酬调整是保持薪酬关系动态平衡、实现组织薪酬目标的重要手段，也是薪酬系统运行管理的一项重要工作。

一、薪酬调整需要注意的问题

（一）薪酬的内部公平性

公平、公正、公开的薪酬标准是激发员工工作积极性的重要组成部分。为实现薪酬的内部公平性，首先要正确分析所需人才在市场上的稀缺性，不同的人才需要具有不同的素质及专业技能的要求，在市场上的稀缺性也有所不同。所以稀缺性人才与一般性员工的薪酬标准要区别对待；其次要考虑工作复杂程度及劳动强度，即对于不同工种、不同的工作环境及不同的劳动强度要有不同的薪酬标准；最后，要考虑对于相同工作环境、相同背景的人员在薪酬水平上的一视同仁。

市场变化的不确定性决定了人才在市场上的定位及稀缺性的变化。因此,在进行薪酬回顾与调整时要综合考虑上述因素,做到人员、工种、岗位的一致性,使薪酬水平体现出相对的公平性。

(二)薪酬的外部竞争性

外部竞争性主要是由企业所处地区的生活消费水平及所处行业的行业水准来决定的。每家企业在建立薪酬标准时都会考虑到本企业所处地区的消费水平和生活质量,同时也要考虑本企业的性质及所处行业在市场上的定位。如果所制定的工资水平过低,会使员工无法用所获得的报酬在该地区过上有质量的生活,因此员工满意度会下降,也就不能吸引有竞争力的员工加入企业,从而影响企业进一步发展。如果薪酬水平过高,会使企业的人力资本上升,加大企业的成本。企业属于什么样的性质,是劳动密集型,还是技术密集型,决定了企业需要吸引什么样的人才,所以要考虑到不同的人才在市场上的定位及价格会有不同。确定了企业的性质后还要考虑市场上同类性质的企业的薪酬标准。只有这样,企业才会制定出既具有吸引力又不至于使企业人力成本过高的薪酬标准。

经济的发展、生活水平的不断提高以及企业性质或行业标准的变化,使得薪酬标准的制定并不是一劳永逸的事情,要想使企业的薪酬标准保持最初的活力,就必须使薪酬保持市场竞争力。

(三)企业的经营状况

随着生活水平的提高及用工环境的日益规范化,为保证劳动者的合法权益,政府将会持续出台相关的政策,如最低工资标准、社会保险及住房公积金的购买等,这些都在无形之中加大了企业的人力资源成本。因此,在进行薪酬调整时要把目标定位在企业的年度盈利情况及未来的发展方向,这也成为企业进行薪酬调整时不能忽视的一个问题。

(四)薪酬调整空间

企业应为每一个职位制定相应的发展空间及发展方向,同时也要为这些职位制定相应的薪酬发展空间。每个职位的薪酬都有一个相应的空间,随着年资的增长及每年薪酬调整幅度的上升,每个职位都有一个相对的封顶值,这样才不会出现高薪低就的资源浪费情况。

除此以外,企业所处的发展阶段、人才的招聘难度、企业的市场品牌和综合实力等也是值得考虑的因素。

二、薪酬调整的原则

薪酬调整直接触及员工的根本利益,操作中的任何失误都可能引发问题。因此,薪酬调整需要从时机、周期、人数范围、人数比例、调薪幅度、方法与工具等方面进行系统的考虑。同时,薪酬体系在调整的过程中也需要符合以下几项原则。

(一)公平性原则

薪酬调整是为了维护和完善薪酬分配的公平性,而不能削弱公平性。不能凭个人感情等一些主观因素来取舍调整的对象,应力求做到公平、客观、公正,避免主观和随意性。

(二)科学性原则

薪酬调整既需要科学规范,也需要以理服人。以能力为导向、基于职位等级的薪酬体系,可以激励员工提升自我能力和改进绩效,让员工感到自己通过努力能够取得收入的增加和职业的发展。

(三)保密性原则

薪酬调整的保密性是针对非普遍性的薪酬调整而言的,因此要有严格的保密制度做保障,避免员工之间任意打听、透露和议论,以影响企业中员工的人际关系,甚至打击员工工作积极性。

(四)一致性原则

薪酬调整是为了更好地贯彻组织战略和核心价值观,实现企业的组织目标。薪酬调整应当对组织战略和组织目标具有可衡量的效用,能使薪酬目标与组织战略和组织目标紧密地结合起来,所以薪酬调整要与组织战略和组织目标保持一致。

(五)成本效益原则

薪酬调整后创造的价值应当大于薪酬调整的成本,薪酬调整导致的成本变化,应当在组织运营成本的负担能力之内。这要求企业进行薪酬调整时必须选择其经营状态良好的时机,可以在调整过程中,对需要激励的员工做幅度较大的提升,其他岗位可做象征性的提升。

(六)系统性原则

薪酬的调整必须通过系统性来确保公平性,这样可以减少因为某些人的主观原因而进行的随意性加薪。如果没有系统性,就可能会出现给一个人加薪,却打击了一大批人积极性的情况。

三、薪酬调整的类型

一般情况下,薪酬调整就是加薪的代名词。但是对员工个人而言,也不完全如此。如果企业实行与绩效挂钩的薪酬制度，在员工业绩不佳的情况下，员工的薪酬水平也会下降。但是就企业整体而言，薪酬水平应该是呈上升趋势的，特别是基本薪酬或固定薪酬的部分。

薪酬调整可以分为薪酬水平的调整和薪酬结构的调整。

（一）薪酬水平的调整

1. 整体调整

除了正常的加薪之外，薪酬水平的调整一般是基于以下因素的影响。

(1) 国家政策

基于国家政策的薪酬调整实质是薪酬标准的调整，主要是参考社会经济发展状况，综合考虑近期经济增长、就业状况、物价水平等因素，使企业在各种强制性因素作用下，被动采取加薪或减薪的行为，其中最为典型的是国家关于最低工资标准的调整。

我国从1993年开始实施《企业最低工资规定》，到2003年由原劳动和社会保障部重新通过《最低工资规定》，新规定扩大了适用范围，明确规定了小时工资标准，缩短了标准调整期限。针对一些地区最低工资标准期限过长、水平偏低的状况，新规定明确，最低工资标准每两年至少调整一次。确定工资标准应参考当地就业者及其赡养人口的最低生活费用、城镇居民消费价格指数、职工个人缴纳的社会保险费和住房公积金、职工平均工资、经济发展水平和就业状况等因素。

(2) 市场变化

经济发展、物价水平、就业状况，特别是供求关系都会引起市场变化，正如商品市场中的供求规律通过商品价格决定商品供求关系，而供求关系又反过来影响商品价格一样，供求规律也同样影响着薪酬水平的高低。薪酬是一种交易行为，因而必然也会受市场供求关系的影响。供不应求，则薪酬水平上涨；供大于求，则薪酬水平就会降低，特别是市场上稀缺的人才，成为各企业争抢的焦点，其薪酬水平自然会上涨。

(3) 企业经营状况

企业根据其经营状况，可主动采取加薪或减薪的行为。当企业效益较佳、盈利颇丰时，可将全体员工工资普遍调高。这种调整可能是浮动式的、非永久性的，可以分为半年调薪和年度调薪。半年调薪常常是由于目前的市场环境变化很快，人才竞争非常激烈，传统的一年一度的个人调薪周期太长，对于一些关键管理和技术岗位个人能力提升很快的优秀人才，半年一次调薪是很有必要的。年度调薪是大多数企业采用的常规性的加薪，加薪的比例相对高一些。

2. 个别调整

(1) 职位晋升

员工由于职位晋升而进行的薪酬水平调整，常见于基于职位的薪酬体系，这种薪酬体系是对每个职位所要求的知识、技能以及职责等因素的价值进行评估，根据评估结果将所有职位归入不同的薪酬等级。

(2) 业绩提升

企业为了鼓励绩效好的员工,对部分员工的薪酬水平进行调整,而对于业绩较差,或者业绩平平的员工,则不在薪酬调整范围之内。

(3) 能力提升

公司认可的与工作相关的能力也会给员工带来调薪的机会,例如,企业为了满足对一些急需的专业技能的需求,在岗位和职务不发生变动的情况下,也会给具有这些技能的员工增加薪酬。

(4) 工龄

工龄性调整是指随着员工工龄的增加,逐年等额提升员工薪酬。通常是结合员工绩效考核和经验来确定薪酬水平,属于常规性和全员性的调整。

(5) 特殊原因

在企业对岗位进行重新评估、薪酬改革、员工调派、增加临时工作任务等情况下,企业也会对全体或部分员工进行薪酬水平的调整。

(二) 薪酬结构的调整

薪酬结构调整的目的是适应组织外部和内部环境因素的变化,以保持薪酬的内部公平性,体现组织的薪酬价值导向,更好地发挥薪酬的激励功能。

由于劳动力供求关系的不断变化,企业需要定期对企业内部员工的薪酬结构进行调整。调整的内容主要包括纵向薪酬等级结构的调整、横向薪酬等级结构的调整和不同薪酬等级人员比例的调整。

1. 纵向薪酬等级结构的调整

一是薪酬等级数的调整。当原有薪酬等级数过少,各个职位的相对价值未能得到真实反映时,可进一步细分各个职位的差别,增加薪酬等级数,通常适用于规模较大、职位等级层次多、工作规范且弹性较低的组织。在扁平化的弹性组织中,目前流行减少薪酬等级数,扩大每个薪酬等级幅度,即前面所谈到的宽带薪酬。

二是薪酬等级幅度的调整。当某些职位的工作内容和职责发生变化时,或某个工种的操作方式、技术要求发生变化时,就可考虑调整原有的薪酬等级线。在一般情况下,当工作和技术要求提高时,可延长薪酬等级线;反之,可缩短薪酬等级线。实行宽带薪酬时,必须加大薪酬等级的幅度。

2. 横向薪酬等级结构的调整

一是调整固定薪酬和变动薪酬的比例。固定薪酬和变动薪酬的特点和功效不同,使两者保持适当的比例有助于提高薪酬绩效。目前的趋势是扩大变动薪酬的比例,以增加薪酬结构的弹性、增强薪酬的激励作用,更有效地控制和降低薪酬成本。

二是调整不同薪酬形式的组合模式。企业应根据不同薪酬形式的优缺点,合理搭配,扬长避短，使薪酬组合模式与组织的薪酬战略和工作性质的特点相适应。为了符合现代薪酬理念和薪酬制度发展的趋势，应在薪酬组合模式中增加利润分享、股权激励等激励性薪酬形式，从而有利于形成员工与组织间的相互合作和共同发展的格局。

3. 不同薪酬等级人员比例的调整

调整组织内高、中、低不同薪酬等级员工的比例，是薪酬调整的中心环节。无论是薪酬水平的调整还是薪酬结构的调整，最终的结果都是改变了组织内高、中、低不同薪酬等级的比例。

当现代企业的发展日益依赖于科技含量和人力资本增量时，就应当扩大高薪员工的比例，增加高层次和技术人员的比重。而当企业经营处于不利形势时，为了降低薪酬成本，就会减少高薪员工的比例，实行减员减薪的紧缩政策。

降低员工的薪酬水平一般是通过改变薪酬形式的组合和标准等方式，例如，减少固定薪酬比重，同时压低可变薪酬部分，或者采用提高劳动定额标准、提高工时利用率等变相降低薪酬标准的形式。

本章小结

企业设计薪酬时必须遵循一定的原则，这些原则包括战略性原则、合法性原则、经济性原则、激励性原则、公平性原则、竞争性原则等。

典型的薪酬设计必须包括以下七个基本流程：薪酬策略的制定、工作分析、工作评价、薪酬调查、薪酬定位、薪酬结构设计、薪酬评估与控制。

薪酬设计的技术主要建立在工作评价的基础上。工作评价的方法主要包括职位排序法、职位分类法、因素比较法和要素计点法。

薪酬调整是薪酬设计的最后一个环节，是为了更好地实现企业的战略目标。薪酬调整主要包括薪酬水平的调整和薪酬结构的调整。

案例分析

1. A公司目前的薪酬改革还是存在一些问题。第一，对设计师的职责定位问题。设计师的主要职责就是出色地完成设计项目，但A公司现在提出的每月15万元的项目指标，就要求设计师不仅能够做项目，还要能够谈项目，并保证项目的回款，这有一定的难度。第二，薪酬管理问题。将设计人员的底薪从5 000～6 000元降到3 000元，幅度非常大，势必会引发设计师的不满和抵触情绪，很有可能会出现消极怠工甚至人才流失的严重后果。第三，绩效管理问题。A公司设定的考核指标——每月完成15万元的项目，考核结果直接与设计师职务的升降、提成挂钩。但以月度为考核周期，设计师职务的升降频繁，缺乏稳定性，同样增加了管理的难度，同时，也给员工造成较大的心理压力。

2. 根据A公司的现状，可考虑采取以下方法。第一，提高设计师的固定薪酬。大幅的下调底薪将直接影响到设计师目前的生活状态，继而影响其工作状态。毕竟设计师的设计工作是最为关键的，可以考虑将设计师的底薪略有下降但不影响其基本生活需要，如从5 000～6 000元下降到4 000元。第二，确定设计师的底薪与提成。要对销售设计师与专业设计师进行区分。销售设计师主要负责项目的洽谈和回款，参与设计过程；专业设计师主要负责完成设计，按时、按质完成设计图纸，同时参与项目洽谈，并协助项目回款。销售设计师和专业设计师在项目中相互配合，共同完成项目。销售设计师采用低底薪、高提成的薪酬构成，激励其积极签单和回款；专业设计师采取高底薪、低提成的构成，保证其安心完成设计任务。

思考题

1. 薪酬设计应遵循哪些基本原则？
2. 简述薪酬设计的基本流程。
3. 列举各种工作评价方法的优点和缺点。
4. 了解工作评价中职位排序法的基本要点。
5. 叙述因素比较法的操作程序。
6. 列举因素比较法和要素计点法的相同和不同之处。
7. 为什么要进行薪酬调整？
8. 简述薪酬调整的类型及各种方法。

第八章 福利管理

引导案例

福利的发展趋势：弹性福利制度

世维公司是以生产精密机械器具为主的公司，坐落在北部某工业区内，它主要的竞争对手是同在工业区内的另一家公司。在创办之初、规模不大时，公司有一套完善、标准的员工福利制度，运作数年都很顺利，也没有发生员工对福利制度不满的情况。但随着组织规模不断扩大，引进各式各样专业性人才后，这套福利制度就开始受到批评。

近年来世维公司因人才不足，导致产品在质与量上皆略逊于竞争对手，这种状况实在为公司经营者赵总所隐忧。于是他将管理人力资源管理部门的王经理找来，要他调查公司无法吸引优秀人才的原因，以及提出改善之道。经过一个月的调查后，王经理发现两家公司在环境条件上差异不大，甚至在薪酬方面世维公司还略高于竞争对手，但是对于福利措施，不论在质量上还是在弹性上，皆远不及对方，于是王经理向管理层建议改善公司福利制度。但是公司财务部门高层主管却认为在公司财务支持水平有限的情况下，要全面地追赶对手是有困难的。

世维公司的福利制度确实遭受到公司内部许多群体的抱怨，首先是公司主管们抱怨他们在以前所服务的公司中都能享受到特殊福利，但如今却被一视同仁，他们没有得到应有的尊重。其次有些女性员工希望能有教育子女的津贴以及更多的休假来照顾自己的子女。而其他一般员工则是各有所需，年纪较大的员工希望公司提供健康检查与更多的保险福利，年纪轻者则希望多一些经济上的实质性福利。

案例讨论题

1. 分析该公司在人力资源管理上存在哪些问题。
2. 假如你临危受命，来制定这个福利改造计划，请说明你的做法。

第一节　福利管理概述

一、福利概述

（一）福利的概念

对于福利的概念，不同国家的不同学者有着不同的界定。

米尔科维奇在《薪酬管理》一书中将福利界定为“总报酬的一部分，它不是按工作时间给付的，是支付给全体或一部分员工的报酬（如保险、养老金、工伤补偿、休假）”。

在我国，有的学者认为，福利是各企业、事业、国家机关等单位通过建立集体生活设施和服务设施以及补贴制度等方式，贴补本单位职工在物质文化生活方面的集体消费以及共同性需要或特殊生活困难而举办的公益性事业。也有的学者认为，员工福利是企业基于雇佣关系，依据国家的强制性法令及相关规定，以企业自身的支付能力为依托，向员工提供的、用于改善其本人和家庭生活质量的各种以非货币薪酬和延期支付形式为主的补充性报酬与服务。

尽管对于员工福利有不同的定义，但总体来看其含义基本相似，都是指企业依据国家的相关法律规定及企业自身情况为员工提供的各种非货币报酬与服务，包括各种社会保险项目、企业补充保险项目以及其他补贴制度，增加集体福利设施和举办文体活动等，从而为员工提供生活便利，减轻员工生活负担，丰富员工的文化生活。它是企业以非货币或服务的形式支付给员工的工资之外的报酬，对维持劳动力再生产，满足员工对物质和文化生活多层次的需要，实现企业留住、吸引和激励人才的组织目标，起着十分重要的作用。

概括而言，福利只是一种补充性报酬，是企业基于雇佣关系，以企业自身的支付能力为依托，并在一定程度上受国家的强制性法律法规所制约，向员工提供的、用以改善其本人和家庭生活质量的各种以非货币性薪酬和延期支付形式为主的补充性报酬与服务。它往往不以货币形式直接支付给员工，而是以服务或实物的形式支付给员工。

员工福利的给付形式多样，尤其是企业的自主性福利更是如此，包括现金、实物、带薪假期以及各种服务，而且可以采用多种组合方式，要比其他形式的报酬更为复杂，更加难以计算和衡量。

（二）福利的特点

1. 补偿性

福利是对劳动者为企业提供劳动的一种物质补偿，也是员工薪酬收入的补充分配形式。一些劳动报酬,不宜以货币形式支付,可以以非货币形式支付;不宜以个体形式支付,可以以集体形式支付。

2. 均等性

福利的均等性是指履行了劳动义务的本企业员工均有享受各种企业福利的平等权利。由于劳动能力、个人贡献及家庭人口等因素的不同,造成了员工之间在薪酬收入上的差距,差距过大会对员工的积极性和企业的凝聚力产生不利的影响。福利的均等性特点在一定程度上起着平衡劳动者收入差距的作用。均等性是对企业的一般性福利而言的,但是对于一些高层次福利,许多企业采取了差别对待的方式。例如,对于企业高级经理和有突出贡献的员工,企业提供住房、专车、旅游、度假等高层次福利待遇,以此作为一种激励手段。

3. 集体性

兴办集体福利事业、员工集体消费或共同使用公共物品等是员工福利的主要形式,因此集体性是员工福利的另一个重要特征。集体消费除了可以满足员工的某些物质性需求之外,还有一个重要特点是可以强化员工的团队意识和对企业的归属感。例如,集体旅游、实施娱乐和健康项目等,都可以起到这种作用。因此,许多企业文化都是以企业福利项目为载体的。

(三) 福利的作用

1. 福利对企业的作用

(1) 福利的避税功能

福利可以使企业获得税收上的优惠。有些福利项目是免税或减税的,所以企业可以通过发放福利达到合理避税而又不降低员工实际薪酬水平的目的,同时,也可以避免因过多的现金报酬而导致社会保险等费用的上升,因为这些费用是以工资总额为基数征收的,工资增加,意味着雇主所要缴纳的社会保险费也要随之增加。

(2) 福利是企业吸引和留住人才的有力手段

有效的福利能换取员工的绩效和忠诚,赢得人心,提高员工士气,增强企业凝聚力,同时也能提高企业的社会声望。福利还可以适当缩小员工之间的薪酬差距。根据马斯洛的需要层次理论,员工的需要是多层次的。货币薪酬更多的是起到满足成就需要的作用,而有些福利项目则能够满足人们的情感需要。现在,很多企业开始为员工举办集体生日晚会,定期提供情侣免费电影票及各种家庭照顾计划等,这些都是从人的情感需求出发来考虑的。这些福利项目的支持成本并不高,但是可以塑造和谐的组织文化,达到吸引和留住人才的效果。

(3) 福利可以起到提高员工工作效率并使其努力工作的激励作用

企业为员工提供体检、保健等项目,可以预防职工患病;为员工提供各种休闲或者休假的福利,可以使员工保持良好的精神状态,能够全身心地投入工作中,如果这能与绩效评估有机结合，那激励作用会更好。

2. 福利对员工的作用

(1) 福利可以增加员工的收入，为员工带来实惠和方便

福利可以为员工带来更多的收益，增加员工的收入。员工向各类基本社会保险及符合政府规定的补充性保障计划所缴纳的费用都属于税前列支项目，免缴个人所得税。尽管部分项目在领取最终收益额时仍须纳税，如员工在退休后领取退休金时，须缴纳个人所得税，但是由于退休后的收入低于在职时的收入，个人所得税属于累进制，且有免征额，因此在很大程度上，这类福利仍然起到了合理避税或减轻税负的目的。另外，集体购买可以享受到“团购”的价格优惠，集体消费或共同使用公共设施等方式都可以使员工得到实惠和方便，而实物类福利因为本身的实物性特点，本就无须纳税，所以，这对于高收入的员工来讲，尤其具有吸引力。

(2) 福利可以解除员工的后顾之忧

国家强制执行的社会保险项目和企业年金、企业补充医疗保险都可以起到解除员工后顾之忧的作用。企业通过自身的努力，可以为员工建立未来消费基金，保证员工在退休后能够有足够的收入保障。

(3) 福利可以保障员工的身心健康和家庭和睦

企业为员工提供的各种医疗保健项目，可以及时反映员工的健康状况，达到及时预防疾病的目的；有针对性地提供一些家庭福利计划，如为绩效优秀的员工提供夫妻共同旅行计划，有利于员工的家庭和睦。

（四）福利的历史发展

1. 国外福利的发展

福利是伴随着工业化的发展和产业工人的增加逐渐兴起的，它的发展历史可以追溯到 19 世纪初甚至更早的时期。那时，欧洲和北美一些国家的政府通过雇佣标准和事故赔偿立法等劳动力市场的规制措施，来要求雇主为员工的福利承担更多的责任。19 世纪 80 年代，德国政府相继颁布了一系列社会保险法令。包括 1883 年的《工人疾病保险法》、1884 年的《工伤事故保险法》、1889 年的《老年和残障保险法》，标志着世界上第一个社会保险体系的建立。英国政府于 1906 年颁布了《工人补偿法》，1911 年制定了全面、综合的《国民保险法》。在美国，劳工保护发展历史中的一个重要事件是，1938 年颁布了《公平劳动标准法》(又称《工资工时法》)。其主要条款包括：每周 40 小时工时，每小时最低工资为 40 美分；禁止雇用 16 岁以下童工；在危险性工业中，禁止雇用 18 岁以下工人；雇主安排雇员加班，必须按工资标准的 150％向雇员支付加班费；等等。

20 世纪 40 年代，福利在工业化国家得到迅速发展。第二次世界大战和朝鲜战争时期，美国联邦政府采取工资物价稳定政策，严格限制工资的增长，即使如此，对企业福利部分的开支也未加限制。由于战争状态的不稳定性，为了招募和留住人才，许多企业甚至增

加了养老金、人寿保险和医疗保障计划这类福利措施。

20 世纪中叶以来，随着企业福利项目的增加和水平的提高，企业的福利支出不断增加。以美国为例，其员工福利除了法定的基本养老保险、失业保险、工伤保险等之外，还有很多补充福利，如搬家费、利润分享、住房补贴、企业年金等。

2. 我国福利的发展

中华人民共和国成立以来，我国福利的发展受计划经济与市场经济体制改革的影响，可划分为“统包”阶段、过渡阶段和创新阶段。

(1) “统包”阶段

1951 年中国政府颁布了《中华人民共和国劳动保险条例》，为企事业单位员工和国家机关工作人员建立了正规的退休计划。1954 年以后，伴随着国有企业“大锅饭”分配制度的形成，统包式员工福利也逐渐发展起来，其计划内容囊括了衣食住行、生老病死等各方面。福利形式以物质为主，包括福利分房、公费医疗、免费教育等，费用完全由国家或企业承担。在这种体制下，企业对职工的生活，诸如住房、医疗、养老、子女入托和上学等要一包到底，对职工的生、老、病、死、残要承担无限责任，即企业办社会。而这些责任最终又都通过层层行政程序转化为国家的“兜底”责任。

(2) 过渡阶段

改革开放以后，在计划经济向市场经济体制转轨的过渡时期，货币形式的福利增多，包括奖金、津贴、补贴和救济金等。1979 年，国务院发布《关于国营企业实行利润留成的规定》，实行职工福利基金从企业利润留成中提取的办法；1983 年改为先按工资总额的一定比例在成本中提取，不足部分再在税后利润留成中列支的办法；实行利改税后，仍然坚持了上述政策，职工福利从此不仅有经费保障，而且可以随着经济的增长不断改善。当然，这种变革也拉大了不同单位职工福利的差距。在这一阶段，从企业到员工的福利意识明显增强，但传统体制的惯性仍在延续，新型福利体系尚未建立，经营效益较好的企业逐步增加福利中的货币支付。

(3) 创新阶段

自 20 世纪 90 年代中期以来，随着社会主义市场经济的目标定位和国有企业改革的逐步深入，员工福利和退休制度建设开始进入体制和制度创新阶段。在社会保障制度改革的过程中，新型的社会保障制度框架基本确立，社会统筹与个人账户相结合的社会养老、医疗保险制度的覆盖面扩大，补充养老保险和医疗保险计划日益发展，“企业办社会”的功能逐步分离，社会福利和企业福利正在进入协调发展时期。随着人们收入水平的提高，货币的边际效用递减，人们更注重生命健康，注重风险保障。同时，随着现代企业制度的建立，现代人力资源管理的概念逐步被引入企业管理，人们开始将福利计划纳入企业的薪酬管理之中，不断探索和建立符合本企业特点的福利计划，合理地确定其“货币”与“服务”部分的构成，针对员工的特点建立弹性福利计划。

（五）福利的分类

1. 法定福利和企业福利

依据福利项目的提供是否具有法律的强制性，将其划分为法定福利和用人单位福利。前者包括基本社会保险、住房公积金、法定休假（法定节假日、公休假、带薪年休假、婚假、丧假、计划生育假、探亲假）等；后者包括企业补充保险（补充养老保险和补充医疗保险）、商业保险、住房福利、各种培训、带薪休假（法定休假以外的带薪病假、事假、公假）、专项福利补贴（如住房补贴、生日津贴、结婚慰问金、住院慰问金、丧事慰问金、免费工作餐、定期体检）、福利设施和服务（如员工宿舍、食堂、医务室、浴室、托儿所、幼儿园、上下班班车和各种文化生活设施）以及员工持股、利润分享等。

2. 全员性福利、特种福利和特困福利

依据福利项目的实施范围或支付对象，可以将员工福利项目划分为全员性福利、特种福利和特困福利。大多数的福利都是提供给企业所有员工的全员性福利，这种福利多少带有一些平均主义或“大锅饭”色彩，如生日礼金等；特种福利是为企业高层人才设计的福利，这种福利多少带有一些奖励的性质，如对高层人员的高档轿车服务、出差可乘坐飞机和住宿星级宾馆、交际费及其他职务消费；特困福利是为企业困难员工提供的福利，这是按需分配的。

3. 固定福利和弹性福利

依据福利选择的灵活性，可以将福利分为固定福利和弹性福利。固定福利设定后，员工没有选择的余地；而在弹性福利计划下，员工可以根据自己的偏好在一定范围内灵活选择。

4. 经济性福利和非经济性福利

依据福利的表现形式，可分为经济性福利和非经济性福利两类。实际上，大多数福利都是经济性福利。非经济性福利的目的在于全面改善员工的工作生活质量，主要包括咨询性服务，如法律咨询、心理健康咨询等；保护性服务，如隐私权保护、平等就业权利保护等；工作环境保护，如弹性工作时间、弹性工作地点、员工参与民主化管理等。

二、福利管理

福利管理是指对福利项目的设计、实施、调整的过程。福利管理为许多组织员工提供了生活上的方便，减轻了员工在生活琐事和家务劳动方面的负担，帮助员工解决了自身难以解决的许多困难，丰富了员工的文化生活，在满足广大员工的物质生活需要和精神生活需要方面，都发挥了积极的作用，其结果必然增强了组织的凝聚力和竞争力。

（一）福利管理所应遵循的主要原则

1. 合理性原则

所有的福利都意味着组织的投入或支出，因此，福利设施和服务项目应在规定的范围内，力求以最小的费用达到最大的效果。对于效果不明显的福利应当予以撤销。

2. 必要性原则

对于国家和地方规定的福利条例，组织必须坚决严格执行。此外，组织提供的福利应当最大限度地与员工的需求保持一致。

3. 计划性原则

凡事要计划先行。福利制度的实施应当建立在福利计划的基础上，如福利总额的预算报告等。

4. 协调性原则

组织在推行福利制度时，必须考虑到与社会保险、社会救济、社会优抚的匹配和协调。已经得到满足的福利要求没有必要再次提供，确保资金用在刀刃上。

（二）福利管理的主要内容

福利管理的主要内容包括以下几个方面：确定福利总额、明确实施福利的目标、确定福利的支付形式和对象、评价福利措施的实施效果。

1. 确定福利总额

根据国家相应的法律法规，结合组织自身的财力状况和组织员工的需求，可合理地计算出本组织的福利总额。其包括福利资金的来源、数额、到账时间等。

2. 明确实施福利的目标

每一个福利项目的实施都需要组织财力的支持，因而在福利项目的实施之前必须清楚地知道该项福利所想要达到的目标和要求，努力把每一分投入都用在最需要的地方。

3. 确定福利的支付形式和对象

对于福利支付的时间、地点、内容和对象，组织在实施福利项目前都应该非常地明确。

4. 评价福利措施的实施效果

这是福利管理的最后一环，也是非常重要的一环，福利措施实施效果的好坏直接反映出是否遵循了福利管理的主要原则，是否把组织的资金用在刀刃上，是否能激励员工更努力地为国家、为组织做出更多的贡献。一般可采用问卷调查的方式获得第一手资料，再加以整理、分析，得出评价结果。如果所得评价结果符合预期的目标，那么可继续实施；如果所得评价结果不符合预期的目标，那么从第一、第二步开始调整，直到符合要求为止。

第二节　法定福利

所谓法定福利，是由国家相关法律和法规规定的福利内容。国家法定福利具有强制性，任何企业都必须执行。我国《劳动法》第七十六条明确规定："用人单位应当创造条件，改善集体福利，提高劳动者的福利待遇。"我国目前的法定福利主要包括社会保险和法定休假。企业的一些福利项目由于可获得政府优惠的税收待遇，也会受到法规或制度的制约，如各项企业补充保险等。

一、社会保险

社会保险是国家通过立法手段建立的，旨在保障劳动者在遭遇年老、患病、工伤、失业、生育及死亡等风险和事故，暂时或永久性地失去劳动能力或劳动机会，从而全部或部分丧失生活来源的情况下，能够享受国家或社会给予的物质帮助，维持其基本生活水平的社会保障制度。我国的社会保险主要包括基本养老、基本医疗、失业、工伤、生育五大保险，实际上是由以前国有企事业单位及集体企业实行的劳动保险改革演变而来的。它是对劳动者而非一切社会公民因上述五种原因(而非其他灾害或不幸)暂时或永久性地丧失劳动能力，或虽有劳动能力，但劳动愿望因外界因素不能实现时，给予其经济补偿，以保障其基本收入的措施。

（一）基本养老保险

1. 基本养老保险的概念

基本养老保险是依据法律规定，由社会对因年老退出劳动领域的劳动者，提供基本生活保障的一种社会保险制度。基本养老保险通过国家立法强制实施，凡属法定覆盖范围内的用人单位及其员工都必须参加，没有选择的余地。基本养老保险费用依法强制征缴，一般由国家、用人单位和劳动者个人三方共同负担，或由用人单位和劳动者个人两方共同负担。

2. 缴费

企业和个人需共同缴纳基本养老保险费用，基本养老保险基金实行社会统筹与个人账户相结合的管理模式，这种管理模式是我国在借鉴国外养老保险制度的基础上，结合我国国情首创的一种新型养老模式。所有城镇企业及其职工均被纳入其制度覆盖范围。企业和职工个人均须按规定的标准，向社会保险机构缴纳基本养老保险费用，原则上企业按不超过职工工资总额的 20%缴费，个人按本人月工资收入的 8%缴费。另外，城镇个体工商户和灵活就业人员参加基本养老保险的缴费基数为当地上年度在岗职工平均工资，缴费比例为 20%，其中 8%记入个人账户，退休后按企业职工基本养老金计发办法计发基本养老金。

3. 享受条件

享受条件一是达到了法定退休年龄，二是缴纳了规定年限的基本养老保险费用，即累计缴费至少应满 15 年，如 15 年后还未退休，可以不再缴纳，但缴纳的时间越长、缴费越多，退休后领取的养老金就越多。

4. 计发

基本养老金由基础(社会)养老金和个人账户(缴费性)养老金组成。退休时的基础养老金月标准以当地上年度在岗职工月平均工资和本人指数化月平均缴费工资的平均值为基数，每多缴费1年增发1%，上不封顶，以形成“多工作，多缴费，多得养老金”的激励约束机制。个人账户养老金月标准为个人账户储存额除以计发月数，个人账户储存额与职工缴费年限的长短和缴费多少直接相关，计发月数根据职工退休时城镇人口平均预期寿命、本人退休年龄、利息等因素确定。

（二）基本医疗保险

1. 基本医疗保险的概念

医疗保险又称疾病保险，广义的医疗保险是指劳动者非因工患病、负伤、残废和死亡而获得经济救助的一种社会保险制度。医疗保险依据法律规定筹集医疗基金，强制实施。但我国目前的基本医疗保险尚属于狭义的医疗保险概念，即只按规定负责补偿医疗费用的开支。

2. 缴费

我国城镇职工的基本医疗保险，按照1998年《国务院关于建立城镇职工基本医疗保险制度的决定》执行，实行社会统筹与个人账户相结合的管理模式。所有城镇职工均应纳入制度覆盖范围。基本医疗保险费用由单位和个人共同分担缴纳，用人单位和职工个人均须按规定的标准，向社会保险机构缴纳基本医疗保险费用，原则上用人单位按职工工资总额的6%缴费，个人按本人月工资收入的2%缴费。个人缴费全部划入个人账户，单位缴费按30%左右划入个人账户，其余部分建立统筹基金。

3. 待遇

职工因患病而就医用药的费用，将由医疗保险机构按规定标准支付基本医疗保险待遇。个人账户资金主要用于支付小额医疗费用或门诊费用，统筹基金主要支付大额医疗费用或住院医疗费用。当职工个人看病费用超过当地年均工资10%(起付标准)时，统筹基金开始支付其费用，支付的最高限额为当地职工年人均工资的4倍左右。在统筹基金支付的范围内(起付标准以上，最高支付限额以下)，个人也要负担一定的费用比例。

4. 医疗期

企业可按职工工龄和在本单位工作年限的长短，给予员工一定的医疗期。这里的医疗期是指职工因患病或非因工负伤停止工作、治疗休息，不得解除劳动合同的时限，而非疾病治疗所需的治疗时间或住院时间。在医疗期内，可获得60%～100%基本工资的病假工资；医疗期满后仍不能胜任工作而被解除劳动合同的，企业应发给6个月工资的医疗补助费(患重病或绝症的还应增加50%～100%)；同时，按其在本单位的工作年限，每满1年发给相当于1个月的经济补偿金。医疗期的长短，一般规定为在本单位工作年限5年以下为3个月，5年以上为6个月。

（三）失业保险

1. 失业保险的概念

失业保险是指依据法律规定，在劳动者有就业愿望但因非主观原因而暂时丧失有报酬或有收益的工作时，由国家和社会依法提供基本生活保障和再就业帮助的一种社会保险制度。失业保险是社会保险的主要项目之一，更是就业保障体系的重要组成部分。从国际上看，失业保险通常是国家通过立法强制实施的，失业保险基金通常由国家、用人单位和劳动者个人三方共同负担。

我国实行强制失业保险制度，失业保险基金实行社会统筹管理，各地劳动保障行政部门具体负责失业保险的管理工作。1999年国务院颁布了《失业保险条例》，这是我国目前执行的失业保险制度的法律依据。

2. 覆盖范围

失业保险覆盖所有城镇企业、事业单位的失业人员，即包括国有企业、城镇集体企业、外商投资企业、城镇私营企业以及其他城镇企业的职工。

3. 缴费

单位和职工应共同按规定的标准，向社会保险机构缴纳失业保险费用。单位按照本单位工资总额的2%缴纳失业保险费用，职工按照本人工资的1%缴纳失业保险费用。征缴的失业保险费用全部纳入失业保险基金，在统筹地区参保成员中调剂使用，以充分发挥保险互济的功能。单位和个人缴纳的失业保险费用是失业保险基金的主要来源，此外还有政府财政补贴、基金利息、投资收益和滞纳金等来源。

4. 待遇

职工失业期间可享受的失业保险待遇包括失业救济金或保险金(最长24个月)、困难补助金、患病医疗补助金、丧葬补助金、供养直系亲属抚恤金、接受职业培训和职业介绍的补贴等。其中失业救济金的发放标准相当于当地行政部门规定的社会救济金额(城市居民最低生活保障标准)的120%～150%，但应低于社会平均工资水平。符合条件的失业人员向企业所在地的失业保险机构办理失业登记后方可获得失业保险待遇。

5. 期限

失业保险是一种短期保险项目，如果超过一定期限，失业人员还没找到新的工作，将被纳入社会救助体系，不再属于失业保险的享受范围。失业人员领取失业保险金的期限是根据失业前所在单位和本人累计缴费时间的长短来确定。失业人员失业前所在单位和本人按照规定累计缴费时间满1年不足5年的，领取失业保险金的期限最长为12个月；累计缴费时间满5年不足10年的，领取失业保险金的期限最长为18个月；累计缴费时间

10年以上的，领取失业保险金的期限最长为24个月。重新就业后再次失业的，缴费时间重新计算，领取失业保险金的期限可以与前次失业应领取而尚未领取的失业保险金的期限合并计算，但是最长不得超过14个月。

具体地说，累计缴费时间1年以上不满2年的，可以领取3个月的失业保险金；累计缴费时间满2年不满3年的，可以领取6个月的失业保险金；累计缴费时间满3年不满4年的，可以领取9个月的失业保险金；累计缴费时间满4年不满5年的，可以领取12个月的失业保险金；累计缴费时间5年以上的，其超过5年的部分，按每满1年增发1个月失业保险金的办法计算，确定增发的月数。

6. 享受条件

享受失业保险的条件包括：劳动者曾经就业而目前失业(从未就业过的社会成员不能享受失业保险)；参加失业保险，单位和本人已按规定缴费满1年的；已办理失业登记，并有求职要求或重新就业愿望的失业人员；失业人员处于规定的失业期内，最长不超过24个月，超过规定的失业期限可纳入社会救济。但是，非自愿性失业，自动辞职或自行脱离劳动职位的员工不能享受失业保险。

可见，失业保险适用对象一般是破产企业的职工、濒临破产或困难企业的职工、终止或者解除劳动合同的职工以及其他依照法律、法规享受失业保险的职工。而且，失业保险的享受条件不仅与缴费情况有关，还与劳动者的就业愿望有关。另外，职工失业后，单位应当及时为失业人员出具终止或者解除劳动关系的证明，告知其按照规定享受失业保险待遇的权利，并将失业人员的名单自终止或者解除劳动关系之日起15日内报社会保险经办机构备案。失业人员本人应当持本单位为其出具的终止或者解除劳动关系的证明，及时到指定的社会保险经办机构办理失业登记。失业保险金自办理失业登记之日起计算，并由社会保险经办机构按月发放。

7. 丧失领取失业保险待遇的情形

失业人员在领取失业保险金期间有下列情形之一的，停止领取失业保险金，并同时停止享受其他失业保险待遇：领取期限届满的；参军或出国定居的；重新就业的；享受基本养老保险待遇的；被判刑收监执行或者被劳动教养的；无正当理由，拒不接受当地人民政府指定的部门或者机构介绍的工作等。

（四）工伤保险

1. 工伤保险的概念

工伤保险是指劳动者因工作原因受伤、患职业病、致残或死亡，暂时或永久性地丧失劳动能力时，从社会保险基金中获得法定的医疗生活保障以及必要的经济补偿的社会保险制度。工伤保险中的“伤”是指因工负伤，即劳动者在生产工作中发生意外事故以及因职业原因致使身体某些部位或生理功能受损，引起暂时性的、部分性的丧失劳动能力。“残”是指因工负伤或患职业病，经治疗休养后仍不能痊愈，以致身体或智力功能永久性丧失。工伤保险与劳动保护一样能促进企业做好安全生产,一个是防患于未然,一个是善后于已然。

在世界范围内,工伤保险是产生最早、实施国家最多、保障性最强、制度设计最严密的社会保险制度,其保障项目全面周到,包括医疗费、生活费、伤残补助金、本人待遇、家属待遇等;其付给条件宽,标准高,无期限。我国的工伤保险制度,以 2003 年发布的《工伤保险条例》为法律依据。该条例规定,工伤保险实行社会统筹管理和差别费率制。参保单位按规定的本行业工伤保险费率缴费,行业工伤风险越大,对应的费率越高。征缴的工伤保险费用全部纳入工伤保险基金,在统筹地区参保成员中调剂使用。一般来说工伤保险的缴费比例是企业每月按月职工工资收入的 0.5%缴费,个人无须缴费。

2. 工伤保险的资格条件

工伤保险的资格条件需要进行以下两个方面的认证。

(1) 因工伤残和职业病的认定,即确定员工是否应当享受工伤保险待遇。一般来说,工伤是指在工作时间、工作场所、执行工作任务中受伤、残疾、死亡。但在实际工作中,具体情况相当复杂,需要具体情况具体分析。

职业病是指企事业单位和个体经济组织的劳动者在职业活动中,因接触粉尘、放射性物质和其他有毒、有害物质等因素而引起的疾病。患职业病的员工享受工伤保险待遇。

(2) 劳动能力丧失程度的鉴定。职工发生工伤,经治疗伤情相对稳定后存在残疾、影响劳动能力的,应当进行劳动能力鉴定。劳动能力鉴定是指劳动功能障碍程度和生活自理障碍程度的等级鉴定。同时这也是确定员工因工伤残而应享受的保险待遇水平和对伤残者进行妥善安置的重要依据。

劳动功能障碍分为 10 个伤残等级,最重的为 1 级,最轻的为 10 级。其中,1～4 级为全部丧失劳动能力;5～6 级为大部分丧失劳动能力;7～10 级为部分丧失劳动能力。生活自理障碍分为 3 个等级:生活完全不能自理、生活大部分不能自理和生活部分不能自理。

3. 工伤保险待遇

工伤事故发生以后,企业应按规定的程序在 15 天内通知社会保险部门,否则社会保险部门将不承担该工伤待遇的支付责任,而由企业按规定的标准自行支付。参加了工伤保险的职工,发生工伤事故或患职业病的,应按照《工伤保险条例》的规定享受工伤保险待遇,它涵盖了医疗服务、现金补偿和工伤康复等,具体包括以下几个方面。

(1) 工伤医疗期待遇。其包括医疗期间的医疗费、护理费、交通费、伙食费补贴和工伤津贴(平均工资)。

(2) 工伤伤残待遇。企业职工因工致残或患职业病,经医疗终结鉴定为伤残,按其伤残程度发给工伤伤残等级证书并享受工伤伤残待遇:伤残程度为 1～4 级的应退出工作职位,并享受一次性伤残补助金、按月享受因工伤残抚恤费和患病补助等;伤残程度为 5～10 级的原则上由原单位安排力所能及的工作,并享受一次性伤残补助金,若因换工作降低了工资,企业应发给因工伤残补助费;伤残程度为 5～6 级但用人单位难以安排工作的,应按月发给本人工资70%的因工伤残抚恤费;伤残程度为7～10级,职工本人自愿就业的,可发给一次性伤残补助金等。

(3) 因工死亡保险待遇。其包括因工死亡的丧葬费、一次性抚恤金和供养直系亲属抚恤费。其中,供养直系亲属抚恤费是为职工因工死亡后无生活来源的遗属提供的,可按月支付,直到受供养者失去受供养的条件为止。

(五) 生育保险

1. 生育保险的概念

生育保险是依据法律规定,由国家和社会对生育妇女提供医疗服务和基本生活保障的一种社会保险制度。它可以对女职工生育子女时所花费的手术费、住院费、检查费、药费等费用进行补偿,也包括对女职工在规定的生育假期内因未从事劳动而不能获得工资收入的补偿(生育津贴)。实行社会生育保险,不仅可以帮助怀孕、分娩的女职工解决实际困难,也可以减少女职工比例较高的企业的负担,有利于企业的公平竞争和妇女权益的保障。

目前,我国企业生育保险制度的现行法规是《企业职工生育保险试行办法》。根据这一规定,生育保险实行社会统筹管理,生育保险基金由企业负担,职工个人不承担缴费义务。企业按不超过职工工资总额的1%缴纳生育保险费用,全部纳入生育保险基金。一般来说,生育保险的缴费比例是企业每月按职工月工资收入的0.5%缴费,个人无须缴费。但从目前的执行情况来看,生育保险的强制性程度不及基本养老保险、基本医疗保险和失业保险。

2. 特点

(1) 生育保险的对象是女职工。虽然生育带来的经济负担应由夫妻双方共同承担,但生育保险金是对参加保险的女职工因生育行为所造成的直接经济损失而提供的补偿。

(2) 生育保险待遇给付只发给合法的结婚者。非婚生育的女职工不能享受生育保险规定的有关待遇,其生育期间也没有工资。

(3) 生育保险实行"产前与产后都应享受的原则"。女职工在临产分娩前和分娩后,都有休假时间,以保证其身体健康。而且,生育的分娩者不论其妊娠期的长短或流产与否,也不论其胎儿的生死,都可享受生育保险待遇。

3. 待遇

参加生育保险、符合计划生育规定的职工,在生育或流产时可享受生育津贴、生育医疗费和产假。其中,生育津贴按照本企业上年度职工月平均工资计发,由生育保险基金支付,期限以《女职工劳动保护特别规定》规定的产假时间为准(一般为98天,其中产前可以休假15天;难产的,增加产假15天;生育多胞胎的,每多生育1个婴儿,增加产假15天。怀孕不满4个月流产的,可给予15天的产假,怀孕4个月以上流产的,可给予42天的产假)。生育医疗费覆盖妊娠、分娩全过程。女职工生育期间的检查费、接生费、手术费、住院费和药费均由生育保险基金支付，超出规定的医疗服务费和药费(如营养药品和自费药品)由员工个人负担。

五大社会保险是企业的法定福利，其中发展比较快、制度相对比较完善的是基本养老保险、基本医疗保险、失业保险。社会保险是职工应当享受的社会福利，同时也是职工应有的权益，受到国家法律的保护。虽然对于企业来说，五种保险都要求企业缴纳保险费用，总体占企业职工工资总额的37%左右，成本较高，但企业不能以任何理由拒绝缴纳社会保险费用。

二、法定休假

法定休假是企业职工依法享有的休息时间。在法定休息时间内，职工仍可获得与工作时间相同的工资报酬。有些企业还允许员工将未使用的某些假期累积起来，留待以后使用或自由支配。我国《劳动法》规定的职工享有的休息休假待遇包括6个基本方面：劳动者每日休息时间，每个工作日内的劳动者的工作间隙、用餐、休息时间，每周休息时间，法定节假日放假时间，带薪年假休息，特殊情况下的休息(如病假休息)等。

(一) 法定节假日

法定节假日，又称法定休假日，是指法律规定的各种节日和纪念日。

我国法定全体公民放假的节日包括：元旦放假1天；春节放假3天；五一国际劳动节放假1天；十一国庆节放假3天；清明节、端午节、中秋节各放假1天。

部分公民放假的节日包括：国际妇女节，妇女放假半天；五四青年节，14周岁以上的青年放假半天；八一建军节，现役军人放假半天。

属于全民的法定节假日如逢星期六、星期日，应在公休假日期满次日补假；属于部分公民的假日如逢星期六、星期日，则不补假。

法定节假日是带薪休假。在法定节假日，劳动者有权享受休息，工资照发。如果在法定节假日安排劳动者工作，应支付不低于300%的劳动报酬。

(二) 公休假日

公休假日是指劳动者工作满一个工作周后的休息时间。按照国家的有关规定，员工每周工作时间为40小时，每周休假日为星期六和星期天。《劳动法》第三十八条规定："用人单位应当保证劳动者每周至少休息一日。"在平常时间安排员工延长工作时间，每日不得超过1小时，如系特殊原因，则每日不得超过3小时，每月不得超过36小时，并须给付不低于正常工资150%的工资报酬；在休息日安排员工工作又不能安排补休的，须给付不低于正常工资200%的工资报酬；法定休假日安排员工工作，须给付不低于正常工资300%的工资报酬。

（三）病假

企业职工患病或非因工负伤，根据本人实际参加工作的年限和本企业工作年限，享受3～24个月的医疗期。对于某些患特殊疾病（如癌症、精神病、瘫痪等）的职工，在24个月内尚不能痊愈的，经企业和当地劳动部门批准，可以适当延长医疗期。企业职工患病或非因工负伤期间的病假工资或疾病救济费，扣除职工个人应缴纳的社会保险费用后，不得低于本市最低工资标准的80%。

（四）带薪年休假

带薪年休假是指职工符合规定的休假条件，每年可以享有带薪休息若干日的制度。我国《劳动法》规定："国家实行带薪年休假制度。"劳动者连续工作1年以上的，享受带薪年休假制度。1991年发布的《中共中央、国务院关于职工休假问题的通知》规定，在确保完成工作生产任务，不另增人员编制和定员的前提下，可以安排职工的年休假。年休假天数最多不得超过2周。

三、住房公积金

（一）住房公积金的含义

住房公积金是指依据国家的政策法令所建立起来的强制性住房储蓄计划，是由城镇各单位及其在职职工共同缴存的长期住房储金。

一般说来，住房公积金计划虽不如社会保险的强制性大，但对于企业仍有一定的强制性和义务性。在这一计划中，企业要承担为其员工在住房公积金管理中心办理公积金缴存和支取手续，建立员工个人的住房公积金账户，缴纳住房公积金费用以及每月为员工代扣代缴员工个人住房公积金费用等责任。对于员工，住房公积金计划则是一种具有"特殊性"的长期储蓄存款计划，在其存储、支取及使用等方面都要受到国家政策法规的强制与约束，但同时员工也可以通过这一计划获得来自企业的资金资助。

对住房公积金的理解还有下面几点补充。

(1) 住房公积金由两部分组成，一部分由职工所在单位缴存，另一部分由职工个人缴存，职工个人缴存部分由单位代扣后，连同单位缴存部分一并缴存到住房公积金个人账户内。

(2) 住房公积金缴存的长期性。住房公积金制度一经建立，职工在职期间必须不间断地按规定缴存，除职工离休、退休或发生规定的其他情形外，不得中止和中断。这体现了住房公积金的稳定性、统一性、规范性和强制性。

(3) 住房公积金是职工按规定存储起来的专项用于住房消费支出的个人住房储金，

具有两个特征。一是积累性，即住房公积金虽然是职工工资的组成部分，但不得以现金形式发放，必须存入住房公积金管理中心在受托银行开设的专户内，实行专户管理。二是专用性，即住房公积金实行专款专用，存储期间只能按规定用于购买、建造、翻建、大修自住住房，或交纳房租。职工只有在离休、退休、死亡、完全丧失劳动能力并与单位终止劳动关系或户口迁出原居住城市时，才可提取本人账户内的住房公积金。

（二）住房公积金的有关制度规定

1. 实施范围

国家机关、国有企业、城镇集体企业、外商投资企业、城镇私营企业及其他城镇企业、事业单位、民办非企业单位、社会团体及其在职职工，都应按规定缴存住房公积金。

2. 缴存

新单位应自设立之日起30日内、新录用职工应自录用之日起30日内，到住房公积金管理中心办理住房公积金缴存登记；自登记之日起20日内，到受托银行为本单位员工办理住房公积金账户设立手续。

住房公积金按月缴存，以职工本人上一年度月平均工资为基数，本人和单位的缴存比例均不得低于5%。有条件的城市或单位，可以适当提高缴存比例。例如，成都市的住房公积金缴存比例为6%～15%，并采取单位与员工对等缴纳的方式。其中，员工个人缴存的住房公积金，由所在单位每月从其工资中代扣代缴。上海市的住房公积金缴存比例，企业一般按职工月工资的7%缴纳，个人按其月工资的7%缴纳。

新参加工作的职工从工作的第2个月开始、新入职的职工从领到工资之日开始，缴存住房公积金，均从本人当月工资中代扣代缴。单位应按时、足额缴存住房公积金，不得逾期缴存或者少缴。对缴存住房公积金确有困难的单位，经本单位员工代表大会或者工会讨论通过，并经住房公积金管理中心审核，报住房委员会批准后，可以降低缴存比例或者缓缴；待单位经济效益好转后，再提高缴存比例或者补缴、缓缴。

3. 列支渠道

单位为员工缴存的住房公积金，按照下列规定列支：

（1）机关单位在预算中列支；

（2）事业单位由财政部门核定收支后，在预算或者费用中列支；

（3）企业在成本中列支。

4. 提取与使用

职工有以下6种情形之一的，可提取住房公积金账户的存储余额：

（1）购买、建造、翻建、大修自住住房的；

（2）离休、退休的；

（3）完全丧失劳动能力，并与单位终止劳动关系的；

（4）户口迁出所在的市、县或者出境定居的；

(5) 偿还购房贷款本息的；

(6) 房租超出家庭工资收入的规定比例的。

5. 住房公积金贷款

缴存住房公积金的职工，在购买、建造、翻修、大修自住住房时，可以申请住房公积金贷款，申请人应当提供担保。

6. 政策优惠

住房公积金的存贷款和一般性存贷款不同，它具有国家政策上的优惠，这种优惠主要体现在以下三个方面。

(1) 税收优惠。企业和员工的共同缴费所形成的住房公积金完全归个人所有。企业所缴纳的住房公积金在其成本中列支，而员工个人部分直接从工资中扣除，并且免缴个人所得税。

(2) 较高的存款利率。根据中国人民银行颁布的《人民币利率管理规定》，银行对职工的“上年结转户”的个人住房公积金存款(每年的结息日为 6 月 30 日)，按 3 个月定期整存整取存款的利率计息。

(3) 低息住房公积金贷款。住房公积金管理中心发放住房公积金贷款时，实行的是保本微利的经济方针，因此，职工申请获取的住房公积金贷款利率要低于一般的商业贷款利率。但住房公积金的贷款额度有严格的政策性限制，不以申请人自身的主观要求来确定。职工在住房公积金贷款额度之外的贷款需求，可通过组合贷款的方式，由银行资金来解决。

除国家法定的住房公积金计划之外，企业还可以根据自身的经营发展情况，为解决员工住房问题，自愿建立补充性住房计划。如补充性住房公积金、现金住房补贴、低息或无息住房贷款、利息补助计划、低价格的集体购房计划以及公司提供公寓或宿舍等。

第三节　用人单位福利

用人单位福利是指用人单位为了吸引人才或稳定员工而自行为员工采取的福利措施。用人单位福利是由用人单位根据自身的经济效益及其他具体情况进行设计的，用人单位福利的选择余地很大，形式与内容也非常丰富。用人单位福利水平除了与直接薪酬水平相关外，更主要取决于用人单位的经济效益。而且，每个用人单位有不同的可以满足员工需求的资源，从而为用人单位设计不同的福利项目提供物质条件。实际上，不少福利项目都与用人单位的某些特殊资源有关。例如，某餐厅让员工每月只要花费一块钱就可以请全家人来用餐，这对员工来讲很有面子，又很实惠，同时让餐厅看起来生意更好；某航空公司让员工每年免费搭两次飞机到指定酒店度假;等等。

根据福利本身是否涉及金钱或实物,可以将用人单位福利分为经济性福利和非经济性福利,它们各自又包含着丰富的内容。

一、经济性福利

(一) 住房性福利

以成本价向员工出售住房,发放房租补贴,提供免费单身宿舍、夜班宿舍、民工夫妻房等。

(二) 交通性福利

为员工提供电车、汽车或地铁票卡,用班车接送员工上下班,为个人交通工具如摩托车或汽车等提供低息贷款,发放车票、船票、机票优惠等。

(三) 饮食性福利

供应低价午餐甚至免费午餐,发放慰问性的水果,工间提供免费饮料如茶水、咖啡或冷饮,免费发放食品等。

(四) 教育培训性福利

提供员工的脱产进修、短期培训,以及企业外公费进修,包括业余、部分脱产或全脱产等。

(五) 医疗保健性福利

提供公费医疗、免费定期体检及防疫注射、职业病免费防护等。

(六) 带薪节假日

节日、假日以及事假、探亲假、带薪休假等。

(七) 文化旅游性福利

为员工过生日而举办活动,发放低折扣电影、戏曲、表演、球赛票券,开展有组织的集体文体活动如晚会、舞会、郊游、野餐、体育竞赛,购置体育设施等。

(八) 金融性福利

为员工购买住房提供的低息贷款等。

（九）其他生活性福利

直接提供工作服等。

（十）津贴和补贴

津贴和补贴是指用人单位为了调整薪酬制度中某些不平衡现象而在正常薪酬之外给予企业员工的特殊货币补助。它是针对在特殊劳动条件下工作的员工所付出的额外劳动消耗、生活费用，以及对员工身体健康造成的损害所给付的一种货币补偿。

（十一）补充养老保险、补充医疗保险、补充公积金及商业保险

我国《劳动法》第七十五条规定，国家鼓励用人单位根据本单位实际情况为劳动者建立补充保险。

二、非经济性福利

（一）咨询性服务

这包括免费为员工个人发展设计的咨询服务（如给予分析、指导和建议，提供参考资料与信息等）、员工心理健康咨询（如过重的工作负荷与压力导致的高度焦虑或精神崩溃等心理症状的诊治）以及免费的法律咨询等。

（二）保护性服务

如平等就业权利保护（反性别、年龄歧视等）、隐私权保护等。

（三）工作环境保护

如实行弹性工作时间、缩短工作时间、施行企业内部提升政策、推进员工参与的民主化管理、提供具有挑战性的工作机会，等等。

第四节　福利方案设计

随着社会的快速发展，许多企业已深刻地认识到人力资源是企业持续成长的真正源泉，要让企业保持长久的生命力，就必须持续改善员工的福利，并且要不断创新。因此，对

福利方案的设计和再设计也越来越引起企业的重视，在激烈的市场竞争中，提供高质量的员工福利是企业必不可少的“秘密武器”。

一、福利方案设计的影响因素

企业为员工提供多少福利项目，如何把握各个项目的比重，如何做到付出最少的代价得到最高的回报，这些都是福利方案的合理设计需要深入考虑的，但福利方案的设计会受到很多因素的影响。

（一）外部环境

1. 国家相关法律法规和政策对福利方案设计的影响

通常来讲，与员工福利最密切相关的法律政策文件，是宪法和劳动法系列中对员工福利的规定以及社会保障法律的相关规定。我国《宪法》明确规定：实行各尽所能、按劳分配的原则，在发展生产的基础上，提高劳动报酬和福利待遇；劳动者享有休息和劳动保护的权利；劳动者有获得物质帮助的权利。这是我国关于福利问题的最高法律规定。《劳动法》中明确规定的员工福利包括社会保险、工作时间、休息时间、职业培训、劳动卫生、女职工及未成年工的保护等内容。此外，国家的一些行政法规也规定了相关员工福利的内容，包括基本养老保险、基本医疗保险、失业保险、工伤保险和生育保险在内的社会保险方面的法规对员工的相关福利做出了明确规定。国家出台的工时制度、特殊劳动保护制度等都是行政法规方面的福利规定。

2. 市场工资水平对福利方案设计的影响

市场工资水平是影响企业薪酬制定的重要因素，同时也对福利方案设计产生影响。企业要吸引优秀人才，必然要提供具有吸引力的薪酬，这就需要企业考虑当前市场薪酬的整体水平，对此做出判断和反应，进而调整自己的薪酬结构和福利水平，包括设计具有吸引力的福利方案来吸引和留住人才。

3. 相关税收制度对福利方案设计的影响

国家对很多企业福利项目实行税收减免的优惠政策，这是企业愿意提供相应的补充福利的一个重要动力。我国《个人所得税法》规定，对于综合所得，全年应纳税所得额不超过 36 000 元的，按照 3%的税率征税；超过 36 000～144 000 元的部分，按照 10%的标准征税。如果企业在设计薪酬结构和福利方案时考虑避税问题，那么企业就可以设计一些国家具有优惠政策的福利项目，在薪酬总额一定时，增加员工的实际收入。

4. 劳动力供求状况对福利方案设计的影响

劳动力供求状况对福利的影响是较为明显的。当劳动力供大于求时，企业提供的福利无论从数量上还是水平上都会减少。当然，法定的福利项目不会减少，但是由于工资总额降低，福利水平自然会随之下降。当劳动力供不应求时，企业会设法提高福利待遇水平，吸引人才为其服务。

（二）内部环境

1. 企业经营效益对福利方案设计的影响

企业经营效益是影响企业提供福利水平的决定性因素。企业经营效益好，就有能力为员工提供优厚的福利待遇；企业经营效益差，也就自然会影响到企业提供福利的水平。企业在提供福利的同时也要考虑其成本与收益之间的关系。企业在设计自己的福利制度时，一方面要考虑成本的支出，包括福利项目成本和福利管理成本等；另一方面也要考虑福利为企业带来的收益，包括提高员工满意度、提高工作效率、降低流动率等，从而把握成本与收益的平衡关系。因此，福利方案设计会受企业经营效益的影响，反过来也会影响企业经营效益。

2. 企业薪酬策略对福利方案设计的影响

薪酬策略一般可以分为市场领先型、市场追随型、市场拖后型和组合型等几种。通常，薪酬策略的选择与企业的盈利能力和所处的发展阶段相关。一般而言，经济效益好的企业有能力选择市场领先型薪酬策略。在快速发展阶段，企业更愿意采用市场领先型薪酬策略，包括提供优厚的福利待遇。在成熟期，企业更多地采取市场追随型薪酬策略。此外，企业一般要根据自身特点选择不同的薪酬结构，有的企业选择高弹性薪酬模式，实施低工资、高奖励、低福利组合；有的企业则选择高稳定薪酬模式，采用高工资、低奖励、高福利组合，或低工资、高福利组合。因此，企业的薪酬策略对员工福利的水平有重要影响。

3. 员工构成对福利方案设计的影响

员工的年龄和文化程度不同，对福利水平和福利项目的需求存在明显的差异。年轻员工一般倾向于高工资、低福利的薪酬结构，而年龄较大的员工对福利的接受程度较高。此外，年轻人更偏好休闲娱乐性的福利项目，而有子女的员工需要更多的服务，如子女的照料和子女的学费等。这也是近年来弹性福利发展较快的主要原因。在企业内部，福利制度要尽量满足不同类型员工的需求，在设计上要合理安排，照顾到多方面、多层次的需要，尽量考虑员工的经济与生活需要、社交与休闲需要、健康与安全需要以及职业发展的需要。

4. 工作特征对福利方案设计的影响

随着知识经济和数字经济的到来，工作方式发生了很大变化，弹性工作时间和工作地点等新型的福利方式随之产生，同时，由于工作绩效更多地来自有创造力的知识员工，利润分享方案、员工持股计划等福利方案被越来越多地运用。随着当前社会发展步伐的加快，工作压力变得越来越大，紧张程度越来越高，员工更需要生活服务、更关注生活质量、更希望释放压力，对这方面的福利需求也就越来越强烈。有些企业通过建立员工俱乐部、运动健身设施、文化娱乐设施和组织旅游等形式，让员工在紧张的工作之余放松身心、缓解疲劳。还有的企业建立了倾听员工诉说的制度，企业领导人定期与员工面对面交流，直接倾听员工诉说心中的烦恼，或聘请专家对员工进行心理指导，帮助缓解压力。这对高强度、满负荷工作的员工而言无疑是很大的安慰和激励。

二、福利方案设计的模式

员工福利方案的设计是保证福利制度发挥作用的重要环节。由于福利支出在企业中已成为一项重要的开支，而且员工福利的激励作用也逐渐受到重视，因此任何企业都不可能也不应该盲目实施员工福利，而应当根据企业的情况和员工的特点来向员工提供福利，这样才能保证福利制度的持续性和有效性，员工福利方案设计就是达到这一目的的重要手段和有力工具。企业设计员工福利时重点要考虑员工福利提供的目的、提供的水平、提供的项目内容以及企业福利制度的管理。在福利方案设计中，要考虑企业的外部环境和内部环境，要根据国家法律法规的要求以及市场环境的变化制定和调整福利计划，同时要考虑企业自身的特点，依据企业的实际情况来制定符合实际需要的福利计划。

由于员工福利计划在设计时受到诸多因素的影响，因此在计划模式的分类上也有多种角度，通常可以从福利提供的水平、福利项目的内容以及福利提供的灵活性这几个角度来进行分类。

（一）依据福利提供的水平进行划分

依据福利提供的水平，可以将员工福利计划划分为市场领先型、市场追随型、市场拖后型和组合型 4 种模式。

1. 市场领先型模式

市场领先型模式是指企业向员工提供的福利在整体水平上高于本地区或者本行业大多数企业的水平。也就是说，企业的整体福利是高于市场平均水平的。较高的福利水平意味着员工能够从企业获得较多的经济收入，这就可以为企业人力资源管理活动的实施提供有力的支持。这种模式的缺点在于会给企业的经营带来一定的压力，尤其是对于那些人工成本占企业整体成本比例较高的企业，这种压力会更加明显。如果企业无法获得足够的收入和利润，那么较高的福利水平就会成为企业的一种负担，甚至会影响到企业的正常运转。

2. 市场追随型模式

市场追随型模式是指按照市场平均水平来确定本企业的福利水平。也就是说，企业向员工提供的福利在整体水平上与本地区或者本行业大多数企业的水平大致相当。这是最常见的一种福利计划模式，在实践中，大多数企业采取了这种模式。与市场领先型模式相比，市场追随型模式由于是按照市场平均水平来提供福利的，在福利水平上并不像前者那样具有较强的外部竞争性，因此在吸引优秀人才、保持员工队伍稳定等方面也不像前者那样具有明显的优势。而且，由于要按照市场平均水平来提供福利，因此企业需要随时监控外部市场的福利状况，要根据市场水平的变化及时调整自身的福利水平，这就相应地增加了福利的管理成本。但是，这种模式的实施可以使企业福利水平的决策变得相对比较简单，市场平均水平是多少，企业的福利水平就确定为多少，这就降低了决策的难度。此外，与市场领先型模式相比，市场追随型模式可以减少企业的福利支出，从而减轻了企业经营的压力。

3. 市场拖后型模式

市场拖后型模式是指企业以低于市场平均水平的标准来确定本企业的福利水平。也就是说，企业向员工提供的福利在整体水平上低于本地区或者本行业大多数企业的水平。虽然从成本支出的角度来看，采取市场拖后型模式可以明显地降低企业的福利支出，从而减少企业的人工成本开支，但是这种模式的问题也是显而易见的，由于福利水平低于其他企业，因此员工从企业获得的经济收入相对就会减少，这样企业在吸引优秀人才方面就会处于劣势。此外，较低的福利水平也不利于稳定现有的员工队伍，往往会导致较高的员工流失率。

4. 组合型模式

上面三种模式各有优缺点。组合型模式可以取长补短，它是指对企业的员工进行分类，对企业核心员工提供的福利在整体水平上高于本地区或者本行业大多数企业的水平；对一般员工提供的福利与本地区或者本行业大多数企业的水平大致相当，甚至低于本地区或者本行业大多数企业的水平。当然考虑到福利带有全员性特点，必须建立比较完善的递进制度，建立比较完备的绩效考核制度，并且由职工代表大会讨论通过，才可以实施。这种模式一方面降低了福利项目给企业带来的经营压力，另一方面又能更好地激励那些优秀的核心员工，还可以让普通员工有动力做好自己的工作，以获得更好的福利待遇。

（二）依据福利项目的内容进行划分

依据福利项目的内容，可以将企业福利划分为经济型福利模式和非经济型福利模式。

1. 经济型福利模式

经济型福利模式是指企业主要以直接发放实物的形式，或者以货币或准货币的形式向员工提供福利。由于企业采取团购的方式以实物形式发放福利，在采购价格上有一定的优势，这样在同样的成本支出条件下，员工就可以享受到更多的福利待遇。这种方式的弊端在于：实物的发放无法很好地满足员工的不同需要，同时，由于需要配备人员进行采购和发放，因此也提高了实物发放的成本。相比较而言，以货币形式发放福利具有一些优势。首先，由于不需要企业直接发放物品或者提供服务，这样就大大降低了福利管理的复杂程度，减轻了企业的管理负担，节约了管理成本。其次，在这种模式中，福利是以货币形式提供给员工的，这样他们就可以根据自身的实际情况来购买自己最需要的物品和服务，从而能够更好地满足员工不同的需求。最后，以货币的形式向员工提供福利，除了可以满足员工较低层次的需求之外，还可以满足他们较高层次的需求。

2. 非经济型福利模式

非经济型福利模式是指企业通过培训、职业生涯设计、精神激励和创造良好的工作环境等方式向员工提供福利。非经济型福利的优点在于成本低,有利于培养员工的责任感和主人翁意识,但它也有自身的局限性,需要配合经济型福利模式来共同发挥作用。

(三) 依据福利提供的灵活性进行划分

依据福利提供的灵活性,可以将企业福利划分为固定模式和弹性模式。

1. 固定模式

在固定模式下,员工所享受的福利待遇是一致的,他们没有选择的余地。这种福利模式的好处在于设计比较简单、管理成本较低,但是这种模式由于没有考虑不同员工的需求,因此会导致员工对福利制度的满意度较低。

2. 弹性模式

弹性模式是指在企业确定的员工享受福利的总额控制下,员工可以根据自己的喜好选择不同的福利项目组合。这种模式的优点在于可以在一定程度上满足员工的不同需要,提高员工的满意度,其缺点在于设计相对复杂,管理成本相对较高。由于弹性模式越来越得到企业的认同,使用的企业越来越多,因此在下一部分做专门介绍,这里不再展开论述。

三、福利方案设计的标准与步骤

(一) 福利方案设计的标准

1. 竞争性

竞争性即企业的福利水平对外要具有竞争性,不落后于同行业或同类型的其他企业。

2. 可支付性

可支付性即企业的福利对内要符合本企业的战略、规模和经济实力,福利制度所规定的各个项目要在企业可支付的范围之内,不要使福利成为企业的财务负担。

3. 明确性

明确性即要求各个福利项目的设计和表述能够很容易地为每个员工所理解,在选择和享受所设计的福利项目时,不会产生歧义。

4. 可操作性

可操作性即要求企业设计的福利项目是切合实际、可以实施的,而不仅仅是只反映在书面上的“幻想”。

5. 灵活性

灵活性即福利方案要设计灵活,能够尽量满足各类员工的不同需求。同时还要具有根据公司的经营和财务状况进行自我调节的能力。

（二）福利方案设计的步骤

1. 确定福利方案的享受对象

通常意义下的福利仅仅是一种参与式的回报，因而与员工个人及其群体的工作绩效没有关系，那么显然所有员工的福利待遇都是基本一样的。但有的时候企业设计某种福利项目是为了专门针对某类员工，即为了能够吸引、留住对企业有特殊价值的核心人才。如果福利是为了达到这样的目的的话，那么企业在设计福利方案的时候就不得不考虑福利方案是为谁而设计、究竟哪些人才有资格享受特殊的福利方案。

2. 充分理解企业战略

不同的企业战略需要用不同的人力资源策略来支持，然后才能明确企业需要为员工提供多少福利，处理好福利在整个薪酬体系中的地位，以及它与薪酬其他部分的关系。在设计福利方案时，应该充分考虑它与基本工资、奖金的比例关系，给福利规定一个合理的份额。

3. 了解国家相关法规

国家法律要求企业为员工的健康和安全提供保障，同时还要提供各种各样的福利以弥补员工生病、工伤、失业和退休时的收入损失。法律还对企业应该如何建立并运营某些特定的福利计划做出了指导性规定，无论企业是否愿意提供这些福利，也无论员工是否迫切需要这些福利，只要是法律规定的福利项目，企业就应该按照要求提供，以避免触犯法律法规，导致员工提起法律诉讼。

4. 充分了解企业内部的财政状况

福利部分在企业人力资源成本中所占的比重越来越大，这部分成本支出最终能有多少还要取决于公司的财务状况。因此在设计福利项目的时候必须首先确定福利方案所需资金的数量及其来源，然后对企业的财务状况进行分析，要做到对福利项目所能支配的资金数额心中有数。

5. 要做好福利方案的信息沟通

信息沟通可以更好地发挥福利计划的作用。福利方案的直接受益者是广大员工，试想，如果员工自己都不知道某项福利计划能给他们带来什么好处，那么这个计划肯定是非常失败的。因此，在制定和推行福利制度的同时，企业必须向员工清楚地说明其所享受的福利，使他们能对这些福利善加利用。沟通是双向的。一方面，企业告诉员工福利的内容和情况，如员工所累积的退休金额和储蓄金额，并为员工提供财务规划前景，这是一个精心设计的福利计划真正发挥作用的重要条件，因为它可以让员工了解福利的成本问题，提高对企业的认同感，从而产生更高的效能。另一方面，员工也要主动地向企业表达自己的需要。沟通的方式可以采取印制员工福利手册、派发员工福利年结表和设立意见箱等。

6. 及时修改和调整

每一个福利方案都会有一定的时间效应，应及时了解外部和内部环境的变化，以及员工内在需求的变化，从而及时做出相应的修改和调整。

四、福利方案设计的主要形式

（一）弹性福利方案设计

一般而言，企业向员工提供的福利大多是固定的，向所有的员工提供同样的福利内容，而员工只有被动地接受，其原因可能是福利管理者更多地考虑到人人都有得到某项福利的权利，但这样做也很难照顾到是否人人都有获得某项福利的兴趣。实际上，不同员工的实际需求并不都是一样的，企业提供的福利对某些员工来说可能并没有价值，因此统一的固定福利计划模式往往无法满足员工多样化的需求，虽然企业付出了大量的福利成本，但福利实施效果却不理想。因此一种允许员工自行选择福利项目的弹性（柔性）福利制度逐渐发展起来，这种增加员工的自由选择余地而更具人性化的制度，正被越来越多的企业和员工认可和采用。

1. 弹性福利方案的含义

弹性福利方案又称“自助餐式”“菜单式”“一揽子”或“自选式”福利方案，就是允许员工在一定时间和金额范围内，从企业所提供的福利项目中按照自己的意愿进行选择与组合的福利方案。企业根据多数员工的特点和具体需求列出一些福利项目，并规定一定的福利数额，再让员工根据个人需要从中自由选择或组合，各取所需，而且每隔一段时间，还可以给员工一次重新选择的机会，以满足员工不断变化的需要。当然，弹性福利方案只是针对企业自主福利中的一些项目。而且，该方案可以使每个员工都享受同一个标准，但通常是将福利总额分等执行，即根据员工的工资待遇、工作年限、职位高低、业绩大小等因素来设定每一个员工所拥有的福利项目与限额，同时福利清单所列出的福利项目都会附上一个金额，员工只能在自己的限额内选择自己喜好的福利项目，其基本思想是使福利方案具有个性化和可选性。

2. 弹性福利方案的优点

(1) 对企业而言：方便企业管理和控制成本。随着福利成本的不断增加，很多企业负担沉重，而弹性福利方案通常会在每个福利项目之后标示其金额，这样可以使员工了解每项福利和成本之间的关系，让员工有所珍惜，并方便雇主管理和控制成本，减轻福利规划人员的负担。在以前的规划福利制度下，虽然制度设计人员绞尽脑汁地设计各种福利，但有时并不能让员工满意；而由员工自选福利项目，员工不易产生抱怨情绪，有利于企业招聘到优秀员工。研究发现，应聘者更喜欢实施弹性福利方案的组织，因此这类组织较易网罗优秀的人才。

(2) 对员工而言：员工由于在年龄、性别、文化、收入以及家庭情况等方面的差异，对同一福利项目会有不同的看法，其主观“效价”是不一样的。弹性福利方案非常强调员工的参与，企业在设计福利项目时会广泛征求员工的意见，同时，允许员工在规定的货币额度内，根据自己的需要和偏好选择福利组合，从而强化了福利的适应性与针对性，提高了福利资金的使用效率，实现了个人享有的福利价值最大化，因而容易受到员工的欢迎，也有利于吸引人才。另外，让员工在与其利益相关的工作领域担任设计者、决策者，这种机会本身就是满足高层次需求的内在报酬因素，因而有着内在激励的作用。总之，这种人性化的福利制度，突出了企业对员工的关怀、体贴和信任，是一种实现企业和员工双赢的方案。

3. 弹性福利方案的缺点

(1) 弹性福利方案的设计和管理相对复杂、烦琐，会增加管理、核算的工作量和难度，行政费用也会增加。

(2) 弹性福利方案还会遭遇员工的“逆向选择”问题。也就是说，在“自助餐式”最高限额的条件下，员工可能为了使享受的金额最大化而选择并不是自己最需要的福利内容，或者为了完成自己的福利限额而购买自己本来并不需要或不实用的项目。因此，当员工以这种方式进行福利选择时，企业的福利成本可能会不降反升。

(3) 对团队精神有冲击。弹性的、个性化的福利方案提供了员工选择福利项目的自主权利，员工可以根据自己的生活变化而调整其所享受的福利待遇，但对日益重要的团队精神而言无疑有分化的作用。所以，主要以团队方式工作的企业，对弹性福利方案要慎重执行。

(4) 不容易形成福利的规模效应。员工各取所需，其选择就会分散，造成福利项目实施的不统一。而有些企业福利是需要规模的，如集体旅游就可以获得优惠的团体价格。还有些集体项目往往需要集中大量资金，如建设员工免费健身场所等，如果采用弹性福利方案，就很难达成一致。

4. 弹性福利方案的种类

(1) 附加型。这是指在现有的福利方案之外，再提供其他不同的福利措施或扩大原有福利项目的水准供员工选择。

(2) 核心加选择型。这是指由核心福利项目和弹性(选择)福利项目组成福利方案。核心福利是所有员工都享有的基本福利，不能随意选择；弹性福利项目包括各种可以自由选择的项目，或者增加某一种核心福利项目的保障水平。但每一个项目都附有购买价格，同时每个员工也都有一个福利限额，如果总值超过了所拥有的限额，差额就要折为现金由员工支付。福利限额一般是未实施弹性福利时所享有的福利水平。

(3) 弹性支用账户。这是指从税前收入中拨出一定数额的款项作为员工个人的福利账户，员工以此账户去选购企业所提供的各种福利项目的福利方案。该方案是一种没有限制的福利选择计划，它不设核心福利，拨入账户的金额也不需要扣缴所得税，不过账户中的金额如未能于年度内用完，余额就归企业所有，即不可在下一年度中使用，亦不能够以现金的方式发放。而且已经确定的认购福利款项也不得挪作他用，以保证专款专用。

(4) 福利套餐。这是指由企业提供多种固定的福利项目组合，每一个组合所包含的福利项目或优惠水准都不一样，员工只能自由地选择某种福利组合，而不能自行对福利项目进行构建或组合。就好像西餐厅所推出来的A餐、B餐一样，顾客只能选择其中一个套餐，而不能要求更换套餐里面的内容。在福利套餐中，一个福利组合与另一个福利组合之间的差异可能在于福利项目的构成不同，也可能是同样的项目构成，但是每种福利项目的水平之间存在差异。在规划此种弹性福利方案时，企业可依据员工的背景(如婚姻状况、年龄、有无眷属、住宅需求等)来设计。

总之，这些弹性福利方案的共同之处在于它们都具有可选性和个性化，每一个员工可以享受的福利总额都有一个设定范围，但员工可以根据自己的需要自主选择福利项目、福利组合、福利水平以及享受时间。

5. 弹性福利方案设计的步骤

为使福利方案的设计更加切合员工的个体需要，从而更好地发挥其激励与保障功能，企业在设计弹性福利方案时，一般可以参考以下步骤。

(1) 系统清点企业目前拥有的所有法定的和自行设计的福利项目。

(2) 查明自行设计的福利项目以及这些福利是否与企业文化、企业宗旨、生产经营目的相冲突。

(3) 对向员工个人和员工整体按规定提供和自行设计的福利项目进行精确的年度预算。其包括绝对数值和所占的百分比(如占工资总额、销售额、盈利和行业平均数的比例)。

(4) 定期开展企业内部的福利调查。为了克服项目设计与员工需要脱节的问题，企业必须了解员工对各种福利项目的重要性和满意程度的意见和建议，从而规划出多数员工认为最需要和最合理的福利项目，企业不应当提供已经过时的或只有少数人选择的福利项目。

(5) 定期将本企业的福利政策与工会和其他行业协会政策以及人力资源市场上存在竞争关系的公司政策(依据相关的薪酬和福利调查)进行比较。

(6) 根据内外薪酬福利调查的结果，并结合企业实际情况对福利方案进行适当调整、改进与完善。

(7) 为保证福利政策和实践的统一，必须将其整体计划编写到员工手册中。

6. 弹性福利方案设计的原则

(1) 设计要符合企业的支付能力。弹性福利方案在设计的初始阶段，要通盘考虑企业的整体支付能力。弹性福利在增加了员工的选择权的同时，也增加了企业对福利成本的控制难度，因此，实施弹性福利计划要根据企业的实际情况确定弹性福利方案，保障计划的顺利运转。

(2) 做好充分的需求调查，调动员工参与的积极性。弹性福利方案设计的出发点是满足员工的多样化需求，因此在福利项目组合的设计上，要最大限度地征求员工的意见，根据员工的需求变化不断调整和更新福利内容，形成一种良性的互动，提高员工对福利设计的关注度，最大限度地发挥福利的作用。

(3) 清晰界定不同项目之间的关系。例如，要明确一笔奖金和一天的额外休假或者一定量的实物之间的换算关系，并且这种估算要当作企业的管理成本来计算，所以在估值的时候要客观反映福利项目的价值，否则，很多福利项目就会无人选择，造成设计上的浪费。

弹性福利方案是一个比较新的观念，在西方国家，实施的企业越来越多，证明这是一项既被企业喜爱又受劳动者欢迎的制度。企业必须考虑将福利放在与薪酬和工作环境同等重要的位置。企业必须正视福利制度的问题，顺应时代潮流，从一个全新的角度思考员工福利问题。

（二）企业年金福利方案设计

企业年金是企业及其职工在依法参加国家基本养老保险的基础上，在国家相关法律法规的框架内，根据本企业特点自愿建立的补充养老保险计划，是员工福利制度的重要组成部分。企业年金计划的建立早于社会养老保险，是多层次养老保险体系的重要组成部分。

1. 企业年金的性质

首先，企业年金可视为养老保险体系的第二支柱。随着人口预期寿命的延长及总体生育率的降低，老龄化程度加剧。为了应对老龄化过程中的养老资源短缺问题，发达国家和发展中国家正在(或已经)建立由世界银行提出的“三支柱”养老保险制度体系。企业年金弥补了社会基本养老保险保障水平的不足。其次，它是企业薪酬福利结构的重要组成部分，是企业吸引和留住人才、增强企业凝聚力、提高企业竞争力的重要手段。最后，它是改善和强化劳资关系、激励劳动者提高生产效率的重要手段。

2. 企业年金的分类

依据不同的标准，可以将企业年金划分为不同的类型。根据创立主体的不同，可分为由单个企业创立的企业年金计划和由多个企业创立的企业年金计划；根据供款主体的不同，可分为个人单方缴费企业年金计划、企业(又称雇主)单方缴费企业年金计划、个人与企业联合缴费企业年金计划；根据筹资方式的不同，可分为现收现付制企业年金计划、积累制企业年金计划、部分积累制企业年金计划；根据缴费和受益关系的不同，可分为待遇确定型企业年金计划、缴费确定型企业年金计划、混合型企业年金计划。

（三）住房保障方案

我国在高福利、低工资的计划经济时代，住房是国有企业的一项最为重要的员工福利项目，国有企业的福利分房使其较之其他企业更具有优势，企业分房也是大多数员工获得住房的主要来源。虽然经过了由福利分房到住房商品化的住房保障制度改革，但长期历史传统的积淀、中国房地产市场的不成熟以及住房保障体系的不完善等种种因素，使得住房计划目前仍是企业吸引和留住员工的重要福利项目之一。同时，由于机关与企业、事业单位的功能和社会角色不同，其住房计划也略有差异。

在住房商品化与市场化改革的过程中，由于当前住房价格高、职工承受能力弱，住房计划仍然是企业目前需要考虑的重要福利之一。企业通常提供住房公积金计划与补充性住房计划这两种福利。

1. 住房公积金计划

住房公积金计划是依据国家的政策法令建立起来的，由国家承办、单位与个人共同缴费的强制性住房储蓄计划。住房公积金计划在税收、存贷款利率上享受政策优惠：单位缴纳的住房公积金可在成本中列支，个人缴纳部分免缴个人所得税；住房公积金存款能享受较高的利率；建立住房公积金的职工，在购买、建造、翻建、大修自住住房时，可申请住房公积金贷款，贷款利率通常低于市场贷款利率。

2. 补充性住房计划

补充性住房计划是指企业在国家法定的住房公积金计划外，根据自身的经营状况和实力，自愿建立的用于解决员工住房困难或改善职工住房条件计划的总称。其通常包括补充性住房公积金，现金住房补贴，低息或无息贷款、利息补助计划，由单位提供的公寓或宿舍计划，低价格的集体购房计划。

补充性住房公积金，是指企业向员工住房公积金账户所缴存的超过员工个人公积金缴存额的部分。现金住房补贴，是指企业直接以现金形式发放给员工的用于住房消费的福利工资。低息或无息贷款、利息补助计划，是指企业通过其建立的员工福利基金或专门的住房基金，为购房职工提供低息或无息借款，或帮助员工偿还住房贷款等计划。单位提供的公寓或宿舍计划，通常为刚参加工作的职工或单身职工提供，入住的职工可以不交纳房租，或者交纳比市场水平低的房租，住房位置通常便于职工上下班。低价格的集体购房计划，是指单位直接与房地产开发商谈判，以相对较低的价格帮助职工购房或单位承担部分购房款。

（四）补充医疗保险方案和健康保险方案

补充医疗保险方案是企业为员工建立的、用于提供医疗服务和补偿医疗费用开支的福利计划。

健康保险方案是企业为员工建立的保障其身体健康的福利计划。

本章小结

福利只是一种补充性报酬，是企业基于雇佣关系，以企业自身的支付能力为依托，并

在一定程度上受国家的强制性法律法规所制约，向员工提供的、用以改善其本人和家庭生活质量的各种以非货币性薪酬和延期支付形式为主的补充性报酬与服务。它往往不以货币形式直接支付给员工，而是以服务或实物的形式支付给员工。

福利具有补偿性、均等性和集体性三个特点，它对企业和对员工均产生重要的作用。

福利管理的主要内容包括以下几个方面：确定福利总额、明确实施福利的目标、确定福利的支付形式和对象、评价福利措施的实施效果。

福利一般可分为法定福利与用人单位福利。法定福利，是由国家相关法律和法规规定的福利内容。国家法定福利具有强制性，任何企业都必须执行。我国《劳动法》第七十六条明确规定："用人单位应当创造条件，改善集体福利，提高劳动者的福利待遇。"我国目前的法定福利主要包括社会保险和法定休假。用人单位福利主要包括经济性福利和非经济性福利。

福利方案设计的影响因素和福利方案设计的模式，尤其是弹性福利方案的设计意义重大。

案例分析

1. 该公司未能对员工福利予以重视，导致未能吸引优秀人才进入公司，也未能实现个性化服务，因此该公司须对不同员工提供他们所需要的福利，最好的方式是在一定的限额下由员工自己挑选所需要的福利。

2. 制定福利改造计划应包括以下几个方面。

首先，要说服该公司，特别是财务部门高层主管，说明改善福利制度的必要性与好处，务必要赢得他们的认可与支持。

其次，调查竞争对手的福利制度内容，以其作为参考，并针对公司所有人员进行福利需求问卷调查，明确员工所需要的福利内容。

最后，设计弹性福利计划，内容包含各群体所需要的福利项目，给定额度供其进行挑选。为了使弹性福利能达到提升员工满意度的目标，提供针对员工需要而设计的福利项目，也就是说让员工依照自己个人的需求，从企业提供的福利项目中来选择自己所需并组合成一套福利的"自助套餐"。

弹性福利的类型很多，可选择以下任何一种形式。① 附加型弹性福利，即在公司原有的福利制度以外，再增加一些可由员工自行选择的福利项目或对既有的福利加码。② 弹性支用账户，是指员工每年可以从税前收入中支出一定数额的款项作为自己的"支用账户"，员工可拿账户内的金额去选购各种福利措施。账户中金额若在本年度没有用完，不能在未来使用，也不能以现金形式发放。③ 福利套餐，是由企业同时推出不同但固定的福利组合，员工只能自由选择某种福利组合，但不能选择或更改每种组合所包含的内容。

思考题

1. 简述福利的概念。
2. 福利管理有哪些原则?
3. 什么是基本养老保险?
4. 什么是基本医疗保险?
5. 用人单位福利的意义有哪些?
6. 什么是津贴和补贴?
7. 简述弹性福利方案及其意义。
8. 我国福利管理的优点和弊端有哪些?

第九章 薪酬成本的预算与管理

引导案例

宁达公司的薪酬管理

宁达公司是浙江地区一家民营企业，该企业主要生产汽车的注塑件，公司成立15年来，从开始50人的小型加工厂成长为1 200人的大型制造企业，公司的业务也随着国内汽车行业的快速发展越来越好，在2019年，公司总产值达到2.4亿元人民币。2020年虽然面临原材料涨价和生产设备更新投入，宁达公司仍以自己可靠的生产质量获得了更多的订单，利润增加30%。这几年来，公司每年给员工2%～5%的工资增加幅度，奖金会在年底和节假日随机发放。应该说，综合计算下来，公司的薪酬支付水平在该地区同行业中处于中等偏上的水平，但是经过了解，员工的薪酬满意度甚低，相当一部分员工认为公司的薪酬政策有失公平，奖励的形式欠妥和力度不强。员工反映，他们给公司创造了更多的利益，却没有享受到公司发展的红利，他们的劳动价值没有在薪酬中体现出来。对于销售等业务人员来说，虽然有提成制度，但算法比较死板，没有体现出一份订单的利润和业务员收益之间的关系，造成业务员不满意、业务费用增加的现象。

宁达公司虽然非常重视企业的人力资源管理，但是在企业快速发展的过程中，将人力资源的重点放在了人员招聘上，薪酬方面主要是财务部门进行核算与发放，而目前公司的发展很快，人力资源部门反映很难进行计划和预测。

案例讨论题

1. 从薪酬成本和预算的角度来看，宁达公司的薪酬管理存在什么问题？
2. 增加薪酬成本预算的同时，应该配套哪些相应的人力资源管理制度？

第一节　薪酬成本和预算的内涵

一、薪酬成本的概念

薪酬成本直接关系到企业的生产、经营和管理，因为它的增长反映企业多支付了费用，它的减少说明企业少支付了费用。但是，费用的支出并不是一个单纯的支出问题，也不一定说多支出就是坏事，只有将薪酬成本的支出与其收入进行比较，才能明晰薪酬成本的支出是否合理。因此，必须对薪酬成本进行统计分析，并在此基础上开展预测预算。

不同的实体对于薪酬成本的内涵有着不同的理解，按照联合国的国民账户体系，薪酬成本是指“雇主支付给雇员的所有实物和现金报酬，以及代雇员向社会保障项目、私人抚恤项目、人身保险以及其他类似项目的捐赠和缴款”。

从狭义上来说，薪酬成本实际上相当于企业人工成本中的员工工资总额、社会保险费用和员工福利费用三项之和。广义的薪酬成本一般叫作人工成本，又称人工费用。我国统计制度将人工成本定义为“企业在一定时期内，在生产经营和提供劳务活动中因使用劳动力而发生的各项直接和间接人工费用的总和”。按现行企业财务会计制度，这些费用要纳入企业财务成本项目，所以称为人工成本。除了狭义的薪酬成本外，还包括组织为成员在生产经营活动中用于和支付给职工的全部费用，如教育培训费用、住房费用、劳动保护费用等，是企业使用劳动力的货币量化表现。本章节讨论的薪酬成本主要是指狭义的薪酬成本。

我国原劳动部颁发的〔1997〕261 号文件规定，我国企业人工成本包括职工工资总额、社会保险费用、职工福利费用、职工教育费用、劳动保护费用、职工住房费用和其他人工成本费用等七大项。

（一）职工工资总额

职工工资总额是指各企业在报告期内，以货币或实物形式直接支付给本企业全部职工的劳动报酬总额，包括计时工资、计件工资、奖金、津贴和补贴、加班加点工资、特殊情况下支付的工资。各企业直接支付给职工的全部报酬，无论是否计入成本，无论是否按国家规定列入征收奖金税项目，无论是以货币形式还是以实物形式支付，均为职工工资总额。

（二）社会保险费用

社会保险费用是指国家通过立法对劳动者在生、老、病、死、伤残、失业时给予物质帮助的费用。目前社会保险费用包含基本养老保险、基本医疗保险、失业保险、工伤保险和生育保险五项社会保险。

（三）职工福利费用

职工福利费用是指在职工工资以外，按照国家规定开支的福利费用。其主要用于职工的医药费、医护人员工资、医务经费、职工因公负伤赴外地就医路费、职工生活困难补助、企业举办的社会性服务机构中工作人员的工资，以及按照国家规定开支的其他职工福利支出，如物业管理费、冬季取暖费、独生子女费、托儿补助费、丧葬抚恤费、集体福利事业补贴、工会文教费、集体福利设施费、探亲路费、上下班交通补贴、洗理费、职工困难补贴费、企业补充养老保险和企业补充医疗保险等。

（四）职工教育费

职工教育费是指企业为职工学习先进技术和提高文化水平而支付的费用。

（五）劳动保护费用

劳动保护费用是指企业购买职工实际使用的劳动保护用品的费用，如防暑降温费、劳保用品费等。

（六）职工住房费用

职工住房费用是指企业为改善职工住房条件支付的费用，如住房公积金、提租补贴等。

（七）其他人工成本费用

其他人工成本费用包括工会会费、外聘人员劳务及咨询费用、没有列人工资总额的劳动报酬、按规定对职工的特殊奖励等。

企业总人工成本主要取决于企业的雇佣量（员工人数和雇佣时间）、人均现金报酬（主要包括工资、奖金和红利）以及人均福利成本（养老保险和其他社会保险等）。

二、薪酬预算的目的和特征

对于任何一种经济活动而言，通过预算来进行成本控制都是不可或缺的一个环节。鉴于薪酬问题在经济上的敏感性及其对企业财务状况的重要影响，薪酬预算也就理所当然地成为企业战略决策过程中的一个关键问题。它要求管理者在进行薪酬决策的时候，必须把企业的财务状况、所面临的市场竞争压力以及薪酬预算、薪酬控制等问题放在一起加以综合考虑。同时，薪酬预算可以作为一个既定的标准，用来衡量某一时期的实际开支是否超出预算。在更新企业的薪酬结构、为员工加薪或者实施收益分享计划时，薪酬预算也可作为确保薪酬成本不超出企业承受能力的一个重要措施。因此，准确的薪酬预算有助于确保企业在未来一段时间内的支出受到一定程度的协调与控制,从而保证企业利润目标的实现。薪酬预算是企业在一定时期内,为职工提供直接或间接薪酬所安排的货币分配的财务计划。

(一)薪酬预算的目的

通过科学的薪酬预算,组织能够在管理中实现以下目的。

1. 薪酬预算可以作为下一年度薪酬和财务分配的基础

通过总结整体薪酬费用数据,告知管理者实际薪酬费用与预算薪酬费用之间的差距,为管理者提供控制的工具。如果有必要,管理者能够在剩余的年度时间内,对薪酬预算进行修订或寻求例外的薪酬预算。

2. 薪酬预算能为管理者提供薪酬管理绩效方面的直接反馈

薪酬预算能够预测由于绩效增长和晋升增加所带来的实际年度费用,以及下一财政年度每一部门每一月份职工的总薪酬,提供年度薪酬信息的对比数据。

3. 薪酬预算是下年度计划的基础

薪酬预算可以为管理者提供个人一个年度至另一年度的职工薪酬分配信息,以及制定下一预算年度新老职工平均薪酬成本的详细计划。同时,为管理者提供实际薪酬费用与预算薪酬费用的直接反馈,使管理者关注导致整体基础薪酬预算变化的特殊因素。

4. 薪酬预算能够协调企业收益与职工利益

薪酬预算的主要功能就是保持人工成本与企业收益之间的动态平衡,从而在职工利益与企业收益之间起到枢纽、润滑作用。企业薪酬预算倾向于何种薪酬形式或人力资源管理职能,必然会向职工传递企业经营的重点,它对职工行为具有很强的导向作用。

(二)薪酬预算的特征

1. 薪酬预算的人力资源管理特征

薪酬预算是一项较为复杂的工程,它通过成本收益分析控制企业成本支出,同时为企业评估提供基础。薪酬预算影响着组织权力的分配,是人力资源部门与财务部门、运营部门功能的结合。薪酬预算作为一种沟通工具,提供了调和组织内部部门冲突的手段。薪酬预算传递着组织的管理风格和权威,有助于形成特定的组织气质。

因此,薪酬预算不仅是财务管理的工具,更是完善人力资源管理技术的工具,应该鼓励所有的管理者检验薪酬预算过程的相关问题。如果薪酬预算过程不能清晰地表明必要的管理行为路径,而只是强调薪酬预算的量化尺度,那么薪酬预算对企业管理的价值将大大缩减。薪酬预算通过对未来的预测,帮助企业构建更广范围的组织决策要素。管理者必须清楚地认识到,薪酬预算不是一个简单的财务行为,而是企业管理的一部分,每一位管理者都必须了解薪酬预算程序,这样他们才能够完全参与到薪酬预算的构建和随后的使用过程中。

组织应该加强人力资源部门与财务部门的协作，用细化的人工成本核算指标来逐步指导企业的经营管理活动。通过用数字说话，客观地指导企业的招聘，使其不要盲目追求数量，以避免出现人员快速膨胀给企业带来的危机。同时，通过人工成本投入产出的分析，企业可以清楚地知道自己因使用人力资源而付出的代价，从而更加重视节约使用人力资源，做到人力资源的合理配置。

2. 薪酬预算的灵活性特征

鉴于当今经济环境下不确定性的增加，在企业中进行准确地测量是不可能的，如何保证预算的灵活性，成为薪酬预算的难点。薪酬预算必须灵活反映环境的变化，预算控制程序应该能够满足管理者的决策需要。与静止预算相比，灵活预算更能适应企业的实际需要。灵活预算强调准确区分固定成本和可变成本的重要性。对固定成本的低估会导致预算的低效运营。薪酬成本通常被视为可变成本，但是在很多情况下由于管理或其他方面的原因，薪酬成本的相当部分是固定的。对于薪酬预算的灵活性，企业薪酬预算应该做到：通过组织、部门和职位将薪酬预算与预算实施联系起来；将员工绩效与薪酬增长指导线联系起来；储存薪酬调查数据，并将其与公司职位联系起来；进行可变薪酬计划和奖励计划。

同时，薪酬预算需要适应内外部环境的变化。薪酬管理是受外部影响最大的人力资源管理职能之一，也是对外部环境因素较为敏感的管理环节，因此，通过薪酬预算能够保证薪酬管理与外部环境的平衡。同时，在薪酬预算不能及时反映市场和企业内部员工管理变化的情况下，也可以发挥人工成本的控制机制。因此，薪酬预算与人工成本控制之间是互为补充的关系，薪酬预算通过人工成本控制得以正常实现，人工成本控制又对薪酬预算起着调整和补充的作用。

三、薪酬预算中应考虑到的薪酬成本相关因素

（一）员工因素

员工在组织中担任不同的角色，所做出的贡献不同，即使是从事相同工作的员工，由于经验和背景的不同，能够发挥的作用也不同。在考虑薪酬成本的时候，企业通常注重以下几个方面的因素。

1. 员工综合素质和数量

企业都希望雇用能力强、经验丰富的员工，他们生产效率比较高，但同时，素质高的员工在市场上的薪酬水平偏高，这就意味着企业必须支付比较高的薪酬成本。因此，企业应该综合分析自身的状况，吸纳合适的人才，既能满足岗位的需要，又要节省成本，配合提供员工培训以推动他们提高生产率。同时，企业要根据业务发展规划，合理地配置人员的数量，既要尽量避免人员闲置，又要满足高效运营的合理配置。两者都会影响到企业的薪酬预算的核算。

2. 员工薪酬增加的可能性

一般而言，员工薪酬增加主要通过绩效工资和晋升加薪两种形式体现出来，具体需要

考虑以下几个问题：员工的绩效状况如何；是否存在改进绩效的可能性；员工薪酬与绩效水平是否一致；员工的晋升情况和分级情况如何。在解决这些问题的基础上，再考虑加薪的比例和薪酬水平调整的幅度，以及薪酬预算的增减幅度。

3. 员工流动的影响

员工的流通表现在员工离职、退休、职位变更、离职进修，以及辞退绩效不好的员工、引入新员工等方面。这些变化不仅仅体现在数量上，对组织支付薪酬也有所影响。这些因素中，员工数量的增减情况对薪酬预算的影响最为明显，因此，在做薪酬预算的时候必须要考虑以下几点：预算年度计划中退休人员的职位和数量、新雇用的人员的数量、各岗位流失人员的数量等。

（二）组织因素

1. 组织经营状况

组织的经营状况直接决定对员工薪酬的支付能力，是影响薪酬预算的重要因素之一。组织的经营状况主要体现为企业的经营收入、经营成本、净利润等财务指标。财务状况良好的企业可以适度增加薪酬预算，提高员工薪酬收入，从而让员工分享企业发展的成果，吸引优秀的人才加入，增强企业在劳动力市场上的竞争地位；相反，经营状况不佳、利润度低，甚至亏损的企业，则可能采取减少和停发奖金、降低基础薪酬的上涨幅度，甚至裁员等手段，来减少人员成本或避免人员成本的大幅增长，确保企业的正常运营。

组织薪酬支付能力源于企业经济附加价值和劳动分配率情况，组织附加价值越高，薪酬支付能力就越强；劳动分配率越高，薪酬支付能力也越强。

2. 组织的薪酬策略

薪酬策略是对劳动力市场竞争力的反映，不同的薪酬策略类型反映不同的薪酬预算趋势。根据组织的发展战略和经营状况，每个组织有不同的薪酬水平。在同行业中采取市场领先型薪酬策略的企业，其薪酬预算比其他企业都要高，特别是当劳动力市场薪酬水平上涨时，企业薪酬预算会呈现较大幅度的增加。通常企业在制定下一年度薪酬预算的时候，往往将本年度薪酬增长作为下一年度薪酬预算的参照，这有利于保证企业不同年度薪酬政策的一致性和连贯性。这种做法对保持组织结构的稳定性、为员工提供心理上的安全保障、实现组织的稳健经营都是十分必要的。

组织的加薪幅度也是薪酬策略的一部分，加薪的目的在于肯定员工的业绩、留住优秀员工和补偿因社会发展带来的物价上涨对员工生活品质的影响。很多组织有固定的加薪幅度，这有利于企业保持稳定的发展，同时也减少了因为薪酬预算不稳定给企业财务带来的冲击。

3. 组织的战略发展规划

人力资源规划是组织战略发展规划的一部分，尤其是短期的人员配置需要在薪酬方面做出合理的预算。同时由于组织变更而产生的新岗位和工作内容的变化，都需要重新确定薪酬的合理性。工作内容是薪酬策略的基础，薪酬预算应该考虑到组织的工作结构和工作内容，要做到公平合理。

（三）环境因素

1. 生活消费水平

企业的薪酬水平应与生活成本相联系，随着生活成本的提高，薪酬水平也应该相应提高。生活成本的变动要求薪酬水平做出相应的变动。因此企业在进行薪酬预算时，需要适度考虑生活成本的变动情况。薪酬必须能够保障员工某一水准的生活，能够保障这一水准生活的费用称为生计费用。生计费用随着物价和生活水平两个因素的变化而变化。如果物价水平不变，生活水平提高了，那么生计费用就会升高；如果生活水平不变，物价水平提高了，则生计费用也将升高。因此，用于保障员工某一水准生活的生计费用的工资，是企业"非支付不可的薪酬"，是合理用人费用的下限。即使企业经营不善，也不能支付低于员工生计费用的工资。消费者物价指数一般被当成衡量生活成本的指标，它的变化会对企业薪酬水平产生影响。企业所支付的薪酬既要在企业的支付能力范围内，也要符合员工的生活水准。

2. 劳动力市场的供需状况

俗话说"物以稀为贵"，在劳动力市场上也应遵循这一规律，对于市场上比较紧缺的人才，其相对薪酬水平就会高一些。组织薪酬预算必然会受劳动力供求状况的影响。当劳动力市场供过于求时，企业可以相对容易获得理想的员工，支付的薪酬水平也相对较低；而当劳动力市场供小于求时，人力资源属于稀缺资源，要吸引优秀的人才，企业必须提高薪酬水平，付出更大的成本，这将直接导致企业的薪酬预算增加。

3. 经济发展状况

随着宏观经济的发展，社会成员所获得的收入应该有相应的增加，生活富裕指数也会随之提高，换句话说，全体社会成员应该享受经济发展的成果。同时，经济的发展与社会成员的收入和消费之间是一种相互促进的关系，即国民经济发展越快，社会可以提供给个体的生活产品越丰富，个人生活的消费预算越高，因此经济发展状况将直接影响企业薪酬预算。我国改革开放以来，不但国民经济的综合实力显著增加，人民的生活也越来越富裕，正是这种规律的体现。

第二节　薪酬成本预算的方法

一、薪酬成本预算的具体方式

薪酬支付对企业而言是一种非常重要的成本要素，企业需要长期发展就要合理地预算和控制薪酬的开支。在激烈的市场竞争中，企业对高级人才的争夺日益激烈，相对来说，企业支付的薪酬也比较高。有的企业为了提高竞争力，更是不惜一切代价开出高薪吸引人才，固然这对企业聘用人才有好处，但也要考虑到企业的经营状况和其他的运营成本，不可盲目地进行人才高消费。

（一）根据企业的经营状况进行预算

根据企业经营状况确定薪酬总额，这一方法有利于企业的薪酬控制，也是进行薪酬总额预算的主要途径。它一般有以下三种量化分析途径。

1. 按薪酬比率推算薪酬总额

薪酬比率是每获得一个单位的营业收入需投入的人工费用。在企业采取的各种计算薪酬成本的方法中，它是非常简单、基本的分析方法之一。如果企业的经营业绩稳定且适度，则可使用本企业过去的经营业绩推导出薪酬比率，以此计算出未来合理的薪酬总额；如果企业业绩在快速提升阶段，则可以参考过去一年的数值，并增加一些浮动薪酬来确定薪酬总额；如果企业经营水平不理想，则应参考行业一般水平来确定合理薪酬比率，然后再推算出合理的薪酬总额。

薪酬比率的计算公式为

$$\begin{aligned}\text{薪酬比率}&=\text{薪酬总额}\div\text{营业总额}\times100\%\\&=\text{人均薪酬水平}\div\text{人均销售额}\times100\%\end{aligned}$$

由上式可知，如果企业的销售额较大，则薪酬总额也可以相对地增加，因为公司的支付能力比较强；同样，如果销售业绩不好，则应相应地减少薪酬成本的支出。在实践中可以根据过去几年的经营业绩计算出薪酬比率，再根据这个比率求出合理的薪酬总额。应该注意的是，这里所说的薪酬总额是指为所有员工所支付的一切费用，不仅包括基本薪酬、可变薪酬，还包括各种福利费用（含企业为员工支付的社会保险）；既包括直接生产人员的薪酬，也包括辅助生产人员或临时工的薪酬。下面举例说明薪酬总额如何计算。

［例］A公司在2015—2020年的平均薪酬比率为15%，该公司的年销售额为6 000万元，则该公司的薪酬总额为

$$6\,000\times15\%=900(\text{万元})$$

如果A公司员工保持为180人，则A公司人均年工资为5 000元。

2. 按盈亏平衡点推算薪酬总额

所谓盈亏平衡点（也称损益平衡点），是指在该点处企业销售产品和服务所获得的收益恰好能够弥补其总成本（含固定成本和变动成本）而没有额外的盈利，也就是说，企业处于不盈不亏勉强维持的状态。

制造成本和销售及管理费用可划分为固定费用（也称固定成本，是指不随生产量变动

而增减的费用，如折旧费、房租、间接人工费等）和变动费用（也称变动成本，是指随产销数量变动而增减的费用，如材料费、保管费、直接人工费等）。当然，有些项目不易区分是固定费用还是变动费用。

在把制造成本和销售及管理费用划分为固定费用和变动费用之后，盈亏平衡点的销售额的公式即可改写为

盈亏平衡点销售额＝固定成本＋变动成本

［例］假定某公司的固定成本为 1 000 万元，薪酬总额为 600 万元，变动成本比率为 60%，则相关计算公式为

盈亏平衡点销售额＝1 000÷(1－60%)＝2 500(万元)

最高薪酬比率＝薪酬总额÷盈亏平衡点销售额＝600÷2 500＝24%

因此，人工薪酬费用支出不得超过销售额的 24%，否则该公司将亏损。

3. 按劳动分配率推算薪酬总额

劳动分配率是企业薪酬总额占企业附加价值的比率，是指在企业获得的附加价值（增加值、纯收入）中用于员工薪酬分配的份额。附加价值是企业经过努力创造的部分，是企业通过生产或销售活动所产生的价值，它是生产价值中扣除从外面购买材料或动力的费用之后，附加在企业上的价值。附加价值是企业可用来进行分配的收入，是企业进行劳动力和资本分配的基础。

劳动分配率的计算公式为

劳动分配率＝薪酬总额÷附加价值×100%

此公式说明的是企业所获得的附加价值中有多少用于薪酬发放，同时也说明了企业赚取的附加价值比率。

附加价值的计算方法有以下两种。

一种是扣除法，由销售净额扣除外购部分求出。其公式为

附加价值＝销售(生产)额－外购部分
＝销售净额－当期进货成本(直接原材料＋购入零配件
＋外包加工费＋间接材料)。

另一种是相加法，即将形成附加价值的各项因素相加而得出。其公式为

附加价值＝利润＋人工费用＋其他形式的费用
＝利润＋人工费用＋财务费用＋租金＋折旧＋税收

经济发达国家的调查资料显示，通常情况下，在企业附加价值中，大企业的劳动分配率占 41%左右，而中小企业则为 55%左右。

实际上，如果大企业的劳动分配率达到 48%左右，中小企业的劳动分配率达到 61%

左右，企业就要有所警觉，及时检查本企业的经营状况。

如果人员太多，或人均薪酬过高，则相对生产性附加价值而言，薪酬总额过高；如果薪酬总额仅为一般水平，则表明附加价值过少。若想让劳资双方都能得到良好的收益，可以保持劳动分配率，将薪酬总额或人均薪酬总额与附加价值或人均附加价值同时提高。

[例] 假设 B 公司目标附加价值比率为 50%，目标劳动分配率为 40%，目标薪酬总额为 3 200 万元，按薪酬比率计算，其目标销售额应为

目标销售额＝薪酬总额÷薪酬比率

＝薪酬总额÷(附加价值比率×劳动分配率)

＝3 200÷(50%×40%)

＝16 000(万元)

上述三种方法都是根据企业的经营业绩来确定薪酬总额，从而有利于企业根据实际情况进行薪酬控制。还可以根据上一年度的薪酬信息来预算下一年度的薪酬总额，这是一种简单的薪酬总额预算方法，它是基于上一年度的薪酬总额，以及预算年度的薪酬增长率、人数变化进行预算的。其计算公式为

$$K=F(1+r\%)+nM$$

式中，K 为下年度薪酬总额预算值；F 为上年度实际支出的薪酬总额；r 为企业薪酬的平均增幅；n 为下年度可能增加的人数；M 为上年度企业员工的年平均薪酬。

在这种方法中，由于 r 和 n 都是预测的，而且带有很大的主观随意性，因而其预算的误差往往比较大。

（二）根据员工的基本生活费用进行预算

员工的基本生活费用是企业必须支付的人工成本。在确定员工的基本生活费用时要考虑政府发布的物价指数、当地最低生活标准、当地平均生活水平、同行业其他企业的员工基本生活水平。最低工资制度就是为了保障劳动者个人及其家庭成员的基本生活而制定的。月最低工资标准，参考了当地就业者及其赡养人口的最低生活费用、城镇居民消费价格指数、职工个人缴纳的社会保险费和住房公积金、职工平均工资、经济发展水平、就业状况等因素。参考使用这些标准的时候，要考虑到组织应缴纳的基本社会保险等因素，同时还应适当考虑劳动者在工作稳定性、劳动条件和劳动强度、福利等方面的因素。

从大趋势来看，企业在物价飞速上涨的时候，应当为员工适当调整薪酬。对于经济效益尚可、有能力提高薪酬的企业，可以普调基本工资，用来保障员工及其家人的基本生活，增加基本工资也有利于员工安心工作；或者增加绩效工资，工资增加额全部记入员工绩效工资单元，通过绩效工资的增加进一步加大对员工的激励作用；也可以将基本工资和绩效工资按原比例同时上涨。至于采取哪种方式，要根据企业的经营状况来确定。对于那些经济效益好、整体薪酬水平高于同行业平均水平的企业，薪酬也可以按兵不动，但要向员

工解释原因，并告诉员工企业将继续按原有薪酬政策调整工资，从而打消员工的疑虑，保持政策的连续性和稳定性。对于那些经济效益不好、人力成本偏高、整体薪酬水平又不高的企业，企业领导和员工都需将心比心，领导层应坦诚地告诉员工企业面临的困境，并提出企业的改进措施和对员工的期望，在困难时期通过企业文化把员工紧紧团结在一起，变被动为主动、变压力为动力。此外，还可采用不公开的方式，只给核心人员涨工资，但这只能是一种临时性措施，必要时也可采取减员增效办法来加薪。但同时要注意，企业的薪酬水平一定要符合当地最低收入和社会福利的相关要求。

（三）根据市场的薪酬水平进行预算

企业可以通过薪酬调查了解当地的薪酬水平，将本企业的薪酬与之对比，决定企业的薪酬总额。市场薪酬比较比率表示员工实际获得的基本薪酬与相应的市场薪酬等级的中位值之间的关系，或者员工所在薪酬等级的中位值与市场平均薪酬水平之间的关系。这是反映薪酬水平的市场竞争力的一个重要指标。计算公式为

市场薪酬比较比率＝某薪酬等级的中位值÷市场薪酬等级的中位值×100％

市场薪酬比较比率主要用于与外部薪酬水平的比较。市场薪酬比较比率高于100％的企业通常是实行市场领先型薪酬策略的企业，而我国大多数企业常采用市场追随型薪酬策略或市场匹配型薪酬策略，也就是努力将企业平均薪酬水平与市场平均薪酬水平之间的比较比率控制在100％左右。

一家企业的薪酬总额还与企业的薪酬政策和人力资源现状有关。如果在企业的产品成本中，薪酬成本占的比重很轻，管理或生产效率很高，从而可使企业产品的人工成本降低。如果产品具有独特性，售价高，可以以较高的薪酬吸引高技术人才，提高员工士气，从而实行高薪政策。如果企业员工收入稳定，离职率低，企业的人力资源管理体系健全，员工满意度较高，则可实行低薪政策。

二、薪酬成本结构的确定

薪酬是由多个部分构成的，一般来说，基本薪酬、奖金、津贴和福利是企业薪酬最基本的组成部分，这几个部分根据企业和岗位制度的不同应按照一定的比例合理组合。同时，每一部分都是可以变化的，且每一部分的变化均有其特点。基本薪酬一般比较固定，而奖金、津贴则浮动幅度较大，福利开支取决于企业的福利计划，往往一个新的福利项目会使总的福利开支大大增加。管理者要准确判断现有的薪酬组合是否合理，在企业经营发生变化的时候，要考虑是否需要对薪酬结构进行调整，以及应该调整哪一部分等。

为了反映各自的特点，企业在成本估算时要对每一个组成部分的支出情况做出相应

的估算。通常可根据下列方法来估计企业的人工成本，每一种计算方法都可以提供不同的信息。

(一) 薪酬占销售额的比重

计算公式为

薪酬比率=(薪酬总额÷销售额)×100%

[例] 某公司共有员工 120 人，每人月薪为 4 000 元，公司每年的销售额为 1 000 万元，则薪酬比率为

120×4 000×12÷10 000 000 =57.6%

这说明在销售额中，已经有 57.6%被用于支付员工的薪酬，相对来说比较高，应采取适当的薪酬措施降低这部分的成本。

(二) 薪酬占营运成本的比重

计算公式为

薪酬比率=(薪酬总额÷营运成本)×100%

[例] 某公司年薪酬总额为 150 万元，其当年的全部营运成本为 600 万元，则薪酬比率为

(150÷600)×100%=25%

这说明薪酬总额与总成本之比已达 1∶4，应该详细地分析其原因，对其加以控制。

(三) 平均每人每年的薪酬额

计算公式为

人均年薪酬=年薪酬总额÷员工人数

[例] 某公司的年薪酬总额为 3 600 万元，公司共有 600 名员工，则每个员工每年的薪酬为

3 600÷600=6(万元)

(四) 福利项目开支占全部薪酬的比重

计算公式为

福利开支的比重=福利项目的总开支÷薪酬总额×100%

[例] C公司去年用于医疗、养老、公积金等社会保险的人均开支为10 000元,全年的平均薪酬开支为50 000元,用于商业保险200元,其他福利项目人均开支为1 000元,则福利开支的比重为

$$[(10\,000+200+1\,000)\div(10\,000+200+1\,000+50\,000)]\times 100\%=18.3\%$$

当福利开支的比重过高时,说明奖金与津贴被压缩,这种薪酬结构的整体激励作用就会被减弱,这时要加以适当调整,增加奖金的比重,减少福利开支。

(五)平均薪酬的变化趋势

通过考察企业员工平均薪酬的变化趋势,计算其变化的速率,可为控制薪酬成本提供参考。例如,某企业近三年来平均薪酬的增率分别是2%、5%和10%,该数据说明员工的薪酬在逐年增加且幅度加大,此时需要对比相应年份的业务增长率,以防超出成本预算。

薪酬增加幅度过大,说明企业的总体人工成本增长过快,要注意适当地加以控制,并对企业的支付能力做出评估,使其保持在企业所能承担的范围内。

如果薪酬增加幅度偏小,其原因可能是企业处于一种稳定的发展期,特别是当企业发展到一定规模时,出现这种现象是有益的;也可能企业发展处于停滞阶段,没有财力为员工增加收入。若企业处于快速发展阶段,利润积累丰厚而企业不愿给员工增加薪酬或投资成本尚未收回,这样"只涨利润不涨工资"可能会引起员工的不满,除非企业确有发展前景很好的项目亟须投资。

由于薪酬的变化反映的是一个相对比例,企业要根据自己的具体情况选择与之相适应的薪酬变化比例,这里并没有一个统一的标准对所有企业都适用。例如,整体薪酬水平比较高的企业,即使薪酬增加的绝对数额很大,增率也不见得一定高;而发展很快的企业,其增率一般会较高。企业可以根据其发展战略来决定是否高于或低于行业平均薪酬的增率。

第三节 薪酬成本预算的流程

在组织整个运营成本中,薪酬占有重要的比例,建立薪酬制度的目的之一是理性地控制人工成本,而薪酬控制是从薪酬成本预算开始的。准确的薪酬成本预算可以有助于确保企业在未来的一段时间内支出受到一定程度的协调和控制,薪酬成本预算计划将成为企业一个既定的标准或目标,用来衡量该期间的实际薪酬支出是否超出预算,或在预算范围内。

一、薪酬成本预算的编制时间和核心内容

在薪酬管理中，应该选择恰当的时间段进行薪酬成本预算，既要考虑企业最近的发展状况，又要根据过去年度的状况，帮助企业对未来发展进行预测。在该过程中还要突出薪酬成本预算的核心内容，以达到工作的有效性。

（一）薪酬成本预算的编制时间

通常，薪酬成本预算是企业财务预算的一个组成部分，薪酬成本预算一般在企业支出预算时进行。有的企业会配合战略规划做5～10年的薪酬成本预算。但薪酬成本预算的时间并不是越长越好，因为未来有很多不确定因素，如企业经营状况的变化、市场的变化、通货膨胀率的变化等。预算的时间过长，得出的数据会有较大的偏差，这就失去了薪酬成本预算的实质性功能。在通常情况下，薪酬成本预算至少包括两个年度：当前财务年度和下一财务年度。

（二）薪酬成本预算的核心内容

企业薪酬系统由基本薪酬、可变薪酬和间接薪酬三大部分构成。而在薪酬成本预算中，整体基本薪酬则被看作是重点。基本薪酬是员工为企业工作所获得的大部分报酬。将其作为预算的关注重点，反映出薪酬成本预算关注的是整体而不是局部。

在一些企业，薪酬成本预算报告往往将重点放在监督和控制绩效增长方面，然而这种做法却有着很大的局限性，尤其是对于那些流动性高的企业。高流动性会导致企业新雇用员工人数的增长和员工职位的晋升，而此变化所产生的效果比绩效增长带来的薪酬费用增长的效果明显得多。所以，在进行薪酬成本预算时，要重点关注薪酬费用的整体状况。

二、薪酬成本预算的流程

薪酬成本预算的流程分为自上而下预算和自下而上预算。“上”指的是企业的整体和各部门，“下”则是指员工。

（一）自上而下预算

所谓自上而下预算，就是先由公司高层对其总体业绩指标进行预测，确定企业所能承受的总人工成本额或薪酬总额以及加薪幅度，然后按照一定的比例分配到每一个部门，从而确定各部门的薪酬总额。各部门根据部门薪酬总额与员工的特点再分配到每一个员工。

不难看出，在自上而下预算中，每个部门所分配到的薪酬总额是有上限的，也就是说，部门人员的总收入不可以超出这个限制额度。至于如何分配每个员工的薪酬，由被授权的部门经理来决定。

自上而下预算的实施步骤如图 9－1 所示。

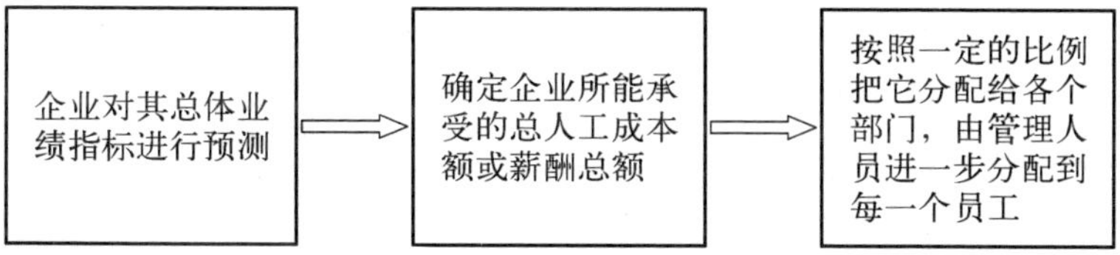

图 9－1　自上而下预算的实施步骤

自上而下预算流程最大的好处是对人员总体成本的控制，但是这样的流程缺乏灵活性，对一些可变的情况没有太大的应对余地，而且限制比较多，不利于调动员工的积极性。

（二）自下而上预算

自下而上预算是首先由管理者预测下属每一个员工下一年度的薪酬水平，然后将这些个体数据进行汇总，从而得到整个企业薪酬成本预算的方法。自下而上的方法比较客观，而且可行性较高。部门经理只需要按照公司既定的薪酬原则来确定每个员工所应获得的薪酬和加薪幅度。各部门先将预算支出汇总起来，再呈报给决策部门审核和批准。

在自下而上预算的过程中，薪酬管理的责任被转移到部门经理的身上，而薪酬经理则以顾问的角色出现。

自下而上预算的流程包括以下实施步骤。

(1) 初步告知部门经理了解与薪酬相关的各项政策和技术。

(2) 提供专业化的薪酬成本预算说明书和应用表格，让部门经理更准确地了解薪酬成本预算的相关规定和方法。

(3) 提供专家咨询和各项信息服务，进一步解决部门经理在实施薪酬成本预算过程中遇到的各种问题。

(4) 核查数据和编辑报告。根据深入学习和专家意见进行薪酬成本预算报告的编辑。

(5) 结果修正。对部门经理所做的薪酬成本预算报告进行修订。

(6) 获取许可。部门经理与管理层共同回顾并修订薪酬成本预算，从而获得高层的批准和许可。

(7) 提供反馈。将部门预算的数据进行统计分析，总结并反馈给管理层。

(8) 薪酬成本预算监控。通过跟踪和报告的形式，随时监控预算与实际之间的偏差。

需要注意的是，预算并不是限制管理层对员工的薪酬进行调整；相反，它仅仅代表了一个计划，因未能预见的改变(如绩效改进)，以及未预见的晋升等导致发生偏离是很正常的。

（三）两种流程的特点比较

薪酬成本预算中的自上而下与自下而上的流程各具特点，详见表 9-1。

表 9-1　薪酬成本预算流程的特点比较

	自上而下预算	自下而上预算
优点	能有效地控制人工成本和总体薪酬水平	可行性比较高，既能对员工的绩效水平进行详细的考察，又能够比较方便地估算出薪酬总额。部门经理只需要按照既定的原则计算出加薪的幅度和薪酬额，再汇总即可
缺点	缺乏灵活性，确定总额时主观因素过多，准确性不够，不利于调动员工的积极性	工作复杂、准确率低、周期长，管理者的决策通常是短期的，不能将组织的长期发展和短期利益有效地结合起来，不易于控制总体薪酬成本和人工成本。而薪酬成本预算与企业战略的不一致，更会影响甚至破坏企业达到预期目标的能力

由于每种流程各有优劣，很多组织会同时采用两种方法。首先，由企业管理层决定各部门的薪酬成本预算额度，其次，估算个体员工的加薪幅度，并确保个人的薪酬预测能配合部门的薪酬预测。如果两者之间的差异比较大，则需要做出一定的调整。

三、薪酬成本预算评估

薪酬成本预算评估是对预算的作用与效果进行考察的过程，为薪酬政策的调整和新预算的制定提供决策依据，从而提高薪酬成本预算的科学性。根据评估内容的不同，薪酬成本预算评估主要分为执行性评估和影响性评估两类。

（一）执行性评估

薪酬成本预算的执行性评估主要是通过将预算与实际支出情况进行对比，分析引起预算偏差的原因，从而为进一步改进工作提供依据。所以执行性评估是以预算而非上年同期业绩为基础，且其奖惩计算依据不仅要考虑实际业绩的好坏，而且要考核预算的差异方向和差异大小，从而激励组织成员尽可能提高预算的准确度。

1. 执行性评估原则

薪酬成本预算评估的基本目标是评估预算与实际支出之间的差异，进而实现预算的激励与约束作用。执行性评估要遵循可控性原则。各责任主体根据其各自的责权范围，对其可以控制的预算差异负责。一般情况下，某一部门薪酬成本预算控制的责任主体是部门主管。

2. 执行性评估过程

薪酬成本预算评估的核心部分即所谓的差异分析。差异主要表现为实际薪酬额度与薪酬成本预算额度之间的差额。而差异分析就要求根据差异的具体情况,找出差异产生的环节和原因。在大多数组织里,差异产生往往与绩效评估相联系。

为了评估薪酬成本预算的执行情况,企业通常定期评估管理者推荐的工资增长率与其绩效评价等级的关系。如果发现差异,人力资源部门会要求管理者进行调整,或者修改工资增长率,以适应绩效评价等级;或者修改绩效评价等级,以适应工资增长率。如果管理者拒绝调整,则必须向上级汇报原因。最终由企业高层来决定两者之间的差异。

3. 执行性评估主体

作为执行性评估主体,预算监督主管部门要对预算执行情况按季度和年度分别进行客观的评估,找出问题原因,拟定改进措施,吸取经验教训,进一步加强管理。而在此过程中,人力资源部门发挥了重要的作用。人力资源部门要及时了解薪酬成本预算在执行过程中发生的各种问题,并灵活地将其与人力资源管理的其他方面联系起来,从而便于及时发现问题,跟踪改进,提高预算效果。

(二)影响性评估

薪酬体系是为影响员工个人行为而设计的,包括员工流动、员工绩效和员工组织行为等诸多方面。准确把握和认识它们之间的关系,能够更加切实和全面地考虑组织薪酬成本预算和预算分配等各项事宜。

1. 薪酬成本预算评估与员工流动的关系

员工的流动受到雇佣关系中诸多因素的影响,而企业对员工流动,尤其是员工离职的监控能够通过对一系列指标的考察来实现。这些指标包括员工数量的增长、员工职位的晋升以及员工薪酬水平的变动等。

作为一个非常重要的指标,薪酬水平的影响力主要表现在:企业期望与大多数员工建立良好的、稳定的雇佣关系,这样既能够保持企业的正常运作,又能够节约企业在员工招聘、录用、培训等方面的费用。而员工则非常看重工作中付出与所得的比例,如果比例失衡,在不利于个人利益的情况下,员工会毫不犹豫地将离职作为自己的最终抉择。所以,企业在薪酬成本预算评估的时候,必须充分考虑用工成本与员工流失率之间的关系,保证自身利益的最大化。

2. 薪酬成本预算评估与员工绩效的关系

研究表明,员工绩效与其所获得的薪酬之间有着紧密的相关性,所以组织在做薪酬成本预算评估的时候,必须牢牢关注员工绩效考评,并将产品数量和质量标准纳入考评标准中。

3. 薪酬成本预算评估与员工组织行为的关系

公平理论表明,当员工感受到薪酬不平等时,会表现出各种其组织身份意识弱化的行为,来试图平衡这种不平等。如减少工时,迟到、旷工次数增加,破坏和偷窃企业财物,消极怠工等。这些行为间接地反映了员工对薪酬体系的感受，所以，组织应当考虑这些消极行为和薪酬体系之间的关系，了解员工具体的感受，并做出相应的调整。

第四节　薪酬成本控制的实施途径

由于企业所支付的薪酬水平会直接影响到企业在劳动力市场上的竞争能力，故企业保持一种相对较高的薪酬水平对于企业吸引和留住员工来说无疑是有利的，但是，较高的薪酬水平又会对企业产生成本上的压力，从而对企业在产品市场上的竞争产生不利影响。因此，一方面，企业为了获得和留住企业经营过程中不可或缺的人才不得不付出一定的代价；另一方面，企业出于产品或服务市场上的竞争压力又不能不注意控制薪酬成本。事实上，尽管劳动力成本在不同行业和不同企业的经营成本中所占的比重不同，但是对于任何企业来说，薪酬成本都是一块不容忽视的成本支出。根据行业的不同，薪酬成本在经营成本中所占的比重为20%～80%，相对来说制造业的总成本会比较低一些，服务行业比较依赖员工的劳动付出，所以成本相对来说比较高一些。无论什么样的企业，薪酬支付的费用在总的运营成本中所占的比重都是不可忽视的，因此企业应该采取措施，尽可能地降低成本，提高利润。

薪酬成本控制的过程，常常通过如下的步骤实现：第一，要确定主要的衡量指标；第二，计算出目前状况下本企业支付的实际薪酬成本；第三，将计算的结果和计划的指标相比较；第四，如果两者存在差距，尤其是超过指标一定的比例，则应商讨控制的措施；第五，有计划地实施改进措施。

一、依据外部人力资源市场进行薪酬成本控制

（一）实施薪酬成本控制的前提

薪酬的外部竞争力表现在，对于同一岗位本企业的薪酬水平与其他组织薪酬水平相比较是否有优势。从薪酬方面来讲，有竞争力的薪酬是企业优化人力资源配置的保证。这体现在两个方面：第一，优于劳动力市场平均水平的薪酬对企业的外部人员比较有吸引力，可以保证企业的人才供给；第二，具有薪酬竞争力优势的企业往往有良好的社会形象，不仅对外部的人才有吸引力，而且对稳定内部的员工也有积极的意义。但一味地追求高薪引才，会加大企业的成本负担，不利于企业的长足发展。因此企业不能不惜代价高薪聘才，应该考虑到人才配置的效率。这就需要企业密切关注外部劳动力市场供给水平的

变化，及时调整薪酬标准。企业应该注意在市场上树立良好的社会形象；除了提供有吸引力的薪酬外，还应该突出企业非货币方面的政策，如提供发展机会等来吸引人才的加入。

（二）依据外部人力资源市场进行薪酬成本控制的措施

企业可以充分地进行市场调研，并将企业内部的工作岗位区分等级，为不同层面的员工匹配不同的薪酬水平，这样既保证了核心职位的竞争力，也避免了高水平薪酬而带来的高成本。通常有如下几种做法：

第一，对比本企业的薪酬水平和行业的平均水平，在企业实力允许的情况下，企业员工整体薪酬水平略高于或不低于外部市场及同行业的薪酬水平，从而保持企业整体的薪酬水平有优势，提升企业形象，形成外部竞争力。

第二，对于为企业发挥重要作用的紧缺技术人才和高级人才，应该采取比较有竞争力的薪酬，从而保证企业的核心竞争力。

第三，对于低层次员工，他们对企业发展的重要性处在次要的地位，如劳动密集型企业的操作工，这些人员在市场上供大于求，储备充足，他们的薪酬水平应低于或不高于外部市场及同类企业的薪酬水平，以降低企业在这方面的成本。同时，通过企业形象和福利方面的合理配置吸引这些员工。略低于外部市场平均水平的薪酬政策不影响企业吸引低层次员工，但可以降低薪酬成本，并激励低层次员工进步。

二、在内部人力资源市场实施薪酬成本控制

（一）改善企业的经营状况，提高薪酬的投入产出比

这是一种积极的对策，主要是通过改善生产经营方面的措施，增加销售收入和附加价值，进而达到降低薪酬成本相对值的目的。产品成本的高低取决于劳动生产效率的高低，而产品成本中薪酬成本的高低是由生产该产品的劳动消耗量及其薪酬水平决定的。所以，对企业薪酬成本的控制，一定意义上体现为对单位产品薪酬成本的控制。相应的途径就是增加有效劳动时间、提高劳动生产率、降低单位产品的劳动消耗量和薪酬成本。改善生产经营的方法包括优化工作流程、采用先进的设备、提升员工的技术技能、增加企业的销售额、降低原材料成本等。

（二）在内部人力资源市场实施薪酬成本控制的措施

薪酬成本控制应建立在绩效导向的基础上，内部人力资源市场的薪酬成本控制，应该既体现出内部公平，又对员工有激励性，而且内部的薪酬成本更应该讲究效率性。

1. 组织内部应该有合理的人员配置，按需设岗，杜绝人员浪费

企业要根据自己的战略制定人力资源规划，企业内部的薪酬水平与企业日标的实现

程度、企业所处的内外部环境、企业内部人力资源需求总量和结构相关联。企业的人力资源配置要以组织需要为依据，对每个职位进行工作分析，明确每个职位的职责，并制定每个职位的绩效标准，以确保薪酬和员工贡献高度相关，体现出薪酬成本的经济性。对岗位的人员数量要有合理的配置，避免富余人员在岗而带来的薪酬成本的增加。在这里，最重要的是控制人力资源需求总量和结构，严格按照组织需要的原则来进行人力资源配置。

2. 通过企业人力资源的内部合理流动来控制薪酬成本

企业引入新员工或员工流失，都会造成企业的损失，这不仅仅体现在薪酬支付上，新员工的培训和替代老员工的时间成本以及劳动成果输出的损失等原因，都会造成企业成本的增加，因此要减少员工对外的流失。在企业内部，应建立合理的员工内部流动机制，根据员工的自身特点和企业需求，促进员工内部的流动，这样可以避免由于员工流失给企业带来的损失。内部流动的培训成本和适应岗位的时间成本都会大大减少，老员工对企业文化和环境都有很好的适应度，而外部人员可能由于不一定能适应新企业的环境而离职，合理的人员内部配置能够减少雇用人员的风险。

3. 薪酬和绩效相结合，发挥薪酬的激励作用

在企业内部引入竞争机制，合理拉开薪酬差距，制定清晰的工作目标和绩效标准，这样可以保证企业高效运营，同时可以促进企业人力资源合理流动，淘汰不合适的员工，保持人力资源的动态平衡，实现人力资源的优化配置。同时与绩效相结合的薪酬也能够保障对企业贡献大的员工获得更多的回报，实现真正意义上的公平。

三、企业实践中常用的薪酬成本控制的方法

（一）控制劳动的投入量

这是指一定时期内投入生产的劳动时间，或有效生产工时。其计算公式为

计划有效生产工时＝定员人数×计划期制度工作日数×工作日平均工作时数×计划出勤率×计划出勤工时利用率

要降低劳动量，需要从两个方面入手：第一，使一定的劳动投入量生产出尽可能多的产品；第二，生产一定量的产品，投入尽可能少的劳动量。根据有效生产工时的构成，其控制的重点是定员人数、出勤率和出勤工时利用率。

（二）控制劳动投入的质量

这是指提高劳动资源的利用程度。以一定的劳动投入量生产出更多的产品，可以减少单位产品的劳动消耗，降低产品成本。控制劳动投入的质量，主要是指控制全员劳动生

产率。全员劳动生产率是指企业在一定时期内全体职工平均每人创造的产品产量或工业总产值。其计算公式为

全员劳动生产率＝实际完成产品产量或工业总产值÷全部职工人数

当产品总量不变，劳动投入节约(职工人数减少)时，全员劳动生产率提高。

要提高全员劳动生产率，必须减少非生产人员，这就需要企业合理地制定各类人员定员标准，明晰其职责范围和绩效标准。

（三）控制加薪幅度

在企业经营良好的情况下，可以参考市场的薪酬水平，为员工确定合理的加薪幅度，尽量避免所有的员工都是相同加薪幅度的一刀切的做法。要区分核心岗位上的员工和绩效突出的员工，控制好加薪幅度和业绩增长的关系，做到既让员工享受到企业发展的成果，又不增加企业额外的成本，推动企业正向盈利。在企业经营状况不佳的情况下，可以采用不加薪或延缓加薪的策略，等到企业摆脱了困境、经济效益好转时再予以加薪。不妨向全体员工说明企业所面临的现状，激励员工团结一心、共渡难关。

（四）提高获得奖金的难度

通过对企业目前工作效率的分析，适当地提高业绩目标和考核标准，提高获得奖金的难度，使员工需要更多的努力来获得奖金。企业在提高获得奖金要求的同时要配合其他的活动，如技术培训、流程改造、设备更新等，不然会造成员工的抵触情绪。

（五）压缩福利及其他费用支出

基本薪酬的刚性最强，不宜变动，但福利、津贴和奖金的某些项目则柔性比较强，尤其是企业各种自主性的福利项目弹性较大，如娱乐活动、带薪休假、免费旅游等。这样，通过适当压缩部分福利项目的开支，可以避免强行降薪带来的不利影响，如减少出差时间、调整差旅费支出、选择价格比较低廉的交通工具和差旅服务供应商、限制各种公费娱乐活动等。所以，工资水平与福利费用要有一个适当的比例，如果将企业的工资水平定位在业界中最高线，福利费用定在较低水平，那么一旦企业经营遇到压力，会因为福利费用已无法再降低而只能以减薪方式处理，这样将招致员工的反感并影响士气，也会有损企业在业界的形象。福利有法定福利和自主福利之分，法定福利是不能随意减少的，压缩福利开支主要指的是企业自主福利这一部分。

（六）裁减富余人员

所谓富余人员，是指那些劳动边际成本超过其劳动边际收益的人员，裁减这些富余人员对企业是有利无害的。因为，在支付的薪酬水平一定的情况下，企业的员工越少，企业

的经济压力也就相应越小,而富余人员又是产出效益最少的人。但产出效益高的核心人才或熟练工人不应在裁员之列,否则将影响企业的人力资本储备。

(七)减薪

对薪酬的控制,更直接、效果最明显的还是对薪酬水平和薪酬结构的调整,但减薪方式不能经常采用,一般是企业不得已而为之的办法。从利润分享的角度讲,降低浮动薪酬较容易得到员工的理解,而基本薪酬调整余地不大。因此,浮动薪酬相对于基本薪酬所占总薪酬的比例越高,企业劳动力成本的变化余地也就越大,而管理者可以采取的控制预算开支的余地也就越大,还可以保持员工薪酬与其绩效之间的高度相关性,发挥更大的激励作用,这对于今天这种崇尚灵活性和高效率的企业环境来说,无疑是一种不错的选择。

减薪一定要慎重行事,减薪应该是自上而下的,涉及各个层面,不能只削减普通员工的薪酬而依然保持高层管理人员高水平的薪酬,这样会造成员工的不满。在操作的过程中要保持上下良好的沟通和制度的透明度,同时一定要做好解释工作,争取得到工会的支持与员工的理解和同意,否则将会使员工产生抵触情绪,并大大挫伤他们的劳动积极性。同时,减薪必须是短期的,企业效益一旦回升,就应当恢复原有薪酬水平。另外,减薪时还要注意尽可能不涉及企业核心科研人员、技术骨干和熟练工人,否则流失这些劳动力市场中的稀缺资源,不仅会使企业陷入更困难的境地,对以后的发展复苏也会产生长远的不利影响。

本章小结

本章主要讨论薪酬成本、薪酬预算和薪酬成本控制等问题。薪酬预算有助于确保企业在未来一段时间内的支出受到一定程度的协调与控制,从而保证企业利润目标的实现。在日常管理中,企业应该明确薪酬成本的支出是否合理。因此,必须对薪酬成本进行统计分析,并在此基础上开展预算。由于了解薪酬成本对企业来说非常重要,因此,薪酬预算也就理所当然地成为企业战略决策过程中的一个关键问题。它要求管理者在进行薪酬决策的时候,必须把企业的财务状况、所面临的市场竞争压力以及企业负担能力和薪酬控制等问题放在一起加以综合考虑。

了解薪酬成本后,企业就应该采取措施对薪酬成本进行有效的管理,合理地估算和控制薪酬的开支。企业要做到成本付出和企业竞争力的平衡,一方面,企业为了获得和留住企业经营过程中不可或缺的人力资源不得不付出一定的代价;另一方面,企业出于产品或服务市场上的竞争压力又不能不注意控制薪酬成本。无论什么样的企业,薪酬支付的费用在总的运营成本中所占的比重都是不可忽视的,因此,企业应该采取措施,尽可能降低成本、提高利润。

案例分析

1. 本案例中，宁达公司在盈利增加的情况，没有认真地核算员工的薪酬成本，员工的薪酬增长远远滞后于企业的利润增长。从根本上来说，就是没有让员工分享企业发展的成果，这样的做法没有将企业的目标和个人的目标有效地结合，员工对企业的贡献没有得到充分的认可，导致员工的满意度、归属感和工作主动性都会受到影响。

对于销售等业务人员来说，其主要的工作是通过高业绩为企业创造效益，该公司的提成制度没有和业绩紧密挂钩，没有体现多劳多得，挫伤了销售人员的积极性。

企业应将薪酬与员工的考核相结合，这样不仅能有效地核算费用，还能够实现薪酬的公平性。

2. 案例中，企业应根据利润增加的状况进行合理的薪酬预算，制定合理的加薪幅度，有计划地发放给员工，让员工享受企业的发展成果，增加员工的荣誉感和凝聚力，从而实行企业的战略目标。

同时，企业应不断关注外部环境的变化，如物价上涨和国家政策的变化等，及时调整薪酬的标准，保障员工的合理薪酬水平。

企业还应该建立合理的绩效管理制度，将员工的绩效表现和薪酬分配制度相结合，根据不同岗位制定不同的绩效薪酬制度，实现多劳多得，从而有效地激励和留住优秀的员工。

思考题

1. 什么是薪酬成本？
2. 企业的人工成本包括哪些？
3. 薪酬预算有哪些特征？
4. 薪酬成本的相关因素有哪些？
5. 薪酬成本预算计算的方法有哪些？
6. 薪酬预算的流程是什么？
7. 企业如何有效地进行薪酬成本控制？

第十章 薪酬福利管理的国际化发展

引导案例

艾利雅集团的国际化薪酬福利管理

艾利雅集团是一家总部设在美国的跨国服装公司，主要经营男女时装，该公司成立于20世纪70年代，经营多个系列品牌的服装，在美国已经有相当的知名度。为了拓展亚洲市场，从2001年起，该公司在上海设立分公司，生产、经营适合亚洲人的服装。进驻中国后，中层以上的管理人员均为美国总部直接派过来的，其中大部分人在此之前并没有来过中国。公司为了鼓励他们到中国工作，为这些人员提供了丰厚的薪酬和津贴，如工资高于本土相同职位工资的10%，有额外的海外职位津贴，提供五星级的酒店式公寓住宿；对于携带家属的，还有子女教育津贴等额外的津贴；除此之外，外派员工还享有每年两次的免费回国探亲机票和共计高达45天的探亲假期。多年来，公司依据自身的品牌优势和员工努力，在2020年，取得了高达2 200万美元的销售业绩。由于看好中国和亚洲市场，公司决定在中国进一步拓展市场。在发展的同时，管理层也发现了一些问题，如派驻的外籍管理人员不会说中文，对当地的文化不甚了解，因此在和下属一起工作的时候沟通并不是特别顺畅，导致工作效率不高；而少数华人背景的管理人员却是游刃有余。同时，公司管理层还发现，本土的国际化管理和专业人才近些年来越来越丰富，其中，不乏国外工作和学习经历以及有知名企业工作经历的经理人。更值得一提的是，这些人的薪酬水平远远低于美国总部派驻员工的水平，并且不用支付高昂的外派津贴，工作中能够用流利的英语和高层管理人员沟通，整体的工作绩效也不错。同时，在中国的员工对外籍管理者高于自己几倍甚至几十倍的薪酬福利颇有微词。通过对人才市场的了解和专业顾问的咨询，艾利雅集团决定下一年度将招募更多的具有海外背景的本土管理人员；外派人员的数量减少50%，并在未来的3年内减少到原来的20%；同时减少外籍员工的津贴项目和总额。

案例讨论题

1. 艾利雅集团为什么要调整原有的外派管理人员结构?
2. 国际化薪酬福利的影响因素有哪些?

第一节　国际化对企业薪酬福利管理的挑战

随着经济全球化的不断发展,以及国际市场竞争环境的日益激烈,中国正积极参与国际产业分工,已经真正地迎来了"人才国际化"的新阶段,即必须在国际大空间里配置优势人力资源,以在经济全球化的大背景下实现可持续的发展。随着世界经济一体化进程的加快,企业在全球范围内销售产品、获取资源、参与竞争。人才资源作为企业获取和保持核心竞争优势的重要因素,便成为国际企业争夺的焦点。人才资源是企业的第一资源,而跨国公司的产业群和产业链奉行的就是在全球范围内配置人力资源的准则,这在很大程度上推动了中国企业人才的国际化进程。

狭义的国际化是一种公司能力的战略扩张过程(对跨文化区域的市场把握与业务模式构造),而不是简单的产品扩张过程。要做到这点,重要的是应重新审视现有的战略制定流程、业务流程与组织结构体系,将外在市场机会作为"输入",把相应国家消费者的价值作为"输出",对公司进行全新调整,这样才会有持续的"输出",从而赢得与跨国公司一决高下的核心竞争能力。

广义的国际化即要成就一个伟大的世界级优秀公司,就应将比较的对象放到世界优秀公司的范围内,从"企业整体价值链"上,而不是从局部效率的改变上去竞争,否则获得的竞争优势就不可能持续。

一、国际化对人力资源管理的影响

(一) 人力资源管理理念的国际化

20 世纪 90 年代以后,人力资源管理的理念和方法逐渐开始引入我国,人力资源管理的国际化首先意味着企业人力资源管理的思想和方法应该向国际化管理模式靠拢。对我国目前许多还处于人事管理阶段的企业而言,应该尽快向人力资源管理的阶段迈进。对已经建立起现代人力资源管理体系的企业,应该尽快从人力资源管理阶段向战略人力资源管理阶段转变。

（二）人才的国际化

随着国内市场竞争的国际化，我国企业将越来越多地启用国际人才。国际人才也将因中国提供更多就业机会而涌向中国的劳动力市场。因此，人力资源的国际化还表现为人才招聘、人才知识和能力的国际化。

人才是随着机会走的，很多跨国公司考虑将亚太地区总部转移到中国内地，让越来越多的外籍员工愿意到中国工作，也有很多海归人员看到在中国良好的职业发展机遇，从而到中国工作。

同时，随着中国企业的发展壮大，越来越多的中国企业也到海外拓展业务，这就需要选派合适的员工到国外不同地区工作。

（三）人力资源管理职业的国际化

国外有许多专业的人力资源管理机构，如英国的特许人事和发展协会(CIPD)、美国的人力资源管理协会(SHRM)等，是这些人力资源专业人员管理与认证机构，一直在努力把人力资源管理作为一个独立的管理职业而不断推动其发展。获得人力资源管理协会的资格证书并成为会员，才有资格应聘人力资源管理人员，从事人力资源管理工作。

人力资源管理职业要实现国际化，就必须实行国际通行的职业资格认证制度。只有实现了人力资源管理的职业化，才能够提高人力资源管理的专业技能；只有不断学习国际上新的人力资源管理方法和技巧，才能提高企业的人力资源管理水平。

二、国际化薪酬福利的影响因素

薪酬福利管理是人力资源管理的核心组成部分之一。其中薪酬对雇主来说是相当重要的成本构成，而对员工来说却是重要的价值所在；企业员工的福利有利于弥补企业人力资源管理的不足，有效地实现对较低层次需要的员工的激励，也可使员工增强高层次的需要，从而促进企业目标的实现。在国际化的薪酬福利管理中，不同地域的多种因素会影响薪酬福利政策的制定。

（一）国家文化因素

文化对薪酬福利的影响尤其体现在全球性的跨国公司身上，在不同国家的跨文化背景下，企业对员工薪酬福利的选择更大程度地体现了国家文化对薪酬福利的影响。在跨国的人力资源管理中，有六个分别存在的因素使跨国管理更为复杂：更大量的人力资源活动；解决问题时基于更多角度的需求；公司在员工生活方式上更多的参与；面对由外籍和本地员工混合的劳动力结构的改变；由直接和非直接的成本所产生的更大的风险；由于在不同国家的运营所造成的更多的外部影响。可以看到，在跨国公司不同国家的分支机构中，管理者是根据不同国家文化价值观来决定各种不同类型薪酬福利的覆盖程度和范围。当金发碧眼或者黑皮肤的人要和黄皮肤黑头发的人在一个车间里工作的时候，这意味着来自不同文化背景的人们为了某一个目标而一起工作。这些不同文化、不同背景、不同习俗的人们，必然会以不同的视角看问题。因此企业在制定薪酬方案的时候要充分考虑到文化差异的因素。

（二）国际薪酬市场水平

在企业的国际化经营中，企业从母国到其他国家拓展市场或生产经营，主要是考虑到其他国家有较大的消费能力或丰富的劳动力资源和生产资源。劳动、资本与土地均非为任何一个部门所特定使用的要素，尽管由于历史、生产率和市场发育程度等的差异，国际间的薪酬水平不可能完全均等，但在大体相同的劳动力市场条件下，同质劳动薪酬水平趋于一致的程度在加深。企业要吸引和留住国际核心员工，就必须提供与国际薪酬市场水平相匹配的薪酬政策。

（三）东道国薪酬政策

每个国家都有自己的劳动法律法规、薪酬福利、税收政策，如最低工资制度、关于工作时间和加班的规定，以及失业、医疗等社会保险和福利，这些政策都是依据本国的发展状况所制定的，而且每个国家对于本国和外籍人员都会有不同的规定。尤其是在税收方面，各国的差异性很大，如果不考虑这些因素，轻则会造成员工的不满导致劳动效率低下，重则会因触犯东道国的法律法规而受到制裁导致无法继续经营。因此在制定国际化薪酬策略的时候要充分了解东道国的相关法律法规和制度，符合当地的相关要求。很多专业的咨询机构提供相关的服务，可以向其寻求帮助。

（四）组织高层对国际经营管理的思路

企业有不同的经营状况和发展战略的设想。就薪酬水平而言，低水平的薪酬战略显然有利于降低企业的经营成本，从而有利于提高单个企业的竞争力。但在国际产业分工不断深化、产业链不断延长的情况下，产业内部的竞争已开始由单个企业之间的竞争转向产业集群之间的竞争。因此，单一的低水平薪酬战略无助于企业在东道国的竞争。相对于国内的管理来说，国际化的经营管理要复杂得多，薪酬问题无论是对本国的员工还是对东道国的员工来说都是非常敏感的问题。因此，在制定薪酬方案的时候要充分和企业高层管理人员沟通，让高层管理人员了解东道国的状况和与母国的差异，从而共同制定出适合企业自身的国际化薪酬方案。

三、国际化薪酬的目标

（一）与企业的总体战略、需求保持一致

这是薪酬制度的最终目的。企业国际化的根本就是扩大业务范围、增强企业的实力。无论企业吸引了多么优秀的人才、留住了多么优秀的员工或者员工多么努力地投入工作，若是最后不能让企业生存、成长及获利，其所实行的薪酬策略都不是恰当的。在国际化的进程中，薪酬策略不但要配合整体的人力资源策略，更要融入企业的经营策略，以协助企业达成其阶段性的目标，这才是最好的薪酬策略。

中国是发展中国家，在迈向国际化的进程中，如果还维持改革开放初期的低水平的薪酬体系，会严重影响其国际化人力资源体系的正常运转。中国企业是否能采取国际化统一的薪酬体系是对其的挑战，也是能否实现国际化策略的关键。

（二）保证企业在国际人才市场上的竞争力

随着世界经济一体化进程的加快，企业在世界范围内销售产品、获取资源、参与竞争。企业要获取和保持核心竞争优势，人才资源便成为国际企业争夺的焦点。大型跨国公司在国际市场上的竞争能力，直接取决于管理团队和技术人才的跨文化运作的水准。在激烈的国际竞争中，能否获得并留住大批优秀人才，已上升为跨国公司维持竞争优势的战略要素之一。

国际化不仅仅是生产国际化、市场国际化，更应该是人力资源国际化，而人力资源国际化中包含了薪酬体系国际化。这就需要企业制定符合国际化的薪酬体系，主动以开放的心态面对国际化的人才，努力培养适应国际化的经营管理人才。

第二节　国际化薪酬的结构

一、国际化薪酬的组成

要使跨国公司对薪酬和福利进行成功的管理，不仅需要了解有关国家的劳动法律法规、税收制度、风俗习惯、环境和管理实践等多方面的知识，同时还需要熟悉汇率的波动和通货膨胀对薪酬的影响，以及理解为什么和什么时候应该提供特殊的津贴、哪个国家需要哪种津贴等。因为涉及的因素比较多，所以国际化薪酬管理要比国内薪酬管理复杂得多，

跨国公司可以聘请专业的咨询公司提供在跨国背景下的薪酬管理方案。通常来说，国际化薪酬由基本薪酬和激励薪酬两部分组成。

（一）基本薪酬

对于驻外人员来说，基本工资是整个薪酬计划、各种报酬和津贴的基本组成部分，许多津贴直接与基本工资挂钩，如出国服务津贴、生活补贴、住房补贴等，以及在职期间的福利和退休养老金，基本工资可以用母国货币或所在国货币支付。无论是母国人员还是其他国家人员，基本工资都是其国际薪酬的基础。

基本薪酬的确定方法有三种。

1. 以母国为基础

这一方法即使驻外人员的薪酬等于他们在母国从事同样工作可以得到的薪酬，但雇主可以根据薪酬因素，通过工作评价来判断国内的工作是否和国外的相同。以母国为基础的方法最适合驻外工作时间比较短、在当地从事可比性工作薪酬很高的驻外人员。

2. 以东道国为基础

这一方法即根据东道国的薪酬标准来确定驻外人员的薪酬。企业用来决定基本薪酬的标准包括市场定价、工作评价或从事该工作的职员过去的相关经历。这一方法最适合于长期驻外的雇员。

3. 以总部为基础

这一方法即用公司总部的薪酬标准来确定所有雇员的薪酬。其基本薪酬既不受母国薪酬标准的约束，也不受东道国薪酬标准的影响。这一方法最适合不断从一个国家迁往另一个国家，且很少或不在母国工作的雇员。

然而，跨国公司也不能忽略所在国人员的基本工资的确定问题，只有这样才能留住当地优秀的人才。

（二）激励薪酬

母国人员通常会收到一笔奖金作为接受出国派遣的奖励，或作为对在派遣过程中所遇到的艰苦条件的补偿。在这些情形下，艰苦条件的定义、领取奖金的资格、支付的金额和时间等都必须予以规定。例如，美国公司在确认艰苦条件时通常会咨询有关机构来确定合适的支付级别，这类报酬一般支付给母国人员，而不支付给其他国家人员。如果采用出国服务奖励的话，一般以工资的百分比形式支付，并且随着任职情况、实际艰苦程度、税收情况以及派遣时间而变动。

激励薪酬通常包括以下形式。

1. 驻外津贴

驻外津贴是除基本薪酬外的货币报酬，根据基本薪酬的一定百分比来计算，一般是基本薪酬的10％～30％。工作期限越长，比例越大。驻外津贴可分几次发放，这样既能降低成本,又能对雇员起到“提醒”的作用。

2. 艰苦津贴

艰苦津贴是用以补偿驻外人员在国外特别艰苦的工作和生活环境中所做出的牺牲。艰苦津贴一般占基本薪酬的5%～25%。有的企业确定艰苦地区的标准包括：第一,生活条件特别艰苦,如缺乏娱乐设施、偏僻、缺乏交通设施、缺少食品和消费服务;第二,恶劣的自然环境,包括恶劣的天气、高纬度和影响身体和生理健康的危险环境;第三,明显有损健康的环境,如疾病和流行病肆虐、公共卫生条件不佳和健康医疗设施短缺的地区。

3. 流动津贴

流动津贴是对雇员在国外的岗位之间或从国内到国外之间变换工作的奖励。与驻外津贴的发放方式不同,流动津贴通常是在驻外人员接受外派或外派结束时一次性支付。

二、其他因素对国际化薪酬的影响

(一) 税收

跨国任职意味着在工作所在国和母公司所在国双重征税。这可能是人力资源管理者和驻外人员最为关注的问题之一,因为它通常会引起排斥心理。为了保护员工的利益,很多跨国公司聘请国际会计师事务所来提供咨询,以应对这种国家与国家之间的税务政策的复杂性和差别化,这些国际会计师事务所可以帮助驻外人员在工作所在国和母国获得退税。跨国公司在制定薪酬计划时,需要考虑各国的特殊规定可以调整的程度,以便在跨国公司总的薪酬政策框架内能够获得税收方面最优惠和最适当的回报。跨国公司一般会选择下列方法中的一种来处理国际税收事务。

1. 税务平衡

企业暂时代扣数额等于母国人员在母国应纳税额的工资,然后支付所在国的全部税务。

2. 税务保护

员工的纳税额不超过其在母国薪酬的应纳税额的总额。在这种情形下,如果在外国的纳税额低于母国,超出的部分就成为员工的额外收入。

税务平衡是迄今为止跨国公司较为常用的税务政策。根据此政策,母国人员的应缴税款等于在母国享有同等收入和地位的纳税人的工资和奖金所应承担的税款。

(二) 国际生活费用

跨国公司需要经常获得国际生活费用的最新信息,很多跨国公司聘请了专业咨询公司为其提供广泛的、高度专业化的并且与国际背景下人力资源管理相关的服务。许多专业咨询公司为跨国公司提供定期的调查数据用以计算生活费用、津贴指数,并根据汇率的变动对这些调查数据进行更新。

采用资金平衡法的跨国公司必须根据生活费用的最新数据对其薪酬计划进行经常性的更新，这是持续行政管理的要求，也是驻外人员十分关注的问题。如果生活费用上涨后过了很久才更新薪酬计划，就会导致许多抱怨。而且，跨国公司必须能够应对意外事件，例如，1997 年末突发的亚洲金融危机，使一些国家的货币对美元的汇率在短短的几周内就贬值超过 50%，从而对消费品的价格和费用产生了巨大的影响，在这种情况下，跨国公司对驻外人员的薪酬计划所做出的及时更新，直接关系到这一群体的稳定性和公司的发展。

商务费用也是企业比较关注的费用之一，它不局限于驻外人员的生活费用上，跨国公司也应该关注在某个特定国家开展业务的总体费用，如驻外人员的花费、飞机旅行和生活津贴、公司税款、办公室和工业租金以及公共交通费等。

世界上各个城市之间在总体生活质量方面存在差异，这已经是一个为人们广为接受的事实。在经济日益全球化的今天，许多国家和大型跨国公司都在进行对外投资和派遣工作人员。当从一个国家向另一个国家派遣工作人员时，需要具备确定这些城市总体生活质量差异的清晰、客观的资料信息，为确定合理的生活费用提供参考依据。

第三节　国际化薪酬计划的设计

企业要想在行业内或市场上超过竞争对手，就必须设计一套行之有效的总体薪酬计划。一套完整的薪酬计划既能支持企业在市场上的经营结构、组织体系、运作方式，又能激励员工的绩效，使企业盈利最大化。

一、国际化薪酬计划设计的重要性

薪酬计划对于任何一家企业来说都非常重要，但国际化薪酬计划对于任何一家企业而言，又绝非轻而易举的事。这主要表现在以下两个方面。

其一，在一个地区被证明是富有竞争性和创造性的薪酬计划并不能简单地被其他地区套用。对于跨国公司而言，由于其经营地域的广阔性，必须设计出同时融合了全球战略和地区战略而且适合各地本土文化环境的薪酬计划，只有这样才能保证薪酬计划的可执行性。

其二，员工支持率的获得。再好的薪酬计划如果得不到员工的支持也不能付诸实践。不仅如此，先前投入的大额开发费用也将付诸东流。所以薪酬计划要想顺利实施，就必须获得员工的支持。而在国际化薪酬计划的实施过程中，员工尤其是外派员工的支持率的影响作用则表现得更为明显。所以在设计成功的国际化薪酬计划时必须考虑两个因素：

（1）确保各分支机构乃至每名员工都了解在其他国家或地区工作的成本、机会和挑战；

（2）确保每名员工都理解获得当地支持、实行竞争性的薪酬计划的必要性。

慎重考虑以上两个方面的因素是为了使员工理解国际化薪酬计划的重要性，理解在不同的国家和地区工作的差异性，从而获得员工的支持。

二、国际化薪酬的要素组成

总体薪酬由基本薪酬、津贴、奖金、福利等要素组成，但是在不同国家，总体薪酬的组成部分以及各组成部分的比重都会有所不同。美国的利润分享制、新加坡的灵活薪酬制度以及日本的年功序列制等都是比较典型的例子。因此，最适合的才是最好的，企业要根据不同国家、地区的实际情况设计不同的薪酬计划。国际化薪酬的要素主要包括以下方面。

（一）基准岗位的薪酬

基准岗位的薪酬包括基准岗位的薪酬水平、薪酬构成、薪酬支付形式等。具有竞争性的薪酬能够成为企业吸引优秀人才的重要利器。公司不仅要考虑到薪酬的竞争性，更要考虑到公司的成本节省问题。例如，在跨地区的薪酬计划中，应该考虑到不同地区经济发展的水平、消费水平以及由此导致的薪酬水平差异，从而制定出符合各地水平的基准岗位薪酬计划，进而制定出各个岗位的基本薪酬计划。这样既能保证在地区范围内的薪酬竞争性，又能够有力地节省薪酬成本。

（二）津贴

津贴是针对某些岗位支付的额外补偿，获得有关津贴的信息可以完善企业薪酬计划的结构，提高员工的满意度。

（三）奖金

奖金是薪酬体系中最具激励性的一大要素。奖金设计的合适与否直接关系到薪酬激励作用的大小。奖金设计主要包括奖金总体金额的确定，奖励的频率、范围，奖金的计算方法，奖金的支付方式，奖金在总体薪酬中所占的比重等。

（四）福利

作为薪酬体系中非常重要的一个组成部分，很多时候良好的福利体系能够帮助企业留住优秀的人才。福利标准的设定和福利结构的设计可为薪酬体系锦上添花，但是必须特别注意到不同区域、不同文化背景的员工对福利的不同偏好。例如，中国和日本的员工更偏好就业保障，而欧美国家的员工则更喜欢年休假等福利。投不同员工之所“好”才能将福利制度的优势发挥得淋漓尽致。

（五）个人所得税

对于大多数员工而言，他们关注的往往是税后的实际可支配收入，因此一个有竞争力的国际化薪酬计划应该充分考虑到员工收入纳税的问题，尽可能提高他们实际可支配的薪酬。而在国际化薪酬计划的设计上，设计者要充分考虑到各国的税收政策、税收制度以及其他与薪酬相关的法律。这样既可以保证国际化薪酬计划的合法性，也可以借助合适的国际化薪酬计划提高员工的税后工资，从而提高其对薪酬的满意度。

三、国际化薪酬计划设计的过程

了解国际化薪酬计划设计的相关背景有助于我们更好地着手薪酬设计的开发和执行工作。开发和设计一个有竞争力的国际化薪酬计划通常包括设计构思、方案的设计和执行三个阶段。

作为国际化薪酬计划开发和执行过程中重要的机制，沟通和协调能够实时保证国际化薪酬计划的可实施性和合理性。双端服务就是达到这一效果的较好策略之一。

所谓双端服务，即由企业任命一位母国的人力资源联络者主要负责提供整体的企业人力资源服务，同时在全球范围内协调人力资源管理工作。这种方法的优点首先在于能保证企业的全球人力资源管理只有一个工作焦点。其次为了完成母国的工作，企业可以为每一个分支机构任命一位来自母国的人力资源咨询专家，他主要负责结果的传递，同时协调各分支机构的公司经营，为分支机构的日常经营提供解决问题的建议。这种方法最直接的优点在于有利于母公司与子公司之间的信息沟通和计划的一致性，实现企业的“思维全球化”的目的。

（一）设计构思

此阶段主要包含以下三个方面的内容。

1. 符合全球、区域、分支机构的目标和需要

不同的经营战略需要不同的薪酬体系和薪酬计划。薪酬体系既要服从于企业的总体经营战略，又要促进战略目标的实现。在跨国公司，经营战略目标会因地域原因被细分为全球战略、区域战略和分支战略，那么合理的国际化薪酬计划的设计必须清楚地认识到这一点并与之相匹配。

2. 薪酬计划的初步构思

国际化薪酬计划是一个求同存异的过程，在坚定拥护大局和总体的前提下，还要尽可能保证各部分的多样性和特色。在全球战略的目标指导下制定了全球薪酬计划后，就应

该再确定一个总体的理念和准则，在此基础上结合各地的差异不断丰富和完善已有的薪酬计划和体系。

3. 关注来自地域文化的要求

国际化薪酬计划必须具有可实施性，而这点很明显地表现在国际化薪酬计划本身与当地文化的契合上。设计合理的国际化薪酬计划必定是那些能正视不同地区和国家之间的文化差异的计划。这样的国际化薪酬计划不仅能够准确地传递信息，更能快速被员工理解和接受，大大减少了由于文化差异而产生的文化冲击，以及文化适应所需耗费的财力、物力和人力成本。

（二）方案的设计和执行

如果说前一阶段只是对整体框架的思考，那么设计和执行阶段则进入了国际化薪酬计划的实务环节。在此阶段，为了确保薪酬设计能够真正深入考虑到各个国家、地区的具体情况，必须做好以下方面的工作。

1. 明确与制定薪酬计划相关的客观环境因素

(1) 内部因素。这主要包括：公司的经营性质、内容和文化；企业的盈利能力和支付能力；企业自身发展的阶段；企业的工作环境和工作条件；企业的福利保障；企业现有的人才库。

(2) 外部因素。首先，劳动法律、政策和实务。劳动法律和政策的强制性规范作用对于国际化薪酬计划的设计有着至关重要的影响。例如，许多国家和地区对薪酬设定的下限等都有相应的规定。其次，企业所在行业的特点及竞争状况。考察行业中有实力的竞争对手的行为以及其成功案例，能够帮助企业进行正确的自我定位，从而确定究竟是选择高于、追随还是低于市场竞争力的薪酬水平。当然，薪酬水平的确定很大程度上还取决于企业的支付能力和人才战略。再次，企业所在地区劳动力市场的供求状况以及劳动力供给的质量和水平差异是影响企业薪酬计划的一个重要因素。最后，国家或地区的当前经济状况及当地的生活水平。这也对薪酬计划的制定有重要的影响。

2. 讨论与预测

计划赶不上变化，除了需要清楚认识到一些可预知的影响因素外，还要考虑到其他一些可能会影响国际化薪酬计划的未知因素，从而增加国际化薪酬计划的弹性，使之能够适应未来的变化。其主要的关注点可以包括：

(1) 经济发展趋势；

(2) 政策发展趋势；

(3) 全球薪酬变化趋势。

3. 执行

将设计阶段搜集的信息以及取得的成果进一步转化为招聘、录用、薪酬、激励以及其他员工管理等的操作实务是执行阶段所要做的主要任务。体现在国际化薪酬计划设计上，具体做法为在每一分支机构，选择几家与企业有竞争关系的企业进行调查，然后在调查的基础上提出最佳的实践方案，并完成在每个国家中这些职位的总体薪酬与福利计划的研究。为了保证国际化薪酬计划实施过程中的“本土化”，企业必须清楚地了解各个国家的员工招聘、录用和工作条件等。

4. 国际化薪酬计划设计的一般方法

(1) 工作分析。结合企业的战略和经营目标，认真研究某一特定岗位在企业中的职能、位置、工作内容和任职资格，从而编写该岗位的职位说明书。确定好的职位说明书能够作为薪酬设计的基准。

(2) 工作评价。通过一套科学的工作评价方法，能够评价各项工作在企业内部的重要性或相对价值，从而得出该工作的等级序列。然后将所有的工作都纳入一个薪酬体系中，就能形成该工作在企业中的薪酬级别。通过工作评价方法，能够使不同工作之间具有可比性，从而解决薪酬确定中的公平性问题。

(3) 薪酬调查。通过薪酬调查，并根据企业本身的情况和已有的薪酬政策可确定每个工资级别的薪酬定位。一家企业的薪酬定位是高于市场水平、跟随市场水平还是低于市场水平决定了该企业薪酬的外部吸引力，这对于优秀人才的吸引尤为重要。

(4) 薪酬结构的确定。确定薪酬结构既包含了确定固定薪酬和浮动薪酬的比率，又包含了确定岗位薪酬和绩效薪酬的关系等。比较常见的办法是把薪酬级别设计为一个区间，并在这个区间中划分出不同的档次。对于同一职位的不同员工，将根据他们的技能、经验、学历的不同，对应不同的工资档次。

第四节　国际化的福利计划设计

纵观人力资源咨询领域，不难发现很多国际性的人力资源咨询公司服务的主要内容都聚焦在员工的福利计划等方面。员工福利作为企业一个重要的管理工具，在多个方面已经凸显优势。它不仅可以提高在职员工的满意度，加强核心员工的忠诚度，还能够提升企业的招聘优势，吸引优秀的人才加入。作为薪酬体系中弹性最大的一个部分，一个有特色的福利设计可以把本企业与其他的企业明显区分开来。

一、国际化福利设计的相关信息

与一般福利计划设计不同，在国际化背景下设计福利计划，要充分考虑到各地文化价值观、法律等众多因素对福利计划的影响。具体来说，为了设计有竞争力的福利计划，企业应该首先了解以下信息：

(1) 该国或地区已有的法定福利制度及所属性质；

(2) 当地总体的福利水平；

(3) 当地特有的文化和福利偏好；

(4) 公司本身的利润分享制度、股权期权分配制度等；

(5) 食物、交通等日常开销补贴；

(6) 员工个人培训与发展投资；

(7) 外派人员的福利；

(8) 其他商业性质的保险。

在国际化福利计划设计中，企业还要特别注意以下三个“不同”：

(1) 不同国家和地区的员工对福利的偏好不同；

(2) 不同类型的员工对福利的偏好也不同，如长期驻外人员、短期驻外人员、国际间往返人员虽然都是外派人员，但由于工作方式的不同，他们对福利的偏好存在明显的差异；

(3) 不同年龄的员工对福利的偏好不同。

二、外派人员的福利

随着全球化进程的不断推进，越来越多的企业在全球范围内都建立了自己的分支机构。随之而来的问题便是越来越多的外派人员因工作需要流动于总部与分支机构之间。工作地点的改变会导致生活成本的变动，而薪酬总额的绝对数却没有发生变化，这样就会造成不平衡。如果外派地区消费水平低，其他没有被外派的人员会产生心理落差；如果外派地区消费水平高，员工自然会将“外派”视为苦差。如果降低那些被外派到消费水平低的地区的员工的工资，不仅不符合国家的规定，更会对外派人员造成极大的心理打击；如果提高那些被外派到消费水平高的地区的员工的工资，又会造成“同岗不同酬”的矛盾，引起未被外派的员工的不满。更有甚者，如果不能控制好加薪的力度，就很有可能会使企业的薪资成本逐年攀升，最终导致薪酬管理失控。

要想让员工更加安心地工作，企业就要保证总体薪酬支付的合理性。不能通过提高外派人员的基本薪酬去维持他们的满意度，因为那样会引起其他员工的不满。所以最佳的做法是以津贴的形式给予外派人员生活补助，而补助的力度则主要由外派人员工作所在地的地域、生活条件、社会发展水平等决定。

一般情况下，除了常规的福利，津贴是外派人员的额外福利，津贴通常有以下几种形式。

（一）生活费用津贴

生活费用津贴用以解决在母国和东道国之间支付差额的补偿费用，如用于解决通货膨胀所造成的差别。

（二）住房津贴

提供住房津贴的目的是使外派人员能够保持在母国时的生活水平，或者在某些情况下为了使他们得到与提供给同类外国同事相同的居住条件。这些津贴经常根据预估的或实际的情况来支付。其他的替代办法包括公司提供强制性的或选择性的住房津贴、固定的住房津贴，或者先按收入的比例估价，再根据实际的住房费用支付。

（三）探亲津贴

许多跨国公司还支付每年一次或多次返回母国的旅费。支付这些旅费可以为外派人员提供机会以增强其与家庭的联系，使他们避免在国外任职结束回国后出现不适应的问题。尽管企业在传统上限制员工仅能够使用探亲津贴回家，但一些企业也会向驻外人员提供另一套可供选择的方案，即利用津贴去国外旅游而不是回家。

（四）子女教育津贴

对于员工的在异地接受教育的子女，能够为他们提供何种教育水平、当地是否有合适的学校以及交通是否方便等都会成为跨国公司考虑的现实问题。通常，母国人员和其他国家人员在教育费用上享受的待遇相同。一般来说，跨国公司会支付外派人员所赡养的子女在当地学校或寄宿学校的学习费用，但会参照当地较好学校的标准，在费用上也会有一些限制。如果有必要，跨国公司还会提供外派人员子女上大学的费用。

（五）搬家费

搬家费通常包括搬迁、运输和储存的费用，临时生活费，电器或汽车购买(出售)的补贴和定金，或与出租等相关的费用。用于特权享受的津贴(轿车、俱乐部会员等)也要考虑在内。这些津贴经常是不确定的，根据母国和所在国的税收政策和实践而定。

（六）配偶补助

越来越多的跨国公司提供"配偶补助"以保护或抵消驻外人员的配偶因驻外而损失的收入。尽管一些企业可以支付津贴以补偿驻外人员的配偶的收入损失，但有些企业开始注重为驻外人员的配偶提供国外工作的机会，其方法既可以是帮助他们找工作，也可以是直接聘用他们到公司的国外组织中工作。

（七）休整假期及津贴

在指定的国外艰苦地区工作的驻外人员可以享受休整假期。休整假期是额外带薪的假期，但企业会指定驻外人员的度假地点。休整假期计划还包括用于支付从国外工作地点到度假地点之间的交通费用津贴。企业根据往返交通费用、指定度假地点的食宿费用来确定津贴的金额。

本章小结

伴随着经济全球化的日益深化，我国已经真正地迎来了“人才国际化”的新阶段。人才资源是企业获取和保持核心竞争优势的主要因素，已成为企业提升国际竞争力的焦点。薪酬福利管理是国际化人力资源管理的核心组成部分之一。在企业的国际化经营中，企业从母国到其他国家拓展市场或生产经营，国际间的薪酬水平不可能完全均等，企业要吸引和留住国际核心员工，就必须提供与国际薪酬市场相匹配的薪酬政策。在国际化进程中，国际化薪酬策略不但要能配合整体的人力资源策略，更要能融入企业的经营策略，以协助企业达成其阶段性的目标，如此才是最好的薪酬策略。

通常，国际化薪酬的组成部分包括基本薪酬、激励薪酬和福利。企业在设计成功的国际化总体薪酬计划时必须考虑当地的因素和薪酬本身的竞争性。

案例分析

1. 薪酬体系必须与公司发展战略相匹配。第一，该公司立足于中国长期发展，采用的策略是管理人才的本土化，可以减少外籍人员，转而招募英语好、有跨国公司工作经验或海外工作经验的优秀人才。他们工作经验丰富，能力丝毫不差，又了解本地情况。这样不仅有利于节省用人成本，也有文化优势，能和本土员工进行顺畅的交流，从而提升工作效率。第二，中外员工的薪酬差异确实容易使本地员工感到心理的不平衡，从而影响工作热情，甚至导致公司优秀人才的大量流失。第三，公司减少外派的外籍人员、优化派驻人员津贴可以为公司节约大量的人力成本，使人力资源管理的效能更高。

2. 国际化薪酬福利的主要影响因素包括：国家文化因素、国际薪酬市场水平、东道国薪酬政策、组织高层对国际经营管理的思路等。

思考题

1. 国际化对人力资源管理的影响有哪些？
2. 国际化对薪酬的影响因素有哪些？
3. 国际化薪酬是如何构成的？
4. 国际化薪酬设计的构思阶段应该考虑哪些问题？
5. 简述国际化薪酬设计的步骤。
6. 设计有竞争力的国际化福利计划应该考虑哪些方面？
7. 对外派人员常用的津贴形式有哪些？

参考文献

[1] 叶向峰,李剑,张玲,等.员工考核与薪酬管理[M].北京：企业管理出版社,2005.
[2] 布鲁斯·R.埃利戈.经理人薪酬完全手册[M].北京：清华大学出版社,2003.
[3] 兰斯·A.伯杰,多萝西·R.伯杰.薪酬手册[M].文跃然,周欢,欧阳杰,等译.北京：清华大学出版社,2006.
[4] 李贵强.员工薪酬福利管理[M].北京：电子工业出版社,2006.
[5] 奚玉芹,金永红.企业薪酬与绩效管理体系设计[M].北京：机械工业出版社,2004.
[6] 张正堂,刘宁.薪酬管理[M].北京：北京大学出版社,2007.
[7] 王健,郁桂萍,梁君林.薪酬管理[M].北京：科学出版社,2007.
[8] 刘军胜.薪酬管理实务手册[M].北京：机械工业出版社,2002.
[9] 俞文钊.人力资源管理心理学[M].上海：上海教育出版社,2005.
[10] 康士勇,马维福.薪酬设计——工作评价与薪酬标准[M].北京：中国劳动社会保障出版社,2006.
[11] 胡昌全.薪酬福利管理[M].北京：中国发展出版社,2006.
[12] 文跃然.薪酬管理原理[M].上海：复旦大学出版社,2004.
[13] 王长城,姚裕群.薪酬制度与管理[M].北京：高等教育出版社,2005.
[14] 李严锋,麦凯.薪酬管理[M].大连：东北财经大学出版社,2002.
[15] 文征.员工工作分析与薪酬设计[M].北京：企业管理出版社,2006.
[16] 盖勇,马愚.薪酬管理[M].济南：山东人民出版社,2004.
[17] 刘昕.薪酬管理[M].北京：中国人民大学出版社,2002.
[18] 宋培林.薪酬管理——理论·操作·案例[M].北京：首都经济贸易大学出版社,2006.
[19] 曾湘泉.薪酬：宏观、微观与趋势[M].北京：中国人民大学出版社,2006.
[20] 李新建.企业薪酬管理[M].天津：南开大学出版社,2003.